● 感谢支持和帮助此书问世的每一个人

马院文库·青年学者

感觉影像的
知识本质辩护

关 超 | 著

中央编译出版社
Central Compilation & Translation Press

图书在版编目(CIP)数据

感觉影像的知识本质辩护 / 关超著. —北京：中央编译出版社，2022.9

ISBN 978-7-5117-4192-9

Ⅰ.①感… Ⅱ.①关… Ⅲ.①感觉论-研究 ②认识论-研究 Ⅳ.①B089 ②B017

中国版本图书馆 CIP 数据核字（2022）第 106204 号

感觉影像的知识本质辩护

责任编辑	纪宛伯
责任印制	刘　慧
出版发行	中央编译出版社
地　　址	北京市海淀区北四环西路 69 号（100080）
电　　话	（010）55627391（总编室）　　（010）55627307（编辑室）
	（010）55627320（发行部）　　（010）55627377（新技术部）
经　　销	全国新华书店
印　　刷	北京中兴印刷有限公司
开　　本	710 毫米×1000 毫米　1/16
字　　数	210 千字
印　　张	14.25
版　　次	2022 年 9 月第 1 版
印　　次	2022 年 9 月第 1 次印刷
定　　价	80.00 元

新浪微博　@中央编译出版社　　　　　　微　信　中央编译出版社（ID：cctphome）
淘宝店铺　中央编译出版社直销店（http://shop108367160.taobao.com）　（010）55627331

本社常年法律顾问　北京市吴栾赵阎律师事务所律师　闫军　梁勤
凡有印装质量问题，本社负责调换。电话：（010）55626985

目　录

引　言 ·· 001

第一章　哲学和科学关于"影像"的纷争 ···················· 001
　　第一节　国外的相关研究 ·· 002
　　第二节　国内的相关研究 ·· 027
　　第三节　视觉感觉的知识论问题研究的基本特征 ········ 031

第二章　问题的提出 ·· 035
　　第一节　传统感知知识论路径的困境 ······················· 036
　　第二节　外在实在的确证危机 ·································· 049
　　第三节　感觉影像的形而上学困难 ··························· 057
　　第四节　为什么是感觉影像 ····································· 065
　　本章小结 ··· 071

第三章　影像的本体论辩护一：界定定义 ·················· 072
　　第一节　影像的概念：从笛卡尔出发 ······················· 073
　　第二节　影像概念的历史演进：从德谟克利特到休谟 ···· 078
　　第三节　影像概念问题的当代方案 ··························· 083
　　本章小结 ··· 090

第四章　影像的本体论辩护二：概念论的正当性 …… 091
第一节　非概念论感觉影像及其困难 …… 091
第二节　自然的概念性影像之辩护 …… 105
本章小结 …… 118

第五章　影像的知识论辩护一：以概念论为基础 …… 120
第一节　辩护的必要性和紧迫性 …… 121
第二节　对感觉影像的知识辩护 …… 127
本章小结 …… 137

第六章　感觉影像在科学中的哲学问题 …… 138
第一节　影像在科学中的应用方式 …… 139
第二节　影像在科学哲学中的争论 …… 146
第三节　科学大厦的感觉之基 …… 155
本章小结 …… 162

第七章　影像的知识论辩护二：可能的回应及反驳 …… 163
第一节　实在论间对感觉影像的争论 …… 164
第二节　还原论对感觉逻辑的批判 …… 173
第三节　他心知可能吗 …… 178
第四节　由感觉而起的形而上学论战 …… 183
第五节　科学确定性危机的影像解释 …… 193
本章小结 …… 203

结　语 …… 204
参考文献 …… 207

引　言

在熟悉的日常生活中，多数人都会遇到类似的场景：当我们把注意力从对外部事务的关注转移到自身的时候，我们会发现，在我们席地而坐、心无杂念地观赏着某天的夕阳美景或一幅抽象的艺术作品时，我们努力放空大脑放松心情的努力并不能阻止我们所看的对象在我们心中泛起涟漪，我们会不由自主地在心中感到此情此景给我们带来的微妙感觉，或者皮肤不由自主地起了鸡皮疙瘩，或者心生暖意，或者勾起我们某一段几乎要被遗忘的长时记忆。不论我们主动与否，感觉特别是视觉引发的感觉，一直在默默地与我们的心灵或大脑相互作用，为我们提供我们能明确感受到，但又无法用语言清晰表述的真实信息。就像每次在发射神舟飞船之后，人们总是期待看到它从大气层外传回的监测画面，人们心中的自豪感、成就感也因此油然而生。所以我们需要思考，在哲学层面，来自视觉感觉的影像内容究竟是什么样的？它可不可以帮助我们认知世界？如果不可以，为何又总是能让人在日常生活中遇到上述的类似问题？如果可以，这种稍纵即逝的、不可言说的影像内容与人类语言相比，孰优孰劣？还是二者相互牵绊？影像如果可以有类似语言的意义，这种意义有无统一标准？影像在每个个体的心中，与主体性、自由意志、理性逻辑的关系是什么？在外部语境里，影像对于知识论、哲学和价值等问题能够发挥什么样的独特价值？这些问题都因尚未清晰而亟待面对。

随着数字视觉技术的成熟和普及，视觉研究和视觉文化在各个领域都已经呈现出百花齐放的态势，人工智能、人脸识别、虚拟现实（virtual reality）等新兴科学研究和技术应用都已经得到广泛接受和认可。同时，在电影、文学、绘画、广告等领域，都从视觉入手革新了各自的产业结构。语言和视觉的领域交叉也已经成为现代社会科学的主要特点，可以说，视觉内容在人文、社会、自然学科等领域的独特价值都已经有所体现。人类社会似乎正在经历视觉转向的进程。但是，这一进程的问题在于，视觉在应用领域的蓬勃发展和它在学理领域的哲学考察之间，存在着紧张的、明显的张力。所谓的视觉转向，在没有得到哲学式的论证前，显得危机四伏、令人怀疑和警惕，这导致后现代的哲学家们大都用批判的视角，批判视觉文化为人类社会带来的无序、浮躁和去理性化。这也是视觉的正向辩护长期缺位的结果，所以，关于视觉的哲学论证从哲学理论层面和社会价值层面都具有重要意义。

在理论意义层面，本书旨在从最基础的认知层面和科学研究层面，探讨视觉感觉活动所具有的认识论功能，从而证明影像在日常认知和科学推理的过程中具有重要的作用和地位。通过论证，我们可以对影像的基础定义或概念具有清晰的了解和掌握，影像感觉内容不需要也不用再与图像、意象等次生心理内容杂糅在一起，影像的独特认知价值也才能因此而被清晰认知。影像也在理论层面，拥有了独特的研究问题、研究目标和研究方法。通过证明感觉影像具有的概念性和逻辑性本质，感觉影像内容有能力、有条件从经验和语言的统治和束缚中挣脱出来，心灵也可以通过感觉影像获得与世界的直接交流、思考的合法地位。在面对心灵哲学的一些传统问题时，影像的逻辑属性为哲学问题提供了有效的解决路径，这些问题包括物理主义的心灵还原论问题、实在论问题、他心知和心灵与世界的关系问题以及其他哲学传统问题。在科学哲学的理论意义层面，影像的认知功能被证明后，在科学观察中和科学推理中，都可以在逻辑层面更合法地利用影像内容或影像技术辅助科学研究活动，促进或加快科学理论的研究进程。

在社会意义层面，影像同样具有不可估量的意义。影像感觉来自人类的视觉感官，而在人类的日常生活和社会活动中，视觉作为心灵的窗口，发挥着不可替代的认知功能。例如在教育活动中，从尊重广义的自然主义出发，感觉影像为儿童的身心发展提供着激发想象力的实用功能，而想象力的激发是创造力的基础保证。当儿童的想象力和创造力被感觉影像的认知功能激发后，他们在成长的过程中会逐步将这种想象力和创造力应用在各自的领域，从而把自己的创新力作用于国家和社会，支撑国家在科学技术革新和产业结构转型中的创新需要。

本书研究的问题，主要集中在阐释视觉感觉的认知论或知识论如何发生的问题，并发掘这一问题在心灵哲学和科学哲学层面可能会引起的争论和反驳，从而对感觉影像进行进一步的辩护，并最终确证感觉影像具有的哲学知识论价值和社会实用价值。为此，本书设置了如下内容：背景介绍、问题的提出、影像的本体论论证、影像的逻辑性论证、可能的哲学争论与辩护、科学中的影像争论和辩护、结论和影像的社会价值论。具体的研究思路如下：

第一部分重在通过梳理文献，进行哲学史式的研究，特色是对哲学的语言转向之后存在的问题和偏见的分析，从而提出研究影像感觉的必要性。相关内容集中在第一章和第二章。

第二部分主要围绕感觉影像的知识论问题来讨论，集中在正文的第三章至第五章。第三章主要解决感觉影像如何可以拥有概念和逻辑的可能，并为影像的认识论功能提供哲学式辩护；第四章主要围绕影像认知可能引起的哲学问题和理论批判展开，并对其进行系统回应和辩护；在解决了影像的认识论问题后，第五章主要研究影像感觉内容如何在科学推理中发挥作用。

第三部分主要解决的问题是影像感觉的知识在得到确证之后，它在科学哲学中可能会受到的批判，且对这种可能批判进行了回应和辩护。并讨论了影像的哲学范畴和科学范畴在社会层面可能发挥的实用价值。其中包括影像认识论对教育学哲学、社会文化层面的相关影响，对其涉及的一些问题进行正面解答，并强调了影像感觉和其哲学论证拥有的不可忽视的社会效用。

本书的创新之处是：（1）研究内容新。从知识论的角度来说，研究知识何以可能的问题的文献，大都集中于经验、语言、逻辑、心灵本质和心理学的角度，目前还没有文献从感觉的角度论证知识论问题。从对象的角度来说，本书集中于视觉影像的研究，而已有的关于视觉的研究大都集中在美学哲学、现象学哲学和神经认知科学的角度。单纯对于感觉的、视觉的、影像的、知识论的研究目前国内尚处在起步的状态。

（2）研究方法新。从已有的相关研究来看，主要有以下研究方法：语言哲学式的数理分析方法、现象学的方法、文化批判的方法等。本书尝试尽量用传统的哲学分析方法解决传统的哲学问题，所以主要采用了逻辑论证的研究方法。一方面，本书将分析视觉表征在获取和传播信息的科学过程中的功能作用。另一方面，本书将通过比较其他的表征手段（如语言表征），来探讨这些意象所具有的认知地位。通过在不同的哲学语境中更详细地考察视觉感觉，本书将论证视觉感觉的影像内容如何具有可能的知识能力。

（3）研究观点新。本书的创新观点主要有以下几点：第一，视觉感觉影像并不是单纯的感觉材料或逻辑素材，也没有游离于理由的逻辑空间之外，而且从人类开始有意识地认识世界起，视觉感觉影像就默默地在语言和科学的背后承担着被人忽视的但又不可或缺的认知功能。第二，在影像的本体论问题上，影像的概念与图像、意象、图式等类影像内容有着根本不同，人们对它们的相互混用是完全错误的。在认知层面，影像的本质是感觉与逻辑结合的产物，它在发生的过程中同时包含了感性和理论的运作，它与人类的最高级智慧共享着思考的能力。第三，影像并不像传统观点认为的那样，在科学论证中只是一种附属性的地位，它真实的本质是，影像与思想的其他表征具有同样重要的认知地位，这是传统哲学理论不能接受的，但是在本书中对其进行充分的论证和辩护。第四，影像的认知价值决定了它在社会层面同样具有重要功能，而传统理论很少能把感觉活动和社会价值联系在一起，这就是本书尝试做的，并在文章中论证这样做的合理性。

不可否认的是，本书研究仍然存在自身的问题和缺点，其原因主要集中在笔者研究能力欠缺、专业背景限制、研究进度安排的问题上。第一，本书没有对视觉发生具体机制进行太多有关神经科学的和心理学层面的考察和分析，这样做的原因在于，首先，本书的篇幅有限；其次，本书作为一个传统的哲学论证内容，其中哲学的思辨方法如何与实证的科学论证相互结合还是一个具有争议的问题，其具体争论体现在还原论和非还原论的著名争论之中；最后，感觉作为一种感受性的主观性的私人体验，心理学和神经科学的实证研究目前还确实无法给出详细的答案，或者也就不能给出答案。所以，为了把论题尽量缩小，从而达到做精做细的研究目的，本书放弃了与视觉相关的实证研究，因为其内容庞杂而细分，但是本书对其相关进展保持高度的尊重、关注和期待。第二，众所周知，与视觉有关的哲学论证从哲学的发源时期就开始存在，其中经历了千年的演进和变化，其内容纷繁复杂，受限于时间和精力，本书只选取主要的、经典的、直接相关的文献资料进行哲学史的考察，其过程和结论难免疏漏和片面，可能会导致文中的回应和辩护不能更加到位、更加集中。第三，笔者在导师、老师和同学的帮助下完成了本部著作，但受限于自己的哲学能力和哲学素养还处在并将长期处在学习的过程中，所以书中的很多观点可能会有片面、稚嫩的问题，在未来仍需要继续学习，不断提高专业水平。

第一章 哲学和科学关于"影像"的纷争

哲学发端于古希腊时期，关于视觉和影像的哲学考察一直是一条主线，夹杂在本体论、经院哲学、认识论等主流哲学问题的研究中。从20世纪初开始，关于视觉的心理学和哲学研究的发展，逐渐在改变传统逻辑哲学和语言哲学的理论体系，少数的哲学家和科学家们开始反省，人类的认识能力和逻辑能力是否仅仅依靠语言能力才能获得？视觉是否具有比语言更早、更基础的逻辑能力？在心理学的相关研究之前，从德谟克利特（Democritus）、柏拉图（Plato）、亚里士多德（Aristotle）到阿奎那（Thomas Aquinas）、笛卡尔（René Descartes）和洛克（John Locke），到弗雷格（Friedrich Frege）、罗素（Bertrand Russell）、塞拉斯（Wilfrid Sellars）、维特根斯坦（Ludwig Wittgenstein），再到胡塞尔（Edmund Husserl）、柏格森（Henri Bergson）、德勒兹（Gilles Deleuze），很多哲学家都认为，像图画一样的、来自视觉的影像内容是人类思想的重要组成部分。在19世纪晚期现代心理学的早期，威廉·冯特（Wilhelm Wundt）等研究人员研究了人们如何通过心灵图像（意象）思考，有些人甚至宣称，没有心灵图像就没有思想。盛行于20世纪中期的行为主义心理学，导致关于心理图像和其他内在表征的讨论在科学上不受重视和尊重。但是在20世纪60年代认知心理学的回归使得视觉内容再次成为备受关注的研究对象，像佩维奥（Allan Paivio）和谢巴德（Roger N. Shepard）这样的研究者开始用视觉图像做实验。许多实验接踵而至，视觉图像的计算模型开始出现，例如科斯林（Stephen Kosslyn）、施瓦茨（Steven Schwartz）等人的研究。一些认知科学家仍然怀疑人类的思维是否涉及不同于语言的图像再现，如派利夏恩（Zenon W. Pylyshyn）。大量的哲学、心理学和神经学方面的论证和实验表明，大脑不仅用文字思考，也用视觉影像思考。总之，"心灵哲学""语言哲学""符号学""现象学"和"知识论"五大研究方向的历史研究脉络从不同的研究方法入手，为本书对相关问题的研究提供了文献支持、方法参考和理论指导。

第一节　国外的相关研究

一、认知心理哲学的相关研究

在经历了古希腊哲学、柏拉图、亚里士多德、笛卡尔、霍布斯（Thomas Hobbes）等古典哲学对视觉影像的考察后，从 20 世纪初开始，国外心理学和认知科学也展开对视觉的研究。受相关学者的专业学科限制，他们的研究重点包括但不限于视觉的发生阶段，多集中在视觉的心理层面或认知层面，即心理图像，也经常被称为意象（有时也通俗地称为"具象化""心灵所见""想象的感觉"等）。它们介于感觉性的和准感性的经验之间；它们类似于来自知觉的经验，但在缺少合适的外界刺激时也可以发生；它们经常被理解为带有意向性的心灵内容。所以，心理图像是视觉在心理层面表征的一种方式。传统上，最常被讨论的视觉心理图像被认为是由于存在于心灵、灵魂或大脑中的类似视觉影像的表象（心理图像）所引起的，但这已不再被普遍接受。

很多时候，视觉经验的心理形式被他们的主体理解为过去真实知觉经验的回声、复制或重建；在其他时候，他们似乎可以预期可能的、渴望的或害怕的未来经验。因此，意象常常被认为在两种记忆中都起着非常重要的作用。它也通常被认为是视觉空间推理和创造性思维的核心。事实上，

第一章 哲学和科学关于"影像"的纷争

根据一个长期占主导地位的哲学传统,所谓"意象",在所有的思维过程中都起着至关重要的作用,并为语言能力提供了语义基础。然而,在20世纪,人们对这一传统提出了强烈的反对,并被广泛地否定。但是近些年来,再次出现很多捍卫者对已有的反对进行反驳和辩护。

冯特的德国学生奥斯瓦尔德·库尔佩(Oswald Külpe)在维尔茨堡大学哲学系建立了自己的实验室后,和他的学生对当时流行的心理图像理论提出了直接的挑战。受到实证主义和之后的布伦塔诺的行为心理学、胡塞尔的现象学等理论的影响,他们拒绝了冯特不必要的、严格的实证科学方法论的范围限制,同时,库尔佩鼓励学生把内省法的范围扩展到研究"更高的"思维和推理的过程。1901年,他的两名学生,迈尔(A. Mayer)和奥尔特(J. Orth)在实验中发现,被试者经常报告说他们经历了某些意识事件,而这些事件他们既不能明确地指出是图像,也不能明确地指出是意志。但是冯特和其他人拒绝接受这些新方法和结论,一场激烈的辩论,也就是所谓的"无形象思想论战",随之而来。虽然冯特肯定对无形象思想的存在持怀疑态度,但他的主要批评是方法论上的。他非常关心这样一个事实,即实验必须是这样构建的,即在完成实验任务(单词联想、句子解释等)之后,才会给出内省报告。因此,维尔茨堡的研究涉及对不再存在于大脑中的意识内容进行散漫的回忆。

铁钦纳也强烈反对所谓的无形象思想的表现,但理由不同。他没有反对实验目标和内省方法,而是反对他们所谓的结果。根据铁钦纳的说法,内省的主要陷阱是他所称的"刺激错误",即把意识体验本身与它所代表的东西混为一谈的强烈倾向。因此,当一个人看到一个红色的苹果时,如果报告说他经历了一个红色的苹果,那他就犯了刺激错误:"真正的"意识内容会有桌面投射在视网膜上的圆形形状。他认为归因于无形象思想的意向性,是维尔茨堡内省者犯下刺激错误的明显证据:他们没有报告意识内容的内在本质,而是报告这些内容所代表的意义。相反的是,在铁钦纳自己的实验中,他们发现了自己的理论所预测的那种稍纵即逝的意象或微妙的身体感觉,这为视觉刺激和心理图像的关联研究埋下了种子。不过铁钦纳的工作对当时的德国学界影响相对较小,虽然德国人仍然认为自己在心理科学方面非常卓越。然而，在大西洋两岸，这场争论被认为触及了心灵科学的深层基础问题。尽管今天人们已经基本忘记了它，但它似乎不仅对心理学的发展产生了持久的影响，而且对哲学的发展也产生了持久的影响。维尔茨堡学派所主张的观点尽管其基础不牢固，但毫无疑问地有助于产生这样一种感觉，即意象在心理上不可能像传统上认为的那样重要，哲学家们需要用另一种方式来思考认知内容。这个时代的许多心理学家和哲学家，部分出于这个原因，认为语言的本质才是理解和解释的最佳方式，用在场的和不在场的视觉影像研究这个问题是一个根本性的错误想法。

但是，这种语言不在场的思想论战从来没有得到过圆满的解决，至少在最初提出它的时候是这样的。事实上哲学家们始终在争论其中所涉及的问题。一旦重要的概念被引入到科学，无感知的有意识的心理内容很难达到今天的科学标准，这也导致了学界对图像的科学兴趣的急剧下降，尤其是在美国的行为主义运动流行后，行为主义者认为，一方面它在认知经济学中的重要性（甚至它的存在本身）现在受到了质疑；另一方面，用实验和客观的方法来研究它，即使不是不可能，也是非常困难的。

对影像或图像的兴趣的复兴是所谓的认知革命的一个重要组成部分。在1960年代和1970年代早期，以巴尔（Bernard J. Baars）和加德纳（Howard Gardner）为主的认知心理学家打破了一个时期的知识霸权行为，为心理表征的概念建立了核心的、至关重要的心理理论。1967年，奈瑟尔（Ulric Neisser）出版的第一本新兴认知心理学方法的教科书《认知心理学》投入了大量篇幅论述的心理图像，1960年代末期，迸发了大量书籍和书评报告了新发现的心理意象。

虽然心理过程的计算模型的出现可能在认知心理学和认知科学的兴起中扮演了主要角色，但对图像的新兴兴趣的独立动机来自心理学家们越来越多的一种感觉，即行为主义的本体论和方法论有很严重的限制，反而内在的心理过程和表征理论或许是有用的，甚至是不可或缺的科学概念。认知心理学家赫布（Donald Olding Hebb）在1960年提出，在那个时候对视觉和非视觉图像的兴趣的复兴，其本身就是一种反叛运动，将心理学家从根深蒂固但过时的行为主义教条中解放出来。接着，意象的复兴被霍尔特

(Edwin Bissell Holt)戏剧化地描述为"被放逐者的回归",奈瑟尔认为这段历史标志着"心理学的范式转变"。

到了1970年代,一种自我意识的图像运动已经基本站稳了脚跟,认知科学的许多新发现和新的理论发展为实验心理学和认知科学对心理图像相关的心理疗法,甚至在"个人成长""意识扩张"等相关问题上提供了动力因和合法性。赖恩和西蒙斯(E.D.Ryan & J.Simons)认为,20世纪80年代的意象研究已经开始基于图像技术,包括但不限于所谓的"心理实践"。1975年,加拿大认知心理学家佩维奥(Allan Paivio)借助视觉表征和心理图像的理论,提出了著名的长期记忆储存的双重编码理论,他认为由视觉表征产生的心理图像与传统的语言意义系统是同时发生在人类的长时记忆中的,影像和话语是两个既平行又互相交织的认识结构和知识来源。它们各自拥有不同内容和不同形式的信息储存方式,各自在人类与世界发生关系的过程中发挥独立有联系的交流功能,在其中,佩维奥对表征系统的研究就集中在对图像或意象的研究中。但是在这段时期,心理学家们对视觉的表征研究仍处在一个相对比较低的水平,直到图像在记忆中的强大效果被发现以后才改变了这种情况,并激化了实验研究的蓬勃发展,进而才巩固了视觉表征在认知理论中的稳固地位。弗朗西丝·耶茨(Frances Yates)1966年出版了著名且被广泛阅读的历史研究《记忆的艺术》(*The Art of Memory*)。耶茨细节性地论述了基于图像的记忆功能的作用机制,以及该功能从古希腊到现代早期如何被欧洲知识分子、教育者、演说家广泛使用,她认为关于这个功能的认知和使用可能在西方哲学、神学甚至早期的科学思想的发展中有很重要的影响。

几乎可以肯定的是,佩维奥在提出双重编码前,也对视觉图像的记忆影响有非常重要的研究,并且可以一直追溯到1950年,他当时目睹了令人印象深刻的图像记忆活动,并学习如何使用它,之后将其作为课程的一部分进行了公共演讲。尽管如此,也许是由于20世纪50年代北美心理学中普遍存在的图像恐惧症,直到1963年,他才首次(非常试验性地)提出了意象在记忆中的作用。到20世纪60年代末70年代初,许多其他心理学家在这一领域进行了研究,此时佩维奥已经成为该领域的领军人物,讨论主要集中在他提出的心理表征的双重编码（意象编码和言语编码）理论的含义和优点，或其他方面。然而，要注意的是，尽管它们可能会不可避免地纠缠在一起，但随后在双重编码和对立的记忆的普通编码理论之间产生的争议，容易使人将其与更广为人知的关于表象的类比（图示）和命题（描述性）理论之间的争论相混淆。前者是关于心理图像在认知中的作用，后者是关于心理图像本身的性质和机制。

1977年，在巴基斯坦裔心理学家阿赫森（Akhter Ahsen）的帮助下，国际心理图像协会得以成立，并开始实施同行评议，在协会的官网上，该协会声明他们的任务是，进一步理解心理图像，并推进挖掘它在人类意识发展中可能发挥的潜力。到20世纪60年代末，佩维奥等人对图像助记特性的研究已经为视觉图像在认知中的功能重要性建立了一个强有力的经验案例。这种现象不能再像在行为主义时代那样被心理学家所忽视，或者仅仅被当作一种没有科学兴趣的主观附带现象。然而，这项工作几乎没有阐明图像本身的本质，也没有阐明产生图像的认知机制。

这种情况在20世纪70年代早期开始改变，当时谢巴德和他的学生梅茨勒（Metzler Janna）、库珀（Lynn A. Cooper）分别在1971年和1982年公开发表了视觉图像"心理旋转"的实验演示。不久之后，斯蒂芬·科斯林（Stephen Kosslyn）和他的合作者在1975年到1980年发表的学术成果，为视觉图像的"心理扫描"提供了实验证据，表明受试者在相对较远的图像特征之间有意识地进行扫描所需的时间要长于那些看起来很近的图像特征之间的扫描。科斯林还证明，视觉心理图像的主观尺寸（及其子部分的相对尺寸）可测量地影响了对想象对象的特定细节进行检查和报告所需的时间。一个物体的较大特征的存在（从物体的图像中）比较小特征的存在更容易被发现。由于这种尺寸—时间关系在视觉感觉被运用的时候始终存在，受试者使用视觉图像的记忆模式来完成任务时这种关系才不会发生。这些实验进一步证明了心理图像是心理表征的一种自成体系的形式，具有不同于语言表征或纯粹概念表征的特性。在1987年到1992年之间，科斯林和他的同事们逐渐通过实验测量了"心灵之眼的视角"，并绘制了图像"视野"的敏锐度差异，就像一个人在真实的视野中所能做的那样。

第一章 哲学和科学关于"影像"的纷争

在这之后,视觉的心理学研究经历了一个比较重要和活跃的时期,这个时期主要围绕一个争论,即视觉图像的表征形式争论,也叫类比—命题争论或图像—描述争论和心理图像争论,这个有关视觉心理图像的表征新形式的争论在认知科学界内部是一个持久至今的、不可调和的争论。泰(Michael Tye)认为,这一争论对这一领域的早期发展产生了巨大的影响,这似乎导致了哲学家和认知科学家普遍相信类比和命题理论成为结合了两者要素的混合理论(这些术语是通过他们在这一背景下所获得的相当特殊的感觉来理解的),它们双方也耗尽了对视觉图像进行科学解释的可能空间,虽然事实并非如此。总的来说,争论的类比一方认为,心理图像作为所经历事物的心理表征,在某种重要意义上,就像图片一样,具有图片所具有的内在的空间表征特性。在视觉中,影像或图像不仅表现它们所描绘的对象之间的空间关系,而且至少部分地通过影像表面的实际空间关系来表现这些关系。相反,命题方认为相关的心理表征更像是语言描述(对视觉场景的描述),而没有自身固有的空间属性。尽管这场争论一开始只是科学家们之间的争论,但它显然触及了有关精神和思想本质的根本问题,所以它很快就引起了哲学家们的极大兴趣。值得注意的是,虽然类比和命题这两个术语在这里已经成为根深蒂固的用法,但它们都有潜在的误导性。一方面,有些人认为构成表象的描述的命题,实际上根本不是哲学意义上的命题,而是一种句子,类似心理语言的那种句子。另一方面,科斯林的"Quasi-Pictorial"理论作为理论争论另一边的重要代表,他提出的视觉图像数字化图片生成在模拟数字计算机上运行模拟程序。尽管科斯林单方面宣布模拟方获胜,但争议在后来再次爆发,并在21世纪继续存在,进而逐渐成为迪昂—蒯因论题的一个论据而存在。

巧合的是,视觉心理图像研究和计算心理学兴起的时间非常相近,从20世纪60年代到70年代,它们在反对行为主义的认知主义革命中扮演了相互强化的角色,因为它们都暗示着心理表征的概念应该在心灵科学化的过程中扮演中心角色。然而,来自人工智能的心理表征的符号和句法概念与表象研究人员工作中隐含的截然不同的表征概念之间的紧张张力,随着时间的发展变得越来越大了。类比—命题的争论,以及由此引发的情绪性的和流派性的争论，都源于这种紧张的张力，因为计算主义哲学家和心理学家都极力渴望把视觉图像纳入计算功能主义的控制范围。计算主义的代表人物派利夏恩（Zenon Pylyshyn）从1973年到2005年之间不断扩展和捍卫他对图像（或模拟图像）理论的批判，他反对"心灵之眼"以某种方式唤起并重新感知视觉画面的概念。在他1973年的文章中，他对这个概念提出了许多反对意见，其中一些比其他的更能经受住批评，但潜在的担忧显然是，派利夏恩的图像理论不可避免地犯了一种谬误：它隐含地依赖于这样一种假设，即在大脑内部有一个小人（或者一个功能相当于一个完整的视觉系统的东西，包括眼睛），或者至少有某种具有无法言喻的精神力量的东西，能够重新感知、体验和解释视觉影像在大脑中留存的记忆形式。科斯林的体系结构理论，事实上确实密切相似于笛卡尔的剧场证明。笛卡尔这个争议颇多的假设依赖一个有意识的矮人——无形的灵魂，这确实超越了自然科学范畴。但是现代模拟理论的拥护者也抗议，计算主义者不能因为一个计算机模型理论的实现，就一味地用计算机解决大脑中的视觉处理机制问题。

在随后的一篇论文中，福多（Jerry A. Fodor）于1983年提出了一个反对图像主义的重要观点，该观点基于派利夏恩所引入的认知可穿透性和不可穿透性的概念，与福多区分模块化和非模块化的"中心"认知系统非常相似。如果一个人的信念和目标能够影响认知过程的运作，那么这个过程就被称为"认知可穿透性"；如果不能，则称为"认知不可穿透性"。福多和派利夏恩都同意，有很好的理由相信"早期"的视觉处理，即视觉输入产生关于我们周围环境的信念的过程，在认知上是不可理解的。例如，他指出，众所周知的视错觉，如庞索错觉和缪勒-莱尔错觉，即使我们十分清楚它们是错觉，它们仍然欺骗我们。但是福多并不完全赞同派利夏恩对视觉心理图像的反对，因为他认为派利夏恩的描述理论与意象现象学是不相容的。芬克站在描述理论的对立面同样对其发起了一个重要的批判，他关于视觉错觉和由图像引起的后遗症的实验研究认为，派利夏恩认为图像没有利用"早期"视觉处理的"认知上不可穿透的"机制是错误的。科斯林很快也介入了这场争论，他提出了一种视觉图像理论，这种理论既明确

第一章　哲学和科学关于"影像"的纷争

是计算的，又公开是象形的（或者是准象形的），其基础是对计算机图形程序的类比，当时这还是一个相当新的东西。不久之后，科斯林和他的合作者发表了大量的理论和实证著作，包括基本相关专著，将他确立为在那场辩论中与派利夏恩齐名的杰出人物。由于双方的主要人物现在都坚定地坚守计算功能主义的理论框架，这场辩论的范围在实践中被这一框架大大限制了，尽管它的强度和争论性都在增长，但它并没有发展成一种对意象的性质和原因的开放性的探究，而是一场由科斯林及其支持者所拥护的计算主义与派利夏恩所代表的计算描述理论之间的论战。

双方的反复论证使计算主义的认知理论达到顶峰，当时基于符号计算的认知理论在许多人看来是认知科学的"唯一游戏"，描述模型和命题模型都是这一理论的产物。然而，在此同时，也出现了一些替代的、非计算性的图像描述。一方面，泰勒（Ralph W. Tyler）和斯金纳（Burrhus Frederic Skinner）寻找到了将视觉心理图像同化为行为主义的方法。图像激活理论可以看作是20世纪早期运动理论的现代继承者，以艾利斯（Albert Ellis）为主的相关心理学家为主，他们依赖于这样一种观点，即感知不仅仅是被动的接受能力（甚至是接受能力加上内部处理），而是一种行动的形式，是有机体所做的事情。感知的有机体不仅仅是记录，而是探索和询问周围环境的问题，主动和有意地（虽然不一定是有意识的意志）在周围的感官刺激中寻找答案。当一个人坚持表现出对某些特定信息的追求时，即使他们不能合理地期望这些信息在那里，视觉图像也会被体验到。比如说，当我们看着某样东西，并确定它是一只猫的时候，我们就会想象这是一只猫，尽管那里没有猫。

1985年豪格兰德（John Haugeland）设计的老式人工智能系统"GOFAI"导致很多心理学和哲学家们调转了研究重心，因为激活理论并不适合计算信息处理理论的框架，而计算信息处理理论影响了大多数科学家对感知和知觉经验的思考。信息处理理论有很多种，但广义地说，它们都将感觉器官描述为刺激能量（光、声音等）的被动传导器，其输出在大脑中被计算处理并丰富成有意义的精神表征。不过GOFAI风格的符号计算主义并不是认知科学中"唯一的游戏"，自20世纪80年代中期以来，其霸权不断受到挑战，首先是连接主义，然后是不同版本的位置或具体的认知方法。然而，连接主义并没有挑战感知的信息处理观，因此证明了该图像理论的意义并不大，仅仅是激发了准图像阵列理论的几个变体。1990年，设计墨菲机器人系统的梅尔（Bartlett W. Mel），结合了这样一个连接主义模型的视觉表象模型试错学习电机控制，在假定图像中的信息用于控制一个机械手臂的产生行为。格鲁什（Rick Grush）2004年在认知的仿真理论的大背景下，采用这个模型作为自己视觉心理意象的基础。他们分享了科斯林版本的大部分优点，并受到相同的反对。

在21世纪初期，一些神经科学家、知觉心理学家和哲学家，包括丘奇兰德（Patricia S. Churchland）、内格尔（Thomas Nagel）、诺亚（Alva Noe）等人，出于各种各样的原因，开始汇聚到一个类似的人类视觉观点上。探索性知觉行为的研究（如眼球运动），以及最近认识到的知觉效应（如变化盲目性），对传统观点提出了质疑。传统观点认为丰富而详细的视觉场景内部表征可以调节我们的视觉意识。相反，现在有些人认为感知取决于大量特殊目的的神经、行为结构和线程；每个传感器都以不同的方式积极地利用感觉传感器（眼睛、耳朵等），以便在需要时获得特定类型的信息。我们获得意义上直接感知的世界，不是因为我们有一个它的表征形式，而是因为这些相关的神经操作过程大部分非常之快，且几乎毫不费力，当我们想知道一些感知的事实时我们就能够发现它。虽然这种关于知觉的思维方式仍然是少数人的观点，而且肯定不会像信息处理理论那样支配知觉理论，但它却创造了一个理论空间，在这个空间里，意象的活动或运动理论可以被更合理地接受，而且这种理论的各种版本确实再次被来自不同学科的思想家们提出。

事实上，这两个著名的有关心理图像的认知理论——科斯林的准图像理论（尤其是在哲学上忽略的方面）和派利夏恩的描述理论（嵌入和依赖于一个更根本的语言哲学框架，如心理表征系统、思想语、大部分或所有的语义内容）——做了很多挑战维特根斯坦观点的贡献。例如给予图像以辅助的角色认知，大多数的负担由自然语言或更基本的和更灵活的表示假设的思想语承担。一些神经科学家和心理学家对这种共识几乎无动于衷，

第一章 哲学和科学关于"影像"的纷争

例如佩维奥在2001年从图像和自然语言表征的角度阐述了一种全面的认知理论，认为语言的表征力来源于图像，然而，由于这些作者不能帮助大多数当代哲学家认识到来自视觉的表象不能作为表征的基础，所以他们的观点对哲学的影响相对较小。

然而，最近这些观点受到了哲学家的挑战，如洛威（Edward Jonathan Lowe）、艾利斯（Albert Ellis），后者概述了一种理论，即语言的意义是如何建立在图像的基础上的，这些图像至少满足了一些常见的反对意见。随后，巴塞罗（Larry Barsalou）和他的合作者也对这些观点进行了讨论，他们提出了一种他们称之为"感知符号系统"的理论，作为传统认知科学中类似语言的"模态"符号系统的替代品。尽管巴塞罗否认他的知觉符号理论可以直接等同于精神图像（主要是因为他认为他们有时是活跃在认知过程中的意识），很明显他设想的方式非常接近有关视觉图像的传统观念：我们可以获得图像的直接原因是我们确实有关于某物的视觉经验。受到巴塞罗的启发，普林茨（Jesse Prinz）在2005年对一些非常类似于传统经验主义概念理论的东西进行了详细的辩护，他对图像或知觉符号的内在本质没有采取任何强硬的立场（以此避免卷入类比—命题的争论及其后果）。相反，他把自己局限于试图证明我们的基本概念在起源和特征上是感性的这一观点恰是合理的，他很乐意承认这一观点与传统的认知意象理论非常接近。普林茨巧妙地处理了许多对这类理论的哲学反对意见，他回避了对概念的形象理论的主要哲学反对意见，避免承诺自己的表征相似性理论。相反，他认为他对知觉表征的描述可以与福多、德雷斯克（Frederick Irwin Dretske）等人提出的意向性内容因果（或共变）理论相结合。

相比之下，高克（Christopher Gauker）更倾向于20世纪哲学的主流。他认为，概念（或思想）不能与图像等同，也不能直接从图像中获得。它们依赖于一种共同的语言，而不是图像先于语言。但是，视觉影像在人类认知和发展中扮演着重要的角色，因为它是一种概念性的基础思想，不仅在人类思维中起着持续作用，也是婴儿学习的"第一语言"，能够在语言的继续使用和开发以及使用真正概念过程中发挥作用。高克的观点得到了部分哲学家的同意，他所称的形象思维的先天进化能力是人类物种所特有的，是使我们具备高水平创造性解决问题能力的关键因素。从这个角度来看，我们很大程度上有能力形成和操纵视觉的心理内容。

二、语言哲学的相关研究

到了20世纪初，尤其是在心理学最繁荣的美国，心理学逐渐建立了一门有别于哲学的学科。然而，哲学家对视觉内容的兴趣和态度与心理学家的轨迹非常相似。21世纪早期，另有不同哲学家例如罗素和柏格森等人仍然在他们的理论中给予了视觉图像一个关键的角色，尽管它可能是重要的，但柏格森仍然在认识论中把视觉表征视为弱于非视觉表征的认知内容。尤其是无形象思想的争论开始出现后，相关的质疑也开始显现，在石里克（Friedrich Schlick）、萨特（Jean-Paul Sartre）、赖尔（Gilbert Ryle）等哲学家的研究中，特别是后期维特根斯坦（Ludwig Wittgenstein）对认知形象的重要论述中，否定视觉内容或心理图像概念变得很有意义。事实上早在19世纪末，弗雷格（Friedrich Frege）就已经对语言的意义来自我们联想到文字的视觉意象这一传统观点提出了异议。他指出，图像是主观的、特殊的，而词义是客观的、普遍的。然而，20世纪后期分析哲学家对意义的意象理论几乎一致地排斥，似乎主要是由于维特根斯坦的后期工作所导致。

像罗素的《心智分析》或普莱斯（Henry Price）的《思维与经验》中所阐述的那样，对思维的形象描述通常并不比对宇宙的地心说更值得批判。维特根斯坦在他早期的著作中（所谓的图像意义理论）就含蓄地拒绝了视觉内容理论的意义，但更多直接的批判只出现在他去世后出版的作品中。尽管《哲学研究》的评论可能更精辟、更具影响力，但对意义的意象理论最持久的批判出现在《蓝皮书与棕皮书》开篇的几页，其他许多言论和分析发表在维特根斯坦去世后出版的著作，特别是《字条集》《心理学哲学评论》中，证明了他对视觉内容具有强烈的兴趣，但是他总体上还是持怀疑态度的，不仅怀疑视觉图像可能被分配到的传统认知角色，也怀疑传统哲学对内在和外在图像的哲学解释。

第一章 哲学和科学关于"影像"的纷争

维特根斯坦在有关图像的概念上花费了非常多的精力,没有人能真正怀疑维特根斯坦自己认识到了视觉影像的经验性现实和哲学重要性,正如尼里(Kristóf Nyíri)所说,"维特根斯坦的不懈努力将视觉的心理图像仅仅放在次要的位置"①。他坚决反对传统的经验主义观点,即思维主要是一种形象的游戏,语言的语义是建立在意象基础上的,语言的主要作用是将我们内在的、形象的思维过程的结果传达给他人。相反,维特根斯坦认为语言本身就是思想的最高载体,他认为语言表达的意义来源于语言表达的各种用途。因此,他认为没有必要也没有余地让语言在语义上扎根于任何其他形式的表达。为了支持这一立场,他努力证明,想象不可能成为语言的语义基础。很多人都认为他已经成功了,殊不知想象或许并不是思想和语言最早发生的地方。在20世纪下半叶,许多后维特根斯坦的哲学家提出并更充分地论证了视觉心理内容在认知上的不重要性及其非形象性这两个主题。直到20世纪60年代和70年代,随着对视觉认知过程和作用的科学兴趣的复兴,为数不多的后维特根斯坦哲学家才逐渐开始尝试捍卫基于视觉的思想和意义理论,而且他们自己也发现自己在逆潮流而动,因为哈里森(Peter Harrison)、古德曼(Nelson Goodman)和福多等主流哲学家一直致力于强化、重申和扩展维特根斯坦关于视觉内容与语义学无关的论点,并提出了一个又一个有影响力的案例。人们常说的一点是,似乎没有一种自然的方法可以用视觉感觉影像来表达某些语言上可表达的概念,并在这种情况下经常提到逻辑关系,因为视觉内容被认为无法被逻辑符号或逻辑语句准确地翻译和表达。

当把语言意义的视觉内容应用于名词(或至少是具体的名词)时,它似乎是站在最坚实的基础上的。从表面上看,当且仅当"狗"这个词能够在人的脑海中唤起狗的形象时,我们才有可能理解"狗"这个词的含义。然而,长期以来,贝克莱(George Berkeley)反对一般观点的论点使这一简单的图景受到了质疑。在我们个人脑海中狗的形象能代表所有狗或者一

---

① Kristóf Nyíri,"The Picture Theory of Reason", in B. Brogaard and B. Smith (eds.), *Rationality and Irrationality*, Vienna: öbv&hpt, 2001, p.7.

感觉影像的知识本质辩护

般的狗吗？

20世纪的哲学家们很快就指出了一个更深层次的问题，他们认为传统的视觉内容意义理论是基于这样一个假设：图像获得自己的意义通过类似对象：狗狗的形象代表一条狗因为它像或看起来像狗一样，以同样的方式，一幅英国女王伊丽莎白的画像代表英国女王伊丽莎白，因为它看起来像她。表象的这种相似性理论并不总是被思想和语言的形象理论家们明确地表述出来，有可能它被认为是太过明显而不值得说，但罗素首先明确地提出了这样的观点：文字之所以具有代表性是因为它们与视觉的心理内容相联系，而后者本身之所以具有代表性是因为它们与它们的对象相似。但是这种相似性理论成为了攻击的主要对象。1968年，古德曼认为，即使是实物图片，类似油画、素描、照片等，也不能代表它们的主题，因为它们只是与主题相似。事实上，他认为一幅画代表什么就像是一句话如何解释和约定其意义代表什么，这也同样适用于心理图像。

福多在1975年大量借鉴维特根斯坦《哲学研究》中的观点，提出了一个令很多人信服的观点，即影像类的心理表征不能作为意向性的基础载体，因为它们的相似性太不确定。约翰是一个又高又胖的人，一个想象中的约翰，可能是指约翰，也可能是指胖子（或者约翰是一个胖子），也可能是指高个子的人，或者只是一个人，甚至是一个物体。另一方面，它可能意味着约翰在特定的姿势和情境中被想象。毕竟，它与所有这些东西都相似（而且无限多）。根据福多的观点，一个图像意味着什么，它是一个什么样的图像，必然是根本不确定的，除非它被相关的语言描述所固定。福多认为，我们的视觉图像所代表的是由一种内在的、无意识的、计算性的"思维语言"。考夫曼（Walter Kaufmann）等学者则认为必要的描述可以用视觉表征的支持者所说的自然语言表达出来。在这两种观点中，传统的语义依赖是相反的。语言的意义不是建立在视觉内容的基础上，而是建立在某种语言的基础上。

维特根斯坦在其出版的作品中几乎没有提到过对图像本质的反驳，而赖尔（Gilbert Ryle）的论述则更加明确。作为对他所称的"笛卡尔的神话"（即笛卡尔主义）的广泛且极具影响力的攻击的一部分，赖尔认为，

第一章 哲学和科学关于"影像"的纷争

私人的、非物质的、精神上的视觉概念是荒谬的；相反，他提出，"想象""用心灵的眼睛看"等可以更好地理解为类似于假装对我们自己去体验普通的、外在的事物。其他哲学家很快发扬这种批评观点。肖特（J. M. Shorter）和丹尼特（Daniel Dennett）都认为，视觉内容可能更类似于描述或描绘自己的东西，而不是假装看到它；石黑浩（Ishiguro）借助赖尔注释的论点开发了一个安斯康姆（G.E.M.Anscombe）式的理论的心理图像作为仅是语法的存在：尽管语言的语法有时可能会非常尴尬地引用我们的视觉经验，但这种行为并没有暗示他们是某些实体的存在。尽管用不同的术语表达，石黑浩在视觉影像上的立场并不完全不同于萨特在著作《影像论》中提出的观点。在胡塞尔而非维特根斯坦的影响下，萨特还强调了视觉影像的意向性，否定了心理意象作为实体的存在，他认为"心理图像"这个表达是令人困惑的。但由于心理图像这个词由来已久，我们不能轻易完全否定它。但是为了避免所有的模糊性，我们必须在这一点上重复，视觉图像就是一种关系。一个人对某个外在物的想象意识不是对该外在物的形象意识，因为后者是直接达到的，我们的注意力不是指向一个形象，而是指向一个实际存在的物体。

要清楚的是，仅仅萨特、赖尔、肖特等人对视觉影像的心理形式可能具有的实体属性的拒绝，并不代表他们否认感知过程中的视觉内容具有丰富、生动的可以被认知的影像内容。不幸的是，可能因为内在影像的概念经常被心理学家所坚持和加强，这一点总是被当作不具有清晰的批判性。然而，仔细阅读这些明显的反符号主义哲学家，很快就会发现他们并不是要否认视觉心理图像的经验性现实，而且他们中的大多数人都清楚地表达了自己对该内容的熟悉程度。他们只否认这种经验，不管它多么生动，都是由内在的心理图像引起的，并不影响由外而内的视觉影像。

如果说上述被各路语言哲学家所反对的视觉的心理表征属于主观观念论，那客观观念论就是在场的、正在发生的视觉影像所被包含的范畴，在这一立场上，弗雷格、胡塞尔、维特根斯坦都持支持的态度。在认知心理学一直不能为视觉影像的心理表征做出合理辩护时候，客观的观念论成了视觉影像的知识论证可以与之调和的唯一路径。不过，在场的视觉影像和不在场的心理图像之间的张力同样体现在观念论的哲学历史进程中，前者是经验主义的观念论，后者是理性主义的唯心论，二者总是互相牵绊着发展，就像洛克和休谟的身边有贝克莱；罗素和摩尔的身边有怀特海德（Alfred North Whitehead）；每一个当代自然主义的哲学家身边都有莱斯利（John Leslie）和斯普里格（T.L.S.Sprigge）。在麦克道尔（John McDowell）的《心灵与世界》和布兰顿（Robert Brandom）的《使之清晰》共同提出的自然主义问题之后，理性主义在"匹兹堡新黑格尔主义"推动下成为了自然化过程的活动焦点，他们对理性主义的规范性解读让匹兹堡学派开始批判性地关注自然，包括人类理性在与世界发生关系时使用的来自生物进化的自然方式，他们对与视觉相关的理性可能的解读就来自对这一立场的践行，而这一路径最早的开辟者是匹兹堡学派的创始人之一塞拉斯。

弗雷格认为，概念是抽象的对象，而不是精神对象和精神状态，这为概念论在视觉感觉中为自己进行经验主义的辩护提供了前提。但是关于概念的哲学问题非常宽泛，就本论题而言，直接相关的问题是"拥有概念是否需要语言？"。布兰顿、达米特（Michael Dummett）和戴维森（Donald Davidson）一脉坚定认为二者之间具有紧密联系并具有先验基础，戴维森认为，只有能解释语言的生活才能有思想的概念，语言在概念、信仰等心理内容中提供了一种可调的公共规范。这一立场截断了视觉感觉影像可能具有的概念可能。但是在认知科学中进行的关于这个问题的实验却不支持这个哲学观点。2005年，由奥尼西（Kristine H. Onishi）和巴亚尔容（Renée Baillargeon）在《科学》杂志发表的针对婴儿的研究证明，没有掌握语言能力的婴儿可以使用感知、信念等心理状态执行非语言的认知任务，可以解释他人的行为。这证明了，概念并不完全依赖语言，甚至逻辑也不必需要语言。

塞拉斯所开创的概念论经验主义在一定程度上弱化了概念对语言的依赖，但这种弱化是不彻底的。塞拉斯借鉴了康德（Immanuel Kant）和黑格尔的哲学内核，麦克道尔和布兰顿也依照这一路径开辟了自己的视觉感知理论，不一样的是，布兰顿更多地继承了塞拉斯对视觉的态度，而麦克道尔则站在了塞拉斯的对立面。具体而言，塞拉斯虽然接受了视觉感觉或视觉观察在经验知识中具有某种地位，但这一地位是先验的、非认知的、非逻辑的存在，一种现象的、在场的视觉影像被塞拉斯视为线下内容，在他为经验主义设计的康德式路线中，视觉内容仅仅充当引导的作用，也就是心灵与世界的关系只是借由视觉感觉在双方的活动中使经验知识获得相对应的客观性，视觉在认知过程中并不具有任何逻辑功能和逻辑内容，而具有理性内容的、属于理性逻辑空间的内容是人类已经具有的概念内容。塞拉斯的感知理论与传统语言哲学家一脉相承，他把非语言的视觉内容排除在理性框架之外，在他的理论中，只有语言式的概念内容才是经验知识的唯一合法形式。虽然塞拉斯在《经验主义和心灵哲学》中对视觉的不同过程进行了精致、细腻的分析论证，但它的态度基本没有超越语言哲学的理论。比较重要的一点是，塞拉斯对视觉的重视态度引发了麦克道尔和布兰顿的继续讨论。

布兰顿基本继承了塞拉斯的态度，他和罗蒂、戴维森与早期普特南一队保持大致一致，皆认为视觉本身是非概念的、非逻辑的存在，唯有在话语逻辑的概念框架下，被心灵知觉后的视觉感觉内容才能在经验知识中具有合法作用，他们自然主义的概念论渐渐偏向了黑格尔。与他们不同的是，麦克道尔坚决为视觉感觉内容进行有力的辩护，他在康德和黑格尔之间选择较为中立的态度，并以此认为，视觉感觉的内容在发生时、在被人感觉到时，已经进入了人类的理性系统，这决定了任何认知阶段的视觉内容都是概念性的认知内容，都可以为知识提供辩护。麦克道尔的这一立场受到罗蒂、埃文斯（Gareth Evans）、皮考克（Arthur Peacocke）等非概念论者的坚决批判。埃文斯反对麦克道尔对感觉经验的概念化改造，他认为，感觉经验必须是在理由的逻辑空间之外的，他给出的几个主要理由分别是：首先，感觉经验比概念内容更丰富、更细腻，概念内容并不能囊括人类在与世界交往时获得的非概念的感受性内容；其次，感觉经验与信念内容是不可兼容的，后者应该是一种独立的状态；最后，我们能和不具有理性能力的人类以外的动物共享属于动物本身的非概念内容，这种活动不能由概念能力实现，这样人类和其他动物就不再有分别。皮考克是埃文斯的坚定支持者，他亦认为在语言系统以外的感觉经验属于概念的部分，只有这样才能使人识别感受性的内容和特质的概念，例如"红色"和"那个味道"。不过这些批判都被麦克道尔借用康德的直观理论予以了有力回击。诺伊（Alva Noe）是支持麦克道尔的，他认为视觉类的感觉经验并不是完全被动运行的，而是具有理性的、认知的因素或层面。但与麦克道尔不同的是，他认为这种主动的视觉感觉是来自感觉系统对知觉系统的一种模拟，这种模拟构成了视觉感觉的认知能力，可见它的视觉感觉理论有一部分妥协的成分，并不像麦克道尔那样认为感觉本身是具有完全理论能力的认识形式。

在2010年左右，另一部分支持视觉感觉可以具有概念的哲学家对动物开始进行研究，这一路径与麦克道尔殊途同归，都为视觉感觉的认识论可能性论证提供了注脚，例如卡拉瑟斯（Peter Carruthers）、赫莉（Susan L. Hurley）和努德斯（Matthew Nudds）。这就提出了一个有趣的问题：在人类的概念和动物的表象之间是否存在一种有动机的、原则性的区别。认为有这种区别的哲学家们经常引用概念在推理中的作用。例如布兰顿声称，动物的表征只不过是一种可靠的歧视机制。这些表象应该像温度计，对特定的环境特征做出反应，但没有进入适当的推理过程。然而，什么是合适的推理过程还不清楚，在这一点上当然有不同的意见。此外，无论推理意味着什么，比较心理学中有大量的例子表明，动物的能力远远超过可靠的探测能力。动物可能不如人类聪明，但这并不意味着它们就是笨的。

即使人们一致认为在没有语言的情况下概念是可能存在的，但对于两者之间的关系，人们仍存在争议。一些人认为，概念先于自然语言，并且独立于自然语言，自然语言只是表达思想的一种手段。另一些人认为，至少有一些思维类型（以及一些概念）出现在构成我们自然语言能力表征的内部系统中。在这两种立场之间做出决定的争论涉及理论和经验的混合考虑。第一种观点的支持者声称，语言是模棱两可的，而思维可能不是。例如，"人人都爱某个人"这个自然语言句子可以被解释为"人人都爱某个人或其他人"，或者"人人都爱同一个人"。第一种观点的支持者，如平克（Steven Pinker）还认为，既然语言本身是需要学习的，那么思维必然要先于语言。第三个类似的考虑是，人们似乎能够形成新的概念，这些概念在后来被命名，首先是概念，其次是名称。另一些支持思维是在语言中发生的人已经指出了思维现象学：当我们"听到"自己在自言自语时，我们似乎是在用语言思考。

三、关于"视觉感知知识论"的相关研究

视觉知觉的认识论问题一直是哲学家长期聚焦的问题，视觉影像的知识可能性在知识论领域对应的是知觉知识何以可能的问题。视觉知觉是对现象的知觉还是表象的知觉，一直是一个哲学难题。最早对视觉感知进行系统论述的是笛卡尔，他在《第一哲学沉思》的第一个沉思、《哲学研究》和《屈光学》中对视觉感知进行了系统的科学解释。在笛卡尔的认识论中，视觉被解读为机械论式的存在形式，他在对视网膜影像在视觉中的理解帮助人们注意到看得见的影像和判断的影像之间的区别。笛卡尔虽然是理性主义者，但他没有完全拒绝现象性的感知经验，只是他更关注内省中的现象经验而拒斥外在的现象经验。他认为，人们对视觉内容的判断不是眼睛去完成的，而是心灵或思想通过内在视觉来达到的，其中包含了人们已经掌握的知识内容和知识信念，单凭感觉性的视觉影像是不能完成判断的，视网膜中的视觉影像需要心理或大脑的活动才能形成关于视觉知识的判断。在这里可以看出，关于视觉影像的知识问题已经决定了笛卡尔的本体论信念，他对思想和视觉的二元区分根源于他的身心二元论。

笛卡尔之后，马勒伯朗士（Malebranche）却认为，视觉中的特定知觉是一种"自然判断"，这流露出他对一元论的视觉感觉认识论的某种程度的支持。贝克莱在《视觉新论》中借鉴性地批判了笛卡尔的视觉感觉理论，贝克莱认为，肉眼的视觉感觉在经过训练以后，可以不通过心灵的观念转而借助其他观念对视觉内容形成判断，这种可以判断的视觉内容是间接的视觉呈现，而不是直接的。可见贝克莱仍然区分了感觉和知觉的区别，知觉可以是不通过心灵的，但必须是经过学习或训练的内容才可以具有判断的能力，心灵对视觉知识的垄断在贝克莱这里弱化了，但还不够彻底，他仍然否认视觉感觉存在判断的可能性。

感觉影像的知识本质辩护

休谟（David Hume）的《人性论》把知觉归为印象和观念，印象与视觉感觉内容更匹配。休谟认为印象是感觉在思维中的微弱意象，是简单的、知觉的观念，是符合观念的基础，是真实感觉的源头，是一切意识、知觉可还原的对象。休谟提出印象的概念意在把意识还原于具有基础地位的现象直观，但是他并没有严格区分知觉直观和感觉直观之间的认识论区别，反而认为后者很不足一提，导致他并没有在当时开创性地发现视觉感觉可能存在的判断可能。这个问题之后传到了康德的手中。康德创造性地提出了感性概念和知性概念并存的理论，感觉概念就是来自人类的先验能力所拥有的"图形（schema）"，这种图形是人类运用想象力对现象性的视觉感觉进行抽象而得出的，它反作用于视觉感觉内容使其具有概念性，继而拥有具有判断属性的知识论合法性。所以康德的图像与视觉感觉的影像并非同一种介质。所以海德格尔（Martin Heidegger）的解读是：视觉影像（image）既是一种直接的直观经验，也是一种"沉思"或"默想"的表现，"看"这一实存物在影像中实现了对自己的一种呈现，海德格尔的"看"是同时拥有了殊相和共相属性的直觉内容，也就是我们在用视觉感觉一个对象的时候，不仅在感觉一个影像，也是在做出判断。由此可知，海德格尔在自休谟、康德以后，较早对视觉感觉的认识论地位进行了完整辩护。

如前所述，我们的感觉经验可以被概念化：我们可以把世界看成是某种方式，或者我们可以把它看成是这样或那样的。因此，这样的经验可以被看作是为我们的感性认识提供了正当的理由，因为你可以认为事物具有你所看到的属性。然而，感知经验是概念性的这一事实并不足以确保你的感知信念是正确的。1971年，阿姆斯特朗（David Armstrong）认为，感知不过是通过我们的感官获得关于物质世界的特定事实的知识，或在某些情况下，获得对这些事实的信仰的感性认识仅仅需要一个人的感性信念与世界的关系是符合法则的。阿姆斯特朗称他的描述为知识的"温度计模型"。我们对世界的了解就像温度计可以代表它自己的温度一样。在这两个系统中，世界的属性和代表性装置的属性（温度计中的水银水平或思想家的某种内部认知机制的状态）之间存在着一种简单的因果关系。

第一章 哲学和科学关于"影像"的纷争

基础主义者声称，我们信仰体系的上层结构，其正当性来自其余部分所依赖的感知信仰的某个子集。这些信念被称为"基本信念"。因此，我们的信仰体系被视为拥有一座建筑的架构。它是由英国经验主义者洛克、贝克莱和休谟以及重要的现代追随者刘易斯（David K. Lewis）和齐硕姆（Roderick M. Chisholm）所倡导的，他们认为感知经验是非概念的存在。然而，我们的感知信念如何被证明是正确的这一概念已经受到了广泛的攻击，其中包括塞拉斯的"所予神话"批判和其他康德主义的概念论主义者的批判。1988年，汉森（Norwood R. Hanson）以"兔鸭图"为例，证明感觉经验不是预先或非概念性的，而是本质上是与概念性世界接触的。这样的经验并不仅仅存在于我们的视网膜图像中，相反，它是我们感知世界的一个必要的概念排序的结果。因为在康德看来，一个人如果没有一个概念结构来提供这种经验的表征性，就无法体验世界。用康德的话说，感性所得到的直观不能与知性所进行的概念化相分离。康德指出，如果概念不是基于感官所接收到的信息，那么它就没有经验的内容，思考世界和体验世界是相互依存的。这是对认为简单的视觉感觉和概念结构的知觉形式之间存在区别的一种攻击。

但德雷斯克（Frederick I. Dretske）不同意这种包含概念或经验的现象性感觉，他在2000年出版的《感知、知识和信念》（*Perception, Knowledge and Belief*）中认为，简单的或非认知的视觉独立于认知的视觉；也就是说它独立于概念结构。非认知视觉是指在视觉上区分一个人周围环境的各个方面的能力，比如公交车站和垃圾桶，而且一个人可以做到这一点不需要把这些东西看成是任何特定的东西。此外，"看作（seeing as）"预设了简单的看。一个人必须有一些基本的经验来为我们概念结构的经验或思想提供原材料。

到当代以后，一些温和基础主义者仍然保持基础主义的立场。2003年，奥迪（Robert Audi）等人认为，第一，我们对世界和自身经验的感知信念并不是绝对正确的；第二，非概念性知觉经验并不起辩护作用。这种关于感知的观点在自然界中仍然是基础主义的，因为我们仍然有基本的信念，这些信念是非推理证明的。因此，感性信念所具有的正当性是可战胜的。借助这种观点，适度基础主义避免了传统基础主义所面临的困境。然而，由于这些信念是关于你自己的精神状态，而不是关于这个世界的，我们并不清楚这些信念是如何建立在你的感性认识之上的。根据传统的说法，这种信念不能发挥基础性的作用。谦虚的基础主义者可以避免这种两难境地。因此，你可以相信世界上物体的属性扮演着必要的基础性角色，而不只是我们自己的经验。谦逊的基础主义者试图保留传统基础主义的一些特征，同时承认他们的基础并不可靠。然而，对与传统基础主义相关的问题有一个独特的回应，那就是拒绝它的关键特征，即它依赖于基础的、非推理的、基本的信念。融贯论提出了另一种选择，如邦茹（Laurence Bon Jour）和莱勒（Keith Lehrer）认为信念只能由其他信念来证明，我们的知觉信念也是如此。在他们之前，塞拉斯和戴维森也秉持该观点。

为了证明感知信念的表征能力，邦茹强调了一种他认为的"自发认知"信念，这种信念不需要人的推理就能获得。当某些条件出现时，这些感知信念可能是正确的。邦茹的描述要具有说服力，他需要提供一些理由来证明在某个特定条件下获得的信念可以是世界的真实表征。他的论证是，首先，我们不是通过推理得出它们的，他们是自发的。其次，我们通过这种方式获得的信念，与彼此之间以及与我们信念系统的其他部分之间，表现出了高度的一致性和连贯性。于是问题就来了，既然这些自发的信念会如此紧密地联系在一起，那么为什么会这样呢？邦茹的主张是有一个很好的先验解释来解释我们的一系列信念的一致性和连贯性，也就是说，它是我们的信念由一个连贯一致的世界引起的结果。因此，我们的知觉信念正确地代表了一个独立于我们思想的世界，非概念性知觉经验对知觉没有辩护作用。这种经历可能会使我们对环境产生某种信念，但这些知觉信念的正当性是由这些信念与我们的信念系统其余部分之间的推论关系提供的。1993年，反对者普兰丁格（Alvin Plantinga）提出了一个普特南缸中之脑式的批判：在笛卡尔的怀疑论中，那个条理清晰的信念不能与我们的世界一致并连贯，它是一个疯狂的科学家被邪恶的魔鬼操纵了大脑而得出的推理，所以这个推理是非常可疑的。

除融贯论之外，外在论也是论证感觉是否可以拥有知识可能的另一个方面。外部主义者认为，知识论应该关注第三人称角度的论证。外部性的一个关键概念是可靠性。如果一个信念是用一种可靠的方法获得的，那么它就是合理的，这种方法的可靠程度取决于一个人的思想抓住真理的可能性。戈德曼（Alvin I. Goldman）认为，信仰的正当性状态是导致它的过程可靠性的函数，可靠性（作为第一近似值）是指一个过程倾向于产生真实而非虚假的信仰。根据可靠性论者的观点，如果一个感性信念是可靠的感性过程的产物，那么它就是合理的。可靠性论者采用的一种策略是根据思想与世界之间的因果关系来建立可靠性的基础。粗略地说，一个人有一个合理的知觉信念p，p应该引起我的信念P。古德曼和德雷斯克为这类理论做出了开创性贡献。重要的是要注意这种说法与阿姆斯特朗的说法之间的区别。尽管许多外在论者用因果关系来解释正当性，阿姆斯特朗回避了所有关于正当性的讨论，并提供了一个关于感性认识的完全因果关系的解释。

除上述的英美哲学外，大陆哲学的现象学研究也对视觉感觉的认识论研究建树颇多。当"感觉经验"一词在这里被使用时，它是经验的定义，并有一个现象的特征。如果它们也有内容，那么问题就出现了，这两个特性是如何联系在一起的。对于感觉的内容与其现象学之间的关系，比较不同的观点是很有帮助的。较早也较为系统地对视觉进行现象学分析的哲学家非胡塞尔莫属，他把视觉影像和想象力结合在一起，二者相互作用产生了区别于文字和其他符号的图像意识，后者相似但又不同于外在对象，它具有一种主题性质，与意识中的意向指向性相类似，视觉影像凭借这种图像意识将我们的心灵或思维引向了外在实在，以上内容主要集中在他的《逻辑研究》和《观念I》中。胡塞尔继承了康德的直观理论，同样把现象性的视觉感觉视为一种直观行为，他把这种直接的观察看作是经验的原始材料，是所有理性逻辑辩护的最终合法根基，人类思维的概念逻辑也起源于此，因为这种直接的看是来自外在对象及其环境的直接表征，从它们出发可以确证尽量多的关于外部实在的经验知识。但是胡塞尔却拒绝了心理意义可以具有直观内容的可能，因为心理意义是被心灵升华过的、超越个体经验的、普遍性的共相知识，它跟现象性的感觉内容的特性是相悖的，在此胡塞尔陷入了矛盾，但最终他还是支持了直观内容的认识论地位，因为他在反对意义图像论的同时，仍然支持现象性的表征内容是意识活动的根基，为了区分二者的概念区别，人们通常把后者理解为意义表象论，视觉感觉影像就属于这种表象中的一种，此处胡塞尔的表象概念与康德的直观概念相通。勒维纳斯（Emmanuel Levinas）认为，直观的意义不单纯地具有行为意义，它同样可以在意义的活动中发生，更准确地说这是一种本质直观，不是单纯的感性直观。费斯特（Richard Feist）2003 年提出胡塞尔作为一名理性主义者，他的直观概念应该被囊括在演绎的理性逻辑空间之中，这样一来作为先天知识的视觉直观就可以在其活动中合法地对外在对象进行抽象、演绎等逻辑行为。

海德格尔在胡塞尔现象学的基础上对视觉进行了存在主义的改造，他认为视觉是一种显现，是对存在的一种美学式的、诗式的显现。他尝试改造胡塞尔哲学中明显存在的以理性主义为立场而搭建的二元对立理论，海德格尔用存在主义强调视觉感觉内部暗存的一元论本质，进而尝试消解我与他、现象与意识、思想与世界之间的对立，这种对立背后的根本立场是人类中心主义、形而上学人类主体性和逻各斯中心主义，视觉的认识论价值正是在这些立场中被弱化、消解。但海德格尔的努力并没有得到德里达（Jacques Derrida）的认可，后者认为前者的一元论存在主义仍然是不彻底的，因为海德格尔对逻各斯中心主义的批判仍然建立在西方传统的形而上学之中，这导致海德格尔的视觉理论受到了德里达的否定。

在《创造性进化》一书中，柏格森以视觉为基础，在哲学思想中描绘了一种"电影幻觉"。以实用为目标，视觉不遵循真实的表达，而是凝结、固化和固定现实。视觉既看不到物质世界的运动连续性，也看不到生命的质性异质性，而是在这些时间现实背后投射出一个均匀的空间化网络，允许它们根据抽象和空洞的模式分解和重建，因此，视觉以物体的形式呈现世界。更重要的是，由于视觉感知与行为的目的论相联系，这种对象化被自然化为一种还原的但又是必要的视觉关系结构。2010 年，艾莉娅（Alia Ai Saji）认为，视觉在柏格森的人生哲学中所扮演的角色，比他的"电影"功能所允许的更为复杂和矛盾。因为视觉是在生命的进化运动中产生

第一章 哲学和科学关于"影像"的纷争

的,是它对物质的作用的一部分,但视觉也可以在创造性的努力中扩展和变形,虽然视觉趋向于客观化,但视觉也能提供克服它的关键手段,使它朝着直觉的方向发展。既然在这里涉及我们的视觉是感性的和身体的,那么在视觉的故事中就必须把两个方面结合在一起。一方面,视觉有潜力或力量去看到更多超越产生它的实用框架。为此,远见必须大于行动;它也必须是记忆和创造。另一方面,需要承认视觉的重要性,而不是单纯地把视觉并入激情式的感觉。2013年,福汀(Jean-Pierre Fortin)认为,通过巴纳德(G. William Barnard)对柏格森直觉哲学的解读可以发现,视觉作为直觉的一种载体,可以预先地、经验地通过视觉直觉掌握关于外在世界的知识,这种视觉的直觉意识使个体沉浸在现实的基本活动中,支持这种活动发生的器官不是大脑,而是外显的感知器官,例如眼睛及其视网膜,所以沉浸在现实中的视觉感觉意识比知觉更全面,更能超越物理世界的界限,从而巩固人类意识的自然性。

梅洛·庞蒂(Merleau Ponty)做了大量关于视觉的研究并主要见于《可见和不可见》《心与眼》等著作中,庞蒂从柏格森那里继承了从知觉问题的进路克服哲学的二元论立场的方法论,他认为现象学之外的经验主义和理性主义都不能解决传统的知觉问题和本体论问题,所以他也同柏格森一样,通过研究视觉感知问题探求对更深层次问题的研究。庞蒂的现象学提供了一个有用的起点,从中我们可以重新审视视觉实践的本体论和认识论地位,在他的理解中,看东西的是身体,而不是眼睛或心灵。梅洛·庞蒂将我们的注意力从视觉符号的结构上转移到了视觉体验的事件和意义,后者被作为我们与周围世界的日常接触。在感觉(sense)中,庞蒂统一了感性与知性、视觉与语言、世界与思想等二元对立。庞蒂认为知觉经验是一种独特的现象,不应被误认为是感觉或具有感觉属性的判断动作。把知觉当作感觉(或"经验主义")是错误的,因为知觉经验作为一个有结构的、统一的整体是有目的的,而不是被传递到身体表面的一个与上下文无关的功能。知觉既不是感觉,也不是判断,而是第三种独特的活动感觉——它的自动性和缺乏可分解性,就像判断的意向性和外延,不只是身体的物理活动。2004年,诺伊在《感知中的动作》中试图拒绝视觉体验的

"快照（snapshot）"理论。诺伊对这一观点进行了大量的批判，强调了我们当前的视觉知识与这一观点严重不符的地方。像庞蒂一样，诺伊被认为是在事物的外观和我们对事物的判断之间坚持现象学上的逻辑区别。

福柯以一种非正统的方式使用了拉康的术语"凝视"，但这个词的两种用法之间仍然有一些交集。1998 年，在他的第 11 次研讨会上，拉康发表了《精神分析的四个基本概念》，他将"凝视"作为一个具体的心理学实例进行了研究。视觉是感知地记录外部世界某一事件的实际过程，而凝视则是穿透视觉场域，扭曲观者的视觉，禁止某些形式的观看，强化其他形式的观看。像许多其他拉康术语一样，凝视的概念也受到了大量的分析和讨论。在布莱德（Norman Bryson）的描述中，凝视的概念表明，"观看主体不站在感知视界的中心"，因为视觉"与他人的视野相切，折叠到对方的一侧"。[①] 因此，真正重要的是"真实的视觉"，不加修饰的视觉，能够抵御凝视的视觉。

德勒兹在其《电影 1：运动—影像》《电影 2：时间—影像》两本著作中，以电影艺术为对象详细讨论了有关影像的哲学问题，德勒兹借鉴了柏格森的本体论与认识论思想，提出了自己的影像认识论观点。2009 年，沙维洛（Steven Shaviro）提出德勒兹的认识论完全继承了他的本体论和元伦理学，然而，德勒兹的认识论承诺并非没有争议。一旦他放弃了传统的主体概念，即主体是一种具有本质和偶然属性的固定身份，传统认识论的立场就受到了质疑。单一存在的本体论和作为本原的事件否定了传统的认识主体，从而"认识论必须从它在后笛卡尔思想中通常占据的中心地位上降级"[②]。在关于视觉影像的问题上，德勒兹在批判性地借鉴了美国逻辑学家皮尔斯（Charles Sanders Peirce）的影像理论后，认为感知是"呈现"的基础，是有生命的影像，德勒兹赞同了皮尔斯的观点：感知的影像是一种命题符号，它们可以在人与世界的交往之中为人类提供现象性的命题知

---

① Alexander Styhre, "Knowledge Work and Practices of Seeing: Epistemologies of the Eye, Gaze and Professional Vision", *Culture and Organization*, London: Routledge, Vol.16, No.4, 2010, p.364.

② Steven Shaviro, *Without Criteria: Kant, Whitehead, Deleuze, and Aesthetics*, Cambridge, MA: MIT Press, 2009, p.29.

识。至于证明命题的探究方法，德勒兹采用了经验主义。这个选择乍一看似乎有些奇怪，经验主义的传统概念是发现先验规律或类型的方法。然而，德勒兹的经验主义并不是一种旨在"重新发现永恒或普遍的归纳方法，而是寻找新事物产生的条件"。因此，他在他的著作中发展了一个最困难的概念，那就是"先验经验主义"。科尔布鲁克（Claire Colebrook）认为，德勒兹在本体论中所认识到的唯一"先验"实体是内在事件；每一个独特的个体都是卓越的。或者我们可以认为原始是超然的。这是一种不依靠外部经验的经验主义。相反，它是一种对每一个内在的经验或事件流的经验观察方法。

第二节　国内的相关研究

国内学者对视觉感觉影像的研究尚且不多，对视觉的知识论的相关研究更是屈指可数，大都分散于对视觉相关的心理学哲学、哲学史和现象学研究之中。在知网可查的文献中，最早可追溯至1986年李伯聪的《感觉过程是选择和建构的统一》一文，他在文中从进化论和物理学、生物学等方面论证了感觉活动在思维活动中的建构作用，这是一种一元论的认识论观念。1991年，戴哲仁在《表象是人的心理结构的基本元素》一文中，较早地提出了来自视觉的表象内容可以是心理活动的基本单位。程志民在《作为现代性终结和后现代性开端的存在哲学——一种视觉理论》中较早地对后现代哲学和存在主义哲学中的视觉相关理论进行了详细梳理。1999年，刘晓明在《论视觉思维的创造性及其内在机制——阿恩海姆等人的视觉思维理论阐析》一文中，通过对阿恩海姆的视觉思维理论进行梳理，论证了视觉思维与创造性活动的相互关系，并且认同视觉直观和逻辑思维有相互关联的能力。

心理学哲学的相关研究在为数不多的文献中属于比较多的一个细分领域。魏屹东教授在《表征概念的起源：理论演变及本质特征》一文中比较详细地梳理了心理表征的发展和演变，其中较多涉及了视觉表征的内容，魏屹东教授认为中世纪时期图画表征所涉及的相似性理论没有区分图画和相似性之间的区别，此外，他对表征理论与知识、感受性、意象等内容的关系问题进行的梳理为本书的研究提供了丰富的研究文献。在《"现象概念策略"能应对反物理主义论证吗？》一文中，魏屹东教授从"现象概念"出发剖析了物理主义和反物理主义之间的交锋，视觉感觉作为一种现象概念，同样是这场交锋中不可缺少的一员，作为对视觉感觉的知识论论证，本书也可以为这场交锋加入新的论据。

王姝彦教授在《当代知觉哲学的发展及特征》中梳理了自20世纪中叶开始引人注意且具有影响力的哲学观点，涉及了知觉的本体论内容和知识论内容。在论文《"可表达"与"可交流"——解读"感受质"问题的一种可能路径》中，王姝彦教授提出了当物理学、生物学无法准确解释"感受质"是什么的时候，我们在交流中根据获得的知识和经验理解"感受质"问题，这与视觉影像认识论功能发生的语境是相符的。

李侠教授在《关于语义加载与心理内容表征的两个问题研究》一文中要解决的两个问题之一就是"概念和非概念内心在表征中的语义加载原理"，这与本书尝试解决的感觉内容的概念性与否问题及其意义如何生成问题相关联，李侠教授在论文中梳理了西方心理学界对视觉失认症（Category-Specific Visual Agnosia）的相关研究并列举不同理论中视觉感觉内容在意义中的应用机制。杨庆峰教授在论文《图像表征理论中的认知设定及其批判》中，讨论了基于相似性的图像哲学的特征和问题，他认为与图像相关的哲学都是基于图像与现实的相似性研究的路径，进入自然科学的自然化研究以后，图像哲学认知心理学式的研究并没能深入研究这一与视觉相关的生存哲学维度。从生存哲学的理论维度出发，杨庆峰提出图像表征中的中立设定、认识关系设定、非历史视域设定三大基本设定，进而从生存论出发构建了体验式的图像哲学方式，揭示了图像哲学中的非认知基础形态。不过该文的基本立场还是从现象学、美学哲学出发的，同时也否认了图像与视觉认知之间的相似关系。李勇在《图像表征的当代认识论危机》中，从霍克海默（M. Max Horkheimer）、阿多诺（Theodor Adorno）等

第一章 哲学和科学关于"影像"的纷争

后现代哲学家的文化批判立场对与视觉相关的图像认识论进行了批判,认为非真、仿真的图像表征是对深度本质的一种流失,谋杀了辩真力,改造了非理性的无意识,不过这些批判成立的条件是人们在大众文化中走入了一个反向极端,这种情况下的图像无疑是值得怀疑的,但在日常状态下,在大部分非极端的文化语境里,视觉影像应该具有的认识论功能并不会被影响,更不能被随意地完全否认。

可能是出于胡塞尔著名的图像意识现象学研究,国内学者关于视觉的认识论研究大部分都遵循于胡塞尔一脉的现象学路径。2001年,倪梁康在论文《图像意识现象学》中,通过对胡塞尔现象学理论的挖掘,在国内较早地研究了视觉图像的现象学理论。对视觉进行较为系统研究的还有高秉江、尚杰、陶建文等人。高秉江自2010年开始发表了多篇论文和一部专著,其中比较成熟的专著《现象学视域下的视觉中心主义》对视觉相关哲学问题进行了详细的哲学史研究,创新性地加入了东方哲学的内容,并在最后落脚于胡塞尔的视觉现象学立场。尚杰教授的《图像暨影像哲学研究》一书集中呈现了他近几年对图像、影像等视觉内容的研究。他也是从现象学的理论出发,但不同的是他选择的是海德格尔、德勒兹等人的现象学,并加入了从电影艺术和美学等的后现代哲学角度的讨论,尚杰认为的视觉影像更偏向于生命的、精神性的美学内容,他并不认同视觉可能具有的抽象或逻辑能力。陶建文在《视觉主义——基于图像和身体的现象学科学哲学》中借助理性主义和现象学二者的理论区别,把视觉内容区分为心灵之眼的理性之觉和肉体之眼的感性之觉,他的方法论是以影像或图像为中介,考察了科学中的视觉内容所发挥的认识论功能,他通过总结笛卡尔、康德、胡塞尔的视觉理论提出,对科学、语言的理解并不需要理解视觉的图像,也不否认图像在想象中可能存在的意义价值。耿涛在《图像与本质》一书中,对胡塞尔的图像意识理论进行了系统的研究,他在胡塞尔著名的"感觉材料—立意"模式中挖掘到了感觉内容存在知觉的可行性,并由此反对现象和本质的二分。李鸿祥教授的《图像与存在》一书把西方哲学和东方哲学中的图像理论进行了高度融合,对图像的本体论进行了详细的问题式研究,在关于认识论的问题上,李鸿祥认为图像的认识论问题在于，图像是客观的图像还是本质的图像，这一问题在柏拉图和中国道家的哲学思想中都有体现，解决该问题基本分为两种主要的方式：一是否定视觉感觉图像的意义，直取本质的图像为意义之所在；二是如亚里士多德和《周易》一样，用辩证的态度处理图像的认识论问题。他主张，要回答感性视觉图像的认识问题，我们必须回到生活中的真实的感性内容，只有把人的感觉图像放置于人的实践活动中才能知其正解。

在翟振明的《视觉中心与外在对象的自返同一性》一文中，作者从庞蒂的知觉现象学出发，对视觉中心主义遭受的批判进行了反驳，认为外在对象的同一性需要基于视觉的无中介亲知才可确定，这种具身式的认知并不是典型的康德式二律背反，不应该被当作视觉中心主义的文化传统而遭到批判。李金辉在论文《视觉图像现象学——以"视域"的发生和构造为基础的理论范式》中无视胡塞尔、海德格尔、梅洛·庞蒂三人的视觉理论，认为现象学是以视觉为中心的视觉图像现象学，因为只有从视觉出发才是具有回溯的思考品质，才能真正回到事实本身，才能真正实现构成性的分析和批判性的审查。林云柯在硕士论文《人类认识根性中的"语言性"与"图像性"：一种有关"语图关系"的认识论解释》中，从后现代哲学的立场论述了哲学的语言转向之后的图像转向现象，并从认识论的角度出发论证了语言和图像之间的关系，但该研究中的"图像"概念属于后现代哲学中比较宽泛的概念，它包含了含有视觉在内的所有图像式的表征方式，并不属于对视觉感知的直接研究，而更倾向于是对图像的一种语义问题研究。李金辉在论文《视觉图像现象学——以"视域"的发生和构造为基础的理论范式》中少有地把视觉从图像哲学中单独做了哲学史的研究，并以此提出了视觉影像在现象学研究中的基础地位，这种基础地位是从方法论和本体论两方面同时具备的。

在《胡塞尔感知现象学中的两种统觉模式——兼论感觉内容的意向性问题》一文中，陈伟从胡塞尔的"立意内容—立意"理论和"动感—图像"理论中考察了胡塞尔对统觉问题的态度，其中涉及关于感觉内容的意向性问题，作者论证了胡塞尔对感觉内容中存在意向性的认可，并恢复了在传统哲学中被放逐的感觉内容的认识论基础地位，这与本书所论的问题殊途同归。不过，崔昕昕在论文《萨特对胡塞尔早期想象理论的发展：心理影像》中，认为萨特通过改造胡塞尔的图像意识，把意向性也改造为一种否定性的能力，也就是意象是不同于对象并否定对象的，并以此尝试改变想象力屈居于知觉能力之下的认知地位，这同时否认了视觉感觉影像可能具有的认知地位。李忠伟在论文《胡塞尔的感受概念与其先验转向》中，从胡塞尔的先验现象学哲学出发，论证了感觉内容具有概念性，并为经验知识提供辩护基础的不可行性，而在笔者看来，这种不可行性就是本书要否认、要解决的哲学问题。袁建新在《康德的表象说及其哲学意义初探》一文中，梳理了康德的表象理论，认为康德认同感觉概念的原始根据，并且康德对感觉之物是否符合外在实在经历了由肯定到否定的态度。在《在世与看——追踪〈存在与时间〉和〈哲学研究〉中的"看"问题》一文中，张巧分别考察了海德格尔和维特根斯坦对"看"的哲学态度，特别是从认识论的方面。作者认为二者的共同之处是对图像化的认识论态度进行了批判，他们都认为这种认识论是一种狭隘的"符合论"，并造成了对生活世界的遗漏，二者进而在批判的基础上，提出了与世界相符合的认识论方法论；二者的区别在于维特根斯坦提出了语言游戏说以摆脱"看"对认知的束缚，而海德格尔则继续在胡塞尔的影响下引入了生存论对"看"进行了深层次的、基础性的改造，这是维特根斯坦所不同意的。

第三节 视觉感觉的知识论问题研究的基本特征

如前文所述，国内外对于视觉感觉相关的知识论所呈现的研究方法、研究立场已经表明现在国内外的相关研究呈现以下几个路径：其一，从认知心理学、神经科学等自然主义路径对视觉的发生机制进行科学式还原和哲学反思；其二，从语言哲学的角度出发，用分析哲学式的逻辑哲学对视觉感觉进行分析，这其中大多数对视觉感觉的知识论观点持否定和批判的态度；其三，从胡塞尔和柏格森的现象学角度出发，对相关问题呈现支持的态度；其四，从美学、社会学等角度对视觉文化及其相关内容进行批判和否定。通过总结，这四个主要路径在本书的研究中呈现出以下特征：

首先，在与心理学、神经科学相关的文献中，应该注意的是，许多这样的实验方法使他们很容易受到一些哲学家的指责，他们认为这些结果反映了人类日常认知的正常运作方式，或是说反映了内部表征结构（如心理意象）的属性，这些表征结构使其具有这些属性，更确切地说，反映了心理学家所称的实验情境的需求特征。这是心理实验中一个众所周知的陷阱，而实验人员在很大程度上都清楚这一点，并采取各种措施来预防这种主观需求显著影响他们的发现的可能性。然而，某些类型的图像实验，包括上文中讨论的大多数，似乎特别容易受到这种影响，而且有时实际上不可能排除需求特征在决定结果中所起到的重大作用，甚至是主要作用的可能性。因此，在这一研究领域取得的一些结果仍有疑问，特别是描绘"心灵之眼的视角"和视觉图像的相关内容。这些需求特征的相关结果，没有任何其他实验证据支持，因此这些工作在方法论层面受到了特别严厉的批评。也有很多学者为这种方法辩护，即相关的研究结果表明视觉心理图像具有固有的特色属性，并以一种"模拟"的方式进行表达，这种方式与语言和其他符号系统的表达方式截然不同。但是，另一些人，特别是那些坚定地致力于数字式的计算思维的学者们，坚决反对这种视觉概念，随之而来的是一场关于视觉心理和心理表征本质的激烈而高调的理论辩论。不过，从几种不同类型的实验中收集的证据似乎已经足以在大多数认知科学家之间建立共识，即心理扫描、心理旋转和图像检查中的尺寸效应等，是真实且重要的认知组成部分。

其次，在语言哲学领域对感知的研究中，外在论、内在论、融贯论之间的争论虽然大都集中在对视觉体验的考察中，但它们的讨论主要可得出以下两个结论：第一，在一定程度上，某种形式的感性主观主义似乎仍然是正确的，哲学家们在多数选项中更倾向于支持状语理论；第二，如果第一个结论是错误的，而一些更复杂或更微妙的知觉经验的描述（如析取主义）是正确的，关于物质对象的信念是如何被证明是正确的从根本上说还是属于表征现实主义的一个版本，这是一种辩护力很强的非怀疑论描述。

但必须承认,有许多哲学家仍然认为直接实在论比这里所建议的更有希望。也有一些人相信融贯论的或语境主义的正当化理论可以规避这些问题。所以由此可见,语言对感知行为的分析仍然没有得到一个完满的解决,究其根本还是没有真正弄清楚视觉感知经验的内容本质是什么,它们与世界的关系是什么,不同表征形式的感知内容如何互相作用(比如视觉感知和语言能力如何互相构建),它们如何在人们日常生活和科学研究的过程中发挥推理功能等。

第三,胡塞尔的现象学哲学和柏格森的生命哲学对视觉感觉的考察面对的最大问题无疑是来自英美哲学流派的反击。胡塞尔自己也承认,他所发表的著作只是部分的介绍性的研究,对整个先验现象学问题的表述是不充分的。在这些著作中,他没有一处充分阐明他的哲学所揭示的全部问题,也没有一处提出他的哲学的完整的、系统的概念。因此,人们似乎必须从胡塞尔未发表的著作中寻找这一概念。而大多数人都将研究集中在胡塞尔公开发表的内容中,殊不知,很多关键的哲学论证只能在胡塞尔的《观念2》手稿中找到。从内容上讲,现象学对心理学的反对,导致了支持心理学的哲学家们对现象学批判,特别是在经历了格式塔理论、行为主义、认知心理学等内部自我构建后的心理学哲学,掌握了大量的实验证据和实践积累,在方法论上得到了自然主义支持的认可。就感觉材料而言,心理学哲学派多数都认为感觉材料是理性的心理过程的产物,是有意的内容,而不是外在对象本身。分析哲学或语言哲学认为感觉材料是直观内容,却反对现象学给予直观于意向性的立场。包括现象学在内的各个派别都坚守自己的本体论和方法论,未能真正解决视觉直观或视觉感觉的认识论问题。

第四,后现代哲学从文化角度对视觉认知的批判与美学哲学对视觉的赞赏走入了两个极端。二者的共同之处在于都没有从视觉真正发生的语境对影像进行全面的、彻底的剖析,都是缺乏连贯性的哲学考察。如果不考察视觉如何发生、如何获得关于世界的意义,那么对它的批判和赞美都是空中楼阁,是缺乏本体论的支持的。不论是高度怀疑的立场还是高度认可的立场,都不是一条可行的路径。真实的视觉影像的哲学价值并不是非黑即白的,而应该像影像本身的特征一样,是一种要结合实际情况的、主体性的或主观性的存在。我们不能否认后现代哲学对视觉的批判,但也不能因噎废食地否认视觉或许可能具有与生俱来的认知功能。我们只有对视觉进行精细的认识论考察,才有对视觉进行文化批判和赞美的合法权利。

第二章　问题的提出

关于视觉影像的认识论或知识论研究贯穿于整个西方哲学史，可以说，影像的认识论研究是西方哲学的一条隐线，从巴门尼德到德谟克利特，从柏拉图到亚里士多德，从奥古斯丁到阿奎那，从笛卡尔直至近现代，与视觉或影像相关的论述从未在他们深厚的哲学理论中缺位过，视觉的心灵之眼可以说打开了古典哲学探讨本体论的大门，因为"看"是人们感知外部实在最直接、最亲知的方式。进而与知识相关的哲学问题则是始自不同流派对本体论的态度而来。但是，之所以说视觉影像是哲学史中的一条隐线，是为了区分它与"视觉中心主义"论调之间的差别，后者从词源学上考察发现，哲学的传统问题名词背后都多少与"视觉"和"光"相联系，从视觉出发的研究线索可以重新厘清西方哲学史，因此认为视觉处于哲学的中心地位。①

但这一说法的问题在于，视觉贯穿于哲学史是事实，但视觉总像药引一样，通过视觉引入了哲学问题，然后再深入的研究就转向了其他表征形式，比如语言、意象等。例如卡尔纳普在《通过语言的逻辑分析清除形而上学》一文中主张，对形而上学进行语言分析便可驱除掉形而上学，并且，一个命题的意义是否存在只跟两点有关，一是相关词语必须有观察到

---

① 高秉江：《现象学视域下的视觉中心主义》，武汉：华中师范大学出版社2013年版，第3页。

的所指，二是命题要符合语义逻辑。① 由此可见，视觉在其中处于摇摆的地位：从视觉引出的形而上学研究被驱除后，又因命题的意义所需被引入，但最后又按语义逻辑的要求被边缘化。所以视觉并非是哲学史的中心，而是一条真正的隐线。这种隐线的地位最终导致了视觉的认识论研究从未被真正重视和挖掘。视觉和语言在哲学的长河中逐渐形成了相互对立的形势，而这种推崇语言、边缘化视觉的问题使哲学的认识论和知识论研究陷入目前的困境。鉴于此，本章将概览与感知相关的知识论研究中目前存在的困境，并讨论视觉感觉的知识论问题的背景和必要性。

第一节 传统感知知识论路径的困境

知识论是对知识的本质及其信念的研究，其中囊括很多分支，如知识的充要条件问题、知识的结构问题、知识的界限问题等。就本书要解决的问题而言，主要涉及的是知识的来源问题的一个分支——知觉知识何以可能的问题。与感知相关的知识论问题是哲学史中的核心问题之一，它涉的问题是，与外在对象和实在世界相关的信念能不能、怎么样通过感觉和知觉经验而获得确证。这个问题通常被解读为外部世界的问题。不夸张地说，我们所有的感知经验都来自视觉、听觉、触觉、嗅觉、味觉等感知器官对外在世界的感知基础上。与此问题最紧密相关的子问题是感官经验的内容在其本质层面与外在世界的关系相关，主要集中在什么是思想的直接对象，或者在知觉经验中，什么是被给予的；感觉经验中直接意识到的是什么，是客观存在的物理对象，还是私人感觉的感觉材料？从日常生活的平常视角来看，答案显然是一种朴素实在论的态度：看到即是客观存在。但是哲学家在过去百年之间拒绝了这种答案，关于这些问题的答案经历了所予论、感觉材料论、副词理论等理论的历史演

---

① 洪谦：《逻辑经验主义》（上卷），北京：商务印书馆1982版，第22页。

变,其争论的问题至今依然没有达成共识,这不得不让人思考已有的这些理论和在背后支撑它们的认识论立场是否可取,是否有其他的理论可能解决这一困境。

一、直接性和所予性的概念争论

在准备回答前述问题前,更重要的是我们要厘清问题本身的意义是什么。被直接感知的或所予的对象究竟是什么东西?[①] 历史上,从笛卡尔和洛克开始的哲学家们都在尝试回答该问题,他们认为这些东西不是物理对象本身,而是别的什么东西。但是如果对直接性或所予性本身这一概念没有更清楚的认识,就不可能理解得出这一结论的原因。

有两种或多或少的所予性标准,它们在不同的时候被联合或单独提出,但不幸的是,这些标准似乎并没有很好地发挥作用。第一种倾向于推理的观点:如果某物的认知意识不是通过任何推理过程得到的,那么它就是被直接体验到的或被给予的。该观点最明显的问题是,它很难理解历史上常见的观点,即物理对象不是给定的,因为物理对象的感官感觉在正常的情况下看,似乎并不是一个推理的产物。当然,有这种意识的人通常不会意识到自己依靠感觉做出了推论;而且,像有时所做的那样,坚持一定存在某种"无意识推论",只有在至少心照不宣地援引了某种其他的所予标准的情况下,才有可能是合理的。有些人似乎更有可能认为,即使没有通过推论而得出的关于物理物体的信念,也必须在推论上是合理的,但就这一点而言,这种主张的基本原理及其与所予性或直接性的概念的关系都不清楚。

有关标准的第二点是关于确定性的概念,它被理解为是绝对正确的:如果意识到某件事是正确的,它就会立即被体验或被给予。虽然,所有对物理对象的感觉和知觉至少在原则上都有可能出错,但不太清楚的是,

---

① 〔英〕伯特兰·罗素:《哲学问题》,何兆武译,北京:商务印书馆年2007版,第31页。

在感觉或知觉经验中是否普遍存在着不可能出错的事物；关于经验的任何方面，包括概念分类的需要，在原则上似乎总是可能是错误的。就这一点而言，是否清楚地表明，如果经验中的某一项确实具有这种地位，这将表明对它的认识比直接性或所予性的概念所暗示的更为根本。具体地说，我们还不清楚为什么对物理物体的信念必须以对另一类物体的认识为基础。

像这样困难的基础，有时已经得出结论，即直接性或所予性的概念是非常模糊不清的，其含义是没有理由不把物理对象的知觉意识本身看作是认识论的基础，而不需要诉诸对感性材料或任何其他更基本的认识来为其辩护，这种观点至少是传统的直接实在论出发点的一部分。但是上述的结论明显是不完满的，与此相对的是，本书认为，直接性或所予性的概念应该是关于某物的知觉内容的一个部分，它们对意识内容的意向性对象共享着某种特质，但又不完全一样。在这个层面上，感觉内容被给予的东西比实际上狭义上的感觉内容要更多，比如概念性的、有意识的、有感情的感觉内容，更重要的是有思想的感觉内容同样可以被给予。即便如此，对于许多哲学家来说，至少作为常识性的解释，物理对象并不是有意识的经验内容的一部分，即使它们描述或被描述为它的各个方面。

二、感觉材料论

如前所说，在历史上，关于感觉器官的直接经验或所予经验，最广泛的观点是，在这种感觉中所给予的不是外在的物理对象，而是感觉材料：一种私有的、非物质的实体，并且在感觉材料中可以切实地拥有一个人所经历的各种感官品质。关于"感觉材料"这个术语的另一种用法，可详见于摩尔（George Edward Moore）1953 年撰写的《哲学的几个主要问题》，他在书中使用了"感觉材料"一词来代表任何被直接体验或给予的东西，甚至可能是一个公共的物理对象，然后在某种程度上试探性地提出，实际

第二章 问题的提出

上具有这种状态的实体是更一般意义上的感觉材料,而不是物理对象。①

作为分析哲学的创始人物,弗雷格并没有因为他对数理逻辑的重视而完全放弃感觉的认识论地位,因为后者涉及逻辑分析对象的实在论合法性,所以弗雷格在他的逻辑理论中特别强调严格区分对象和概念,防止概念的主观性抹杀对象的客观性,或反之。② 在弗雷格的影响下,促成了逻辑经验主义哲学家们提出的感觉材料论,它主张人类感觉到的内容不是物质实体,而是作为可感物的物质实体衍生出的感觉材料,关于这些感觉材料的语句构成了现象主义语言,例如,感觉到一个红色的三角形就是逻辑蕴含实存的感觉材料,而非物质本身。以罗素为例,他的感觉材料论认为,当我们看到一个红色的桌子,那首先红色、长方形、四只桌脚等不是桌子本身的属性,而是观看主体头脑中存在的感觉材料,感觉材料是桌子被看到时,桌子从主体的大脑中唤起的一种感觉式的印象。③ 为了修正传统经验论,罗素用感觉材料取代观念论,感觉材料是认识的来源,是认识的直接对象,也是科学之基础。在此处,作为中介物的感觉材料替代了传统观念论中直接作为知识基础的感觉印象。感觉材料既是关于殊项的事实,也是认识的事实。而且它们的支持者都认定,感觉材料是一种非推论的经验内容,可以为经验知识提供基础。

对感觉材料进行语言哲学式的研究,要归功于感觉材料论的著名辩护者艾耶尔(Sir. Alfred Jules Ayer),他作为一个非正统的感觉材料论者,继承了感觉材料论的经典理论,但不同于罗素、摩尔等人,艾耶尔提出了"另一种语言"理论,即由感觉材料的话语构成的现象主义语言,与物理语言相比,它没有另外补充描述性的话语内容。按照艾耶尔的设计,"红色三角形显现给主体 S 一个 φ 的感觉材料",这个语句与"红色三角形之

---

① 贾可春:《乔治-摩尔的感觉材料理论》,北京:知识产权出版社2009年版,第63页。

② 涂纪亮:《分析哲学及其在美国的发展》,武汉:武汉大学出版社2007年版,第47页。

③ 金岳霖:《驳罗素的感觉材料论》,载《西南大学学报(社会科学版)》,1989年第2期,第2—15页。

于主体 S 看上去是 φ"具有同等效力，前者是后者的人工部分，前者的意义构成了后者的意指，这其中，艾耶尔继承了罗素的经验知识理论，把感觉材料视为非摹状的、亲知的、关于殊项的知识。[1] 但是，艾耶尔把感觉性质的"看上去"赋予了逻辑语义的话语内容，并把感觉材料语言、日常语言和理论语言相互等同起来，这背后的理由是：感觉材料的内容意义寄生于它们所代表的话语意义之中，这种被代表的语言的终极形式就是理论语言的形式，因为来自感觉的感觉材料被艾耶尔等同于逻辑地认识到。由此可知，艾耶尔对感觉材料语言的理论化改造，其实是他后期支持私人语言理论的一种初始形态，他的立场与传统观念论相比看似具有独特的优越性，即消除物理世界和心灵认知之间的洛克式铁幕，并为作为知识基础的感觉材料提供逻辑保证。但以卡尔纳普和赖尔为代表的语言哲学家显然不会同意。

感觉材料论在许多不同的方面受到挑战，其中最重要的有以下几点。首先，有人提出疑问，是否有任何理由认为，在这种情况下，一定存在某种物体，它实际上具有经验的性质，然后似乎必须是某种类似于感觉基准的东西。难道不可能是感知者只是处于一种似乎体验到这样一个物体而没有任何物体存在的状态吗？其次，有人认为，至少在错觉和知觉相对性的情况下，毕竟存在着一个对象，即相关的物理对象，它只是被误解了，在很大程度上是很容易解释的。有人问，是否有必要假设还涉及另一个对象？第三，知觉相对性观点的最后一部分受到了挑战：一是质疑真知觉和非真知觉之间是否真的没有经验上的区别；二是认为即使真感觉材料在非真感觉材料的情况下是经验的，即使真义数据和非真义数据之间的差别如所声称的那样在经验上是不可分辨的，也没有理由认为真义数据是经验的直接对象。第四，关于感知数据的本质，人们提出了各种各样的令人困惑的问题：它们是通过时间而存在的，还是短暂的？它们能在不被感知的情况下存在吗？它们是公共的还是私有的？它们自己会被误解吗？它们存在

---

[1] Ayer, A.J., "The Terminology of Sense Data", *Philosophical Essays*, 1954, pp. 66-104.

于我们的意识中,还是存在于我们的精神之外?基于这些问题的难解性,有人认为,从错觉得出的结论显然是不可接受的,甚至最终是不可解的,即使在没有明确诊断的情况下,也不知道究竟错在哪里以及如何出错。①另外,是来自科学对感知的解释。根据这种解释,即使是真实的感性经验,其直接或直接的对象也不是物理对象,这一结论诉诸自然科学提供的感性过程的因果解释。在这方面所引用的这一说法的主要方面是:所产生的经验和所呈现的物理对象的特征似乎可以通过知觉条件或有关的感觉器官的条件和所产生的神经生理过程的变化而在很大程度上发生改变,而引发这一过程的外部物理对象并无变化,并且似乎可以通过所产生的经验来描述;相关的事实是,任何以相同的感觉和神经结果结束的过程都会产生相同的知觉体验,无论启动该过程的物理对象可能是什么样子;外部对象与知觉经验之间的因果过程至少需要一小段时间,因此经验的特征至多反映了该对象的一个早期阶段,而不是当时实际存在的那个阶段。在极端的情况下,就像对天文物体的观察一样,外部物体可能在经历之前很久就已经不存在了。这些事实不可避免地指出这样一种结论,即这种经验的直接或直接的对象,即被给予的对象,是在这一因果过程结束时产生的一种实体,因此与引发这一过程的物理对象是不同的。

我们很难拒绝这样一个结论,即引发知觉过程的外部对象和最终产生知觉体验的外部对象之间存在根本区别。这种感知二元论不可避免地提出了这样一个问题:如何甚至是否可以根据感觉经验来认识对象。副词理论可以并且已经拒绝的想法是,这种二元论是物体的二元论,而感知经验是对不同种类的,感觉数据的物体的更直接的经验。

三、非概念论

另有一个我们不能忽略的感觉理论由塞拉斯提出,在他看来,观念论

---

① 〔英〕奥斯汀:《感觉与可感物》,陈嘉映译,北京:商务印书馆2010年版,第51页。

者的感觉理论和现象主义者的概念理论都已困难重重。塞拉斯没有完全拒绝二者，反而借鉴性地提出了一个康德式的中立理论，他认为，人类关于外在世界的知识既是直接的，也是间接通过中介物的。在《经验主义与心灵哲学》开头部分，塞拉斯把感觉材料批判为非概念的感觉片段观念和非推论认识观念的杂交产物。① 前者是线下内容，是感觉的存在形式；后者是线上内容，是感觉进入知觉前的一种准经验形式，即包含断言的概念性内容。把二者分解、批判之后的幸存部分，就是塞拉斯构建具有意向性的知觉经验的出发点。这两个内容都没有被塞拉斯放入理由的逻辑空间，而仅是徘徊在逻辑空间外的统觉内容，它们杂交的原因及过程，就是塞拉斯为保证人类知识客观意义而提出的感觉理论，这或许是塞拉斯把"经验主义"一词加入书名的理由之一。

在讨论感觉理论前，塞拉斯先把与视觉相关的经验划分为"看起来"和"看到"两种形式，前者等同于感觉材料论中的非推论认识观念，即某事物在视觉主体看起来是如此这般的，其中包含了被动的、非推论的断言；"看到"则是"看起来"的内容进入理由的逻辑空间后，被意向性加工后得到的知觉经验，它是一种主动的、判断的视觉经验。例如，有一条红色的领带，在室内灯光的作用下被琼斯看起来是绿色的，但它不是包含判断的观察报告，是概念能力非推论地自我归因，不能为知识的确证提供证明，该经验就是一种"看起来"的视觉经验。当琼斯知道是因为灯光的作用导致领带变色，而在标准环境下领带实际上是红色，那么琼斯就会说，这其实是一条红色的领带，只是在灯光下变成了绿色，这就是一种"看到"的经验。

塞拉斯的感觉理论与经验一样以视觉感官为对象，讨论了与之相关的线下内容如何幸存下来，进而如何在意向性的知觉经验中发挥作用。塞拉斯继承了感觉材料论中的部分内容，认为感觉内容是非概念的感觉片段，但是又同时认为，一个完整的经验图景必须同时包括概念性的片段和非概

---

① Wilfrid Sellars, *Empiricism and the Philosophy of Mind*, Massachusetts: Harvard University Press, 1997, p.7.

念的片段。这与感觉材料论有何区别呢？在《经验主义与心灵哲学》中，塞拉斯认为，感觉材料论错误地把感觉和经验混杂了起来，感觉在经验中扮演的正确角色应该是用感觉解释知觉经验，从而达到用科学的方式解释感知觉的目的。但解释的目的是什么？要知道，在塞拉斯的概念性经验理论中，"看起来"是如此这般的视觉印象已经属于概念范畴，概念性片段不论是在现象学层面还是在知觉意识层面都可以自圆其说，我们似乎找不到非概念的感觉内容发挥认知功能的舞台。塞拉斯认为，用科学的方式解释感知觉的目的在于，视觉感觉作为一种"表面的看"，它和"看到"之间可以找到某一层面的共同性，这一层面是感觉直接成因的层面，即非概念的感觉片段。从这种对共同性的追求中，我们可以看到塞拉斯的感觉理论和康德的直观理论之间存在某种相似性，二者都在努力为感觉和逻辑搭建某种关联，不同的是，塞拉斯利用的是先验哲学，有滑向唯心主义的危险，而康德反之。

　　这里存在一个问题：为什么塞拉斯要用非概念感觉片段的冲击来解释不同经验中断言的相同性，而不用视网膜影像解释这一问题？要知道，视网膜影像作为环境对知觉主体的感官刺激的产物，不论它激发了"看起来"还是"看到"，相似的冲击就可以引发相似的概念性片段，就可以解释不同经验断言间的某种共同性。而塞拉斯用感觉或意识的非概念冲击描述那种共同性，不可避免要面对概念论者的诘难：意识或感觉与概念性内容是同时出现的。在概念论者看来，塞拉斯的非概念感觉片段像是空转的惰轮。①

　　总之，感觉在塞拉斯的理论中有以下几个特点：感觉是非概念的印象内容；作为意识状态的感觉，引导物质的表面成为视觉的对象；感觉的先验角色保证了观察报告的客观意义，这使观察报告在承担知识确证的基础功能时可以与世界连接。可以看出，塞拉斯对视觉感觉提出了非常复杂、精致的设计，与前人的理论相比确实具有很多优势，例如，他开创性地暗

---

① John McDowell, *Having the World in View: Essays on Kant, Hegel, and Sellars*, Massachusetts: Harvard University Press, 2009, p.14.

示了视觉感觉在知觉意向性中可能发挥的认知功能；尝试解决知识的客观性在直接实在论和现象主义观念论之间的摇摆；批判性地接受了直接性的感觉，而不是把它糅杂进被批判的所予而完全否定。

四、副词理论

感觉材料理论通常被描述为具有即时性质的行为—客体理论，它主要由齐硕姆和塞拉斯提出，并得到了迈克尔-泰（Michael Tye）的辩护，副词理论通过假定意识行为（或意向）和行动对象（感知材料）来说明此类感觉经验、行为或是一种意识。相反，副词理论的基本思想是，不需要这些对象以及它们带来的问题，不用管它们是物理的还是精神的，或者某种程度上都不是。反之，我们认为，仅仅是一种精神行为或精神状态的发生本身具有内在的规定性，就足以说明直接经验的规定性。例如，根据状语理论，当我即时体验到一个黄色的椭圆形状时（如从一个角度看鸡蛋时），所发生的事情是，我处于一种特定的感觉或感觉意识或被显象的状态；我以某种方式感觉或被显象以某种方式，而正是这种特定的感觉或被显象的方式解释了我的直接经验的特定内容。因此，在上面提到的那个例子里，可以说我的感觉是"黄色的椭圆"这个相当不自然的词，是用来表达这样一种思想，即被感觉材料理论包含的某一物体的特征或性质的内容，其实也不过是我感觉发生的特定方式，或者是我表现出来的特定方式。同样地，当我看到一只粉红色的老鼠时，我也能感觉到或似乎看到一只白色的野猫，或者更好一点，看到一只白色的野猫。这种解释同样适合其他直接感觉经验的例子。本质上讲，副词理论对感觉本质的定性属于一种间接的归因。例如，齐硕姆认为感觉活动从根本上是非直接地把某种性质归于正在呈现给感觉器官的外在对象。因为在支持副词理论的哲学家看来，只有来自思想的内部活动才是直接的归因，例如相信、愿望、情绪等，这些心理活动是来自主体本身的主观意识现象。①

副词理论的问题在于,我们似乎对所讨论的状态的性质没有真正的了解,也不知道这些状态如何确切地说明直接经验的性质。只要稍加练习,就能很容易地造出状语。但是,值得怀疑的是,是否有人对这样一个副词的意义,而不仅仅是说,它是这样的,以某种方式解释了所讨论的经验的具体性质。副词理论常被视为背后的本体论逻辑是物理主义的一元论,这导致副词理论与感觉材料论互相不能兼容。但事实上,作为知觉理论的副词理论要解决的哲学问题更集中于直接状态,后者是一种心理状态或心理过程,进而对外在世界的感觉对象并不要求保有所谓的本体论承诺。但是副词理论与感觉材料理论一样,也是一种削弱感觉和感觉对象的一种方法,甚至它更强调二元论的立场。同时,视觉感觉的副词理论并没有提供一个合理的程序来消除名词,杰克逊(Frank Jackson)用对"Look"一词的使用方法研究和后像论证解释了上述质疑的原因。② 不过,在意向性的问题上,副词理论并不认为感知具有意向性,即便有,也是看上去的意向性,但是在意向论者看来,这种说法是不成立的。

一个相关的反对意见是,该理论不能充分解释感觉现象学的一个非常重要的方面,即感觉似乎将我们与客体联系起来这一事实。我们看到,这个概念是一般感觉经验概念的中心,而且,即使在幻觉的情况下,经验似乎也是一种不同于精神状态本身的对象的呈现。这就是为什么在感觉经验中,一些东西被赋予了心灵,因此这种经验有一个"行为—客体"结构。当然,状语理论否认经验确实具有这种结构;但是,对于这样一种结构的出现,它能给出怎样的解释呢?感觉材料理论处理这个问题的方法是说感觉确实有一个行为对象结构,但是通过声称经验的直接对象实际上总是感觉材料来修正对经验对象的常识性解释。意向性理论处理这一问题的方法

---

① Roderick M.Chisholm, *Person and Object: A Metaphysical Study*, London: Allen and Unwin Ltd, 1976, p.86.

② Jackson, F., "Symposium: The Adverbial Theory of Perception: On the Adverbial Analysis of Visual Experience", *Metaphilosophy*, Vol.6, No.2, 1975, pp.127-135.

是诉诸表象的概念：感觉经验以某种方式表现一个对象，因此它似乎具有一种行为对象结构，尽管它的实际结构并非如此。状语理论的问题是，在它所允许的资源上，它如何能够解释经验中行为对象结构的出现。①

五、意向理论

意向论的感觉理论认为，在感觉主体的感觉经验是某种形式上的意向内容或心灵表征，其中，主体最早是在意识中感知到对象的，该对象是一种非物理的心灵产物，所以也叫感觉的表征理论。心理事件通常分为两类——意向性事件和现象性事件。有意识的心理状态包括信念、希望、恐惧、欲望、嫉妒、爱和恨。这些被描述为拥有或被指向有意的对象。相比之下，现象性的心理状态则涉及对第二性质的亲身体验，这些包括快乐、痛苦、热、冷、颜色、质地和味道的感觉。人们常说，感觉的或现象性的经验不能被重新引介到意向性的。这反过来又与布伦塔诺（Franz Brentano）的论点相矛盾，布伦塔诺认为，当且仅当属性是有意为之时，它就是精神或心理上的财产。如果感觉不能被归结为有意的，那么就有非有意的心理或心理特性。② 理查德·罗蒂在《哲学与自然之镜》一书中支持这一批评。他写道："把精神上的痛苦定义为故意的明显的反对意见是，痛苦不是故意的，它们不代表它们与任何事情无关。"③ 非人类有知觉的动物也可能有心理体验。但是，如果这些动物是前语言的或非语言的，那么它们的心理经验就不能简单地定性为有意的。因此，对于布伦塔诺的意图命题可能有两种反例。

（1）感觉是心理或心理上的，但不是故意的。

---

① Tim Crane, "Introspection, Intentionality, and the Transparency of Experience", *Philosophical Topics*, Vol.28, No.2, 2000, pp.49-67.

② Brentano, F., *The Analysis of Mind*, New York: Humanities Press Inc, 1921, pp.14-15.

③ Richard Rorty, *Philosophy and the Mirror of Nature*, Princeton: Princeton University Press, 1979, p.22.

（2）非人类前语或非语言的有知觉动物的心理体验是心理的，或在某种意义上是心理的，但不是故意的。

如果感觉是有意的或者是可减少为有意的，那么这两种反例都可以作为对布伦塔诺论点的挑战而消除。但是疼痛和其他感觉是如何指向一个物体的呢？疼痛的对象是什么？

对感觉做出意向性讨论的哲学家中安斯康姆（G.E.M.Anscombe）是比较重要的一位，她从语法的角度认为感觉知觉动词是有意向的或本质上在某个方面具有意向。与其说是建立了感觉的意向性，不如说是建立了知觉的意向性，特别是视觉知觉的意向性。只有在《感觉的意向性》（The Intentionality of Sensation）一书的最后一段安斯康姆指出，不可否认视觉知觉的意图可能会对更有问题的痛觉的意图产生影响。

安斯康姆概述了意向性客体的三个要求：（1）在某些语境中，客体的不同描述的不可替代性；（2）可能存在的不确定性；（3）该物体可能不存在。安斯康姆区分了意向对象和物质对象，她认为知觉有时有一个有意的对象，但没有物质对象。当麦克白"看到"他面前飘浮的叶子时，他的感知是有意的，而不是物质的。在这个意义上，知觉可以说是具有满足条件（3）的意向对象。①

意向论者认为，知觉和难以区分的幻觉之间的共同点在于它们的意向性内容：粗略地说，世界是如何通过经验被描述为存在的。许多意向性论者认为知觉和幻觉的现象性特征的同一性被内容的同一性所耗尽或构成。但是后一种说法对意图主义来说并不是必需的。重要的是知觉的意向性内容解释了知觉的现象性。

感知的意向性内容有时被称为"感知内容"。什么是感性内容？意向性的标准研究方法将所有的意向性状态都视为命题态度：这些状态是由"S that p"形式的句子所赋予。命题态度的显著特征是它们的内容是可以作为真或假来评价的。因此，感觉经验归一的规范形式是：S 感知/经验

---

① Anscombe, G.E.M., *The Intentionality of Sensation: A Grammatical Approach*, London: Blackwell, 1981, p.15.

p。在这种意向性观点下,感知是一种命题态度。

但意向主义并不认为感觉是一种命题态度。一方面,是否所有的意向性状态都是命题性态度是有争议的。在意向性现象中,爱和恨这样的关系没有命题性的内容;也有一些非关系状态是由所谓的"内涵及物动词"来表达的,如"寻求""恐惧""期待"。所有这些精神状态的内容,表面上看,是不能作为真或假来评估的。一些人认为这些意向性关系和意向性及物动词可以被分析或简化为命题式,但是这个问题是有争议的,在感知方面,它尤其具有争议性。我们有很多的方式来谈论在命题方面感知觉不描述其内容。有些人追随德雷斯克的观点,认为这些语义上的区别表达了"认知的"和"非认知的"视觉之间的重要区别。然而,认为感性内容是非命题的观点与德雷斯克的"非认知"观点是不一样的。非认知性视觉的归属是为了在它们的客体位置上完全伸展,但并非所有的知觉的非命题性描述都是必要的。无论如何,知觉是否有命题内容的问题还远未解决,即使是那些认为知觉有意向内容的人。

意向性理论的批评者从感觉材料理论的立场出发认为,意向性理论没有将知觉与其他形式的意向性充分区分开来,因此未能抓住知觉本身的独特之处。[①] 这类反对意见的一个理由是,意向性论者无法解释知觉经验的质性或感觉特性。体验与思考不同,它有一种特定的"感觉"。然而,反对的理由是,意向主义没有资源来处理这个事实,因为它从表象的角度来解释知觉,而仅仅是表征某种需要,无论如何都没有特别的"感觉"。例如,相信某物是这种情况,或者希望某物是这种情况,都是心理表征的两种形式,但这两种心理状态都没有任何"感觉"或定性特征。当精神上以这种方式表达某事时,可能会想到词语或图像,但这些对精神状态本身是否重要并不明显。因此,对意向性的挑战是这样的:如果表象本身并不能解释意识知觉的"感觉",那么知觉又该如何与单纯的思想区分开来呢?

---

① Christopher Peacocke, "Objectivity, Simulation and the Unity of Consciousness: Current Issues in The Philosophy of Mind", *Philosophy*, Vol.70, No.273, 1995, pp.469-472.

另一些人反对意向主义，理由是它无法公正对待感知问题的根源之一：对世界开放这一明显的事实。尽管许多意向性论者承认经验的对象都是普通的独立于心智的公共对象，但他们并不认为这些对象对于经验是必不可少的，因此，批评者认为，它们冒着使心智"脱离"现实的风险。例如，约翰·麦克道尔认为感觉的意向理论并不比一个感觉材料理论能够公正地面对直观的开放，因为两种理论理解认知的本质是一种精神状态，不是物理状态。麦克道尔声称意向主义者因此失去了真正的感性意图：真正的对客体的感性内容，只剩下"内在的黑暗"和笛卡尔怀疑论的威胁。[①]意向主义者通常会认为这样的看法不会导致知觉之幕。

一般而言，意向性知觉理论试图通过诉诸意向性或表征的概念来解决感觉问题。感性经验对世界并不是真正开放的，因为它本质上并没有涉及与它的对象的关系。但是意向性主义者认为经验，就像其他形式的意向性一样，确实包含了一种关系的出现。这里的批评认为每种攻击意向主义者提出的解决方案都通过攻击其现象学的经验："感受性"的攻击认为意向说忽略了定性因素的经验，而知觉之幕的攻击认为意向说忽略了开放的直觉的重要性。

第二节　外在实在的确证危机

如果上文中三大感觉理论的立场都是正确的话，那么我们将面临的问题可以集中在一点，即在场的意识在感觉器官引发的感觉经验将无法获得关于外部知觉的直接接触，我们直接接触的东西成了次生的感觉材料、语言的副词模式和心灵的意向状态。这在过去的感觉哲学史中是一种主流的

---

① John McDowell, "Singular Thought and the Extent of Inner Space", in McDowell and Pettit (eds.), *Subject, Thought, and Context*, London: Clarendon Press, 1986, p. 250.

观点，不同的是大多数哲学家在各种细分的理论间互相论战，但世界一直面临着被丢失的危险。这种立场可以被概括为感觉的主观主义立场。哲学家们为了挽救被丢失的外在世界，在直接经验的基础上提出了几种非怀疑论的态度，一个比较著名的且历史意义比较重要的观点是由笛卡尔、洛克一脉提出的表象实在论：我们的主观感觉经验以及我们在这些经验的基础上获得的信念构成了外部物质世界的一种表征，它是由那个世界引起并被证明是合理的，它们基于因果和解释以至于在我们的思维中是近似准确的。这种观点有时也被称为表征主义或间接现实主义。第二个主要的观点是：我们对于我们经验的外因的领域可能没有知识，或者甚至没有可理解的概念，但我们对于物质世界的信念一般仍然是合理的和真实的，因为它们的内容只与我们主观经验的特征和次序有关。这就是后来被称为现象主义的观点。从这两种观点中的后一种观点开始讲起会比较方便。令人惊讶的是，这两种观点至少在20世纪的大部分时间里被广泛接受，而且许多早期哲学家的观点也不那么深奥。

一、现象主义

简短地说，现象学的观点是，关于物质对象和物质世界的命题的内容完全等同于关于我们知觉经验的直接对象的特征和关系，也就是我们的感觉材料的特征和关系。根据现象主义者的观点，相信某种物质或物理对象的存在，就是相信各种各样的感官资料已经被体验过、正在被体验着、将要被体验，或者将会在某种特定的条件下被体验。例如，相信在某一房间里有一张棕色的大桌子，大致就等于相信从常识的观点来看，似乎反映这张桌子存在的各种感觉材料，或者曾经是、现在是，或者将来会在其他感觉材料的背景下被体验到，这些感觉材料本身是同时经历的，或者是在它之前或之后立即经历的，从知觉的观点来看，反映了这个房间的位置；或者相反，如果这个桌子实际上从未被感知，而且实际上也永远不会被感知；如果从知觉的角度反映出感知者去那个房间的其他感知材料是被体验过的，那么这种感知材料就会被体验到。

按照现象学的观点，在一个相当标准的逻辑公式里，相信这样一个物质对象的存在，就等于相信适当种类的感觉材料是真实，如果说某些感觉材料是可能的，那就是说，不仅它们在逻辑上是可能被体验的，而且它们在特定的情况下，它们自己在特定的感觉材料中被体验；因此，说到实际的和可获得的感觉材料就更清楚了。约翰·斯图亚特·密尔（John Stuart Mill）提出了这一点，他说，物质对象是"感觉的永久可能性，也就是说，感官材料的永久可能。当然这里所讨论的可能性只是相对永久的，因为对象可以改变或被摧毁"①。

这种与我们的日常常识相悖的观点的一个主要论据来自休谟。第一个前提是，休谟认为因果关系只能通过经验来了解，因此，在经验的直接内容和直接内容之外的事物之间的因果关系是不可能被了解的，也不可能合理地援引这些外部原因来解释经验。另一个前提是常识上的信念，即怀疑论是错误的：很明显，我们对于像树木、岩石和建筑物这样的普通物体以及物质世界，有合理的信念和知识。这个论证是这样的，这种被证明的信念和知识是可能的唯一方法是，如果我们对物质世界的信念与存在于我们的经验之外的事物无关，而是只与经验和它所展现的顺序有关，那么从直接经验到真实的外部物质对象的因果或解释性推论就不可能被证明是正确的。大多数现象学家会承认这在一开始似乎是不可信的，但他们会试图争辩说这种表面上的不可信在某种程度上是一种幻觉，一旦现象学的观点和支持它的考虑被完全理解，这种幻觉就可以被合理解释。②

也有可能是因为现象主义的实在观点与我们的日常印象明显不同，现象论受到了非常多的质疑，其中最直接的问题是：根据现象主义的观点，为什么有序的感觉材料是可以被永久获得的；如何解释复杂的、可获得的感觉经验构成了物质对象或作为整体的物质世界的存在。对于这个问题，

---

① John Stuart Mill, *An Examination of Sir William Hamilton's Philosophy*, London: Longmans, Green, and Co, 1865, p.183.
② 〔英〕休谟：《人性论》（上册），关文运译，北京：商务印书馆1980年版，第9—112页。

唯一可能的现象学的回答是，感官经验反映了这种秩序的事实，只是关于现实的最基本的事实，不能用其他任何东西来进一步解释。因为对于任何进一步的解释，它显然必须诉诸经验之外的某种东西，而这将是不合理和不可知的。现象主义者会补充说，无论如何，显然不是所有事情都能被解释，因为每一种解释都只是引入了一些可能需要解释的进一步的事实。

但是，假定像我们直接经验这样庞大而复杂的东西根本就没有解释，似乎是相当不合理的，而且如果可以接受感性的主观主义的话，常识也很明显地认为关于物质对象的主张提供了一种解释，而不是像现象主义所主张的那样，仅仅作为对经验秩序本身的重新描述。也许，现象学是正确的，就我们所看到的我们永远不可能知道任何这样的解释是正确的；但是，如果是这样的话，这似乎构成了对物质世界的怀疑主义的论据，而不是重新解释关于物质对象的主张的意义或内容的理由。这里很重要的一点是，考虑到现象学对信念内容的表征，现象学不应该是一种怀疑论的观点，而应该是一种关于物质对象的信念是如何被证明是正确的，以及如何构成知识的论述。

第二种问题与指定各种感觉材料的条件有关，根据现象学，各种感觉材料是关于物质—客体命题在这种条件下可以获得的感觉材料。很明显，这样的条件必须被明确，甚至在感觉材料中至少有希望捕捉到大量的命题内容。让这个问题变得如此困难的是，为了使现象学成为一种可行的立场，在这种情况下，感官材料的经验或可获得的条件必须仅以其他感官材料为依据，而不是以物质对象和结构为依据。现象学的基本主张是，关于物质对象的命题内容可以完全用意义基准来规定。如果在规定与一个物质对象命题有关的实际的和可获得的感觉材料的条件时，必须提到其他物质对象，那么第一个命题的内容就还不能完全用感觉基准来解释。如果在规定与其他物质对象相关的条件时，还必须提到其他物质对象，等等，那么现象学的解释就永远不会完整。如果关于物质对象的命题的内容不能完全用感官材料来表达，那么现象学就失败了。

二、表象主义

如果现象主义确实是站不住脚的，并且我们想继续接受感觉内容对外在世界具有确证的能力，那么剩下的唯一非怀疑论的选择就是表象实在论的现实主义：根据表征主义者的观点，我们体验到的在场的感官材料，以及我们在此基础上进一步获得的信念，构成了对物质对象的一个独立领域的表征或描述，并且我们有理由相信这个领域是真实的。其基本主张是这样的：感觉经验是被动的；感觉隶属于有次序的、连贯的经验系统。对表象实在论的感觉理论的辩护有多种形式，但笔者在这里假设，对这种观点最好的辩护是沿着洛克的思路提出的，其中心思想是：第一，与现象学的主张相反，对于我们在非主动的感觉材料中所发现的错综复杂的秩序，需要某种解释；第二，最好的解释也就是最可能是正确的解释是，这些经验是由一个具有一定条件的、系统地反映了一个具有真正独立的物质对象的世界的性质所引起的，因此我们有充分的理由相信这个世界是存在的。正是这种对所谓"最佳解释推论"的诉求，为休谟的现象学论证提供了答案，即允许物质对象和感官体验之间假定的因果关系和解释关系为人所知，或有理由相信它们，尽管它们本身不能立即被体验。人们总是乐于接受推理得出的假设，所以在这里我们要考虑的问题是，表象实在论是否可以被辩护，如果可以的话，相关的辩护能到达什么程度。

洛克几乎没有为这一观点提供真正的论据。但是他的论点似乎是，随着物质世界因果关系的发展，把一种像颜色的属性解释为在直接的视觉感觉中呈现的"感觉"属性归因于物质对象，实际上对解释我们对颜色的体验是毫无用处的。我们经历什么颜色取决于光的属性攻击我们的眼睛，反过来，在标准的情况下，取决于物质对象反射和吸收光，后者取决于它们的表面结构及其因果属性。从科学角度来看，这大概是正确的。但目前重要的一点是，如果它是正确的，那么否认物质实体确实是有颜色的这一说法，仅仅是根据表象实在论立场的基本逻辑：把任何财产归于物质世界的唯一理由是，它需要解释我们直接经验的某些方面，而这对那些不能在这种解释中说明的属性的归属就必然是不合理的。

表象实在论的解释性假设和我们所看到的其他假设的鲜明对比是，表象实在论的观点下，存在一种清晰的直观感觉，在这种直观感觉中，解释我们直接经验的对象的性质反映在这种经验本身的性质上，因此后者可以被说成是，在非直接的经验中允许透视或是其他类型的变形。同样，这也最直接地适用于空间特性。例如，立即被视觉体验到的矩形或梯形可以说是对引起这种体验的物质对象的矩形表面的一种间接视觉感知。相反，其他解释性假设中负责我们经验的各种元素的特征并没有直接反映在那个经验中。举例来说，在"我"的直接视觉感觉中，这些关于矩形或梯形的假设，是上帝对物质世界的整体图景或概念的一个方面，或者可能是存储在计算机中的这个世界的表象的一个方面。这些面相本身没有任何形状，或者至少在计算机的情况下，没有任何与"我"所经历的形状相关的形状；它们仅仅是一个相关形状的表示，根据某种表示或编码系统。因此，与表象实在论的解释相比，它们与所要解释的感觉性质之间的关系本质上更间接、也更复杂。

但是关于表象实在论的缺点，至少有两个问题需要考虑。首先，这一问题假设与表象实在论相竞争的理论都是寄生在表象实在论的解释性假设上的。对于我们的直接经验，是否有一种解释不以这种方式依赖于模仿物质世界产生这种经验的方式？答案应该是肯定的，因为表象实在论并没有完满解决直接感觉中包含的外部对象可能存在的客观实在性。其次，即使论证在一定程度上成功了，与其他假说相比，它提出物质世界假说的可能性有多大？由此产生的概率可能性是否足够高，至少大致符合我们在这方面的常识？这就是表象实在论留给本书需要解决的问题之一。

三、直接实在论

我们如何理解我们"直接"或"立即"意识到物质对象的说法？在这里，至少有两件事是直接实在论者一开始能说得通的。第一，与表象实在论暗示的相反，我们对物质对象的感性认识，至少在一般情况下，显然不是通过对诸如感觉材料之类的主观实体的信念或意识的推断而得到的。相反，在大多数正常情况下，物质对象和环境是感知者意识和思维的唯一对象，没有迹象表明这种意识是通过任何形式的过渡从任何其他事物中获得的。第二，就像塞尔（John R. Searle）和其他人所争论的那样，有一种明显的、直觉上令人信服的方式，在这种方式中，知觉经验似乎可以直接呈现物理对象和环境。直接实在论者有时在这里谈到"对世界的开放"，这一措辞暗示了这样一种方式，即这些对象及其环境似乎只是以它们自身的经验呈现出来。直接的现实主义者不必否认，感觉材料论或副词理论所提到的，感官经验在某种程度上涉及各种各样的性质，如复杂的形状和颜色的模式，甚至感知者在某种程度上也意识到这些性质。其观点是，无论关于这些其他事物的说法是什么，从直观的角度来看，"直接在我脑海中的"是物质对象，而不是其他任何东西，任何否认这一明显真理的观点都是对事实的误解。

即便直接实在论的观点符合大多数人的日常观念，在感觉材料论和副词理论的支持者们看来，直接实在论仍然是值得怀疑的。他们会说这些观点不能表明对物质对象的知觉意识是直接的，就像前面讨论的那样：没有倾向表明物质对象如常识性理解的那样，在理论上包含在经验或经验特征中。[①] 心灵之外的感觉活动的对象，以新实在论的、非现象学的方式被理解，形而上学地有别于任何一种经验或意识，并且只通过一个高度复杂的因果链与意识经验相联系。这一点可以从以下事实得到证明：在幻觉发生的情况下，所讨论的对象根本不需要存在，物质对象也不会以某种方式进入大脑。因此，这类对象天生就无法像它们的支持者所声称的那样，直接被赋予意识。

为了解决直接实在论的反对者的幻觉和错觉批判，直接实在论衍生出了一种更精细的形式：析取论（disjunctivism），它是一个仍处在阐述和发展的过程中的理论。析取论认为：感知的真正对象是独立于心灵的；感觉

---

① Hinton, J.M., "Visual Experience: A Reply to I.C.Hinckfuss", *Mind*, Vol.326, 1973, p.326.

经验的现象特征取决于这些对象。它也承认感觉和幻觉是可能的。但根据析取主义,所有这些观点的结合并不矛盾,因为它否认真正的感觉和主观上难以区分的幻觉是同一种基本心理类型的心理状态。析取理论并不否认存在某种真实的描述,在这种描述下,一个真正的感觉和幻觉的感觉都有可能发生。提供这样一种真实的描述是很容易的:这两种体验都是主观上与鸭兔图的两种表征难以区分的体验。析取论者并不否认这种真实的描述是存在的。他们所否认的是,这两种体验之所以可以用这种方式描述,是因为在知觉和幻觉的情况下,存在着相同的基本精神状态。在真实的感觉情况下,使感觉描述成为事实的是经验是对外在对象的知觉;在幻觉的情况下,是针对对象的幻觉。析取主义所反对的是辛顿所称的"作为某一特定视觉感知的共同要素的经验和幻觉难以区分"[1]。因此,对这两种状态最基本的共同描述,仅仅是一种分离性的描述:这种体验要么是对教堂和墓地的真实感知,要么仅仅是对墓地的幻觉。

但是析取论的反对者通常从感觉和幻觉之间存在可能的精神共同性为基础对前者进行批判。例如,有人认为析取论与其他感觉理论不同,它不能解释,感觉和幻觉都可以是信念或行为的主观原因。但是,如果析取主义不能诉诸一种共同的经验,而这种经验在这两种情况下都可以成为理由,从而成为一种具有心理意义的状态,那么它如何解释这种现象呢?这里的背景假设是,我们倾向于认为人们的有意行为是由他们的心理状态来解释的。如果我们认为心理状态相同(其他条件不变)时,它们会导致相同的动作,那么我们有理由解释幻觉是一个状态明显类似的看法,这是相信常见的假设的一个理由。这种论证是反对外部性的更普遍的论证风格的一个实例。

另一个反对析取主义的有影响力的论证是因果论证,由霍华德·罗宾逊首先提出。这个论证的最简单的版本诉诸以下两种观点:(1)从理论上讲,通过激活受试者在真实感知世界时所涉及的一些大脑过程,有可能在

---

[1] Sturgeon Scott, "Visual Experience", *Proceedings of the Aristotelian Society*, Vol. 98, 1998, pp.179-200.

主观上造成与该感知难以区分的幻觉,即一种"因果匹配"的幻觉。(2)当真正的知觉和幻觉具有相同的神经原因时,有必要对它们所涉及的经验做出同样的解释。所以我们应该接受当一个主体感知世界时所发生的这种体验是一个主体在产生幻觉时可能拥有的体验。第二项主张背后的一般原则是"同样的近因,同样的直接后果"。①

还有另一种因果论证,可以用来对析取论者施加压力,让他们接受现实感知和因果幻觉之间存在一个共同因素。这一论点的支持者可能考虑到,对于某些心理事件的发生,存在非因果性的构成条件,这种构成条件可能包括在适当的知觉对象的环境中。所以这个因果论证的版本可以容纳析取论者的主张,即当一个人真实地感知世界时,这种体验的发生是有重要的非因果条件的。这个版本的因果论证所依赖的,是这样一种说法,即不存在这样重要的非因果条件,来解释当一个人产生幻觉时所发生的那种体验。这一修正因果论证的支持者声称,当一个人产生幻觉时,当他真实地感知世界时,不存在任何必要的非因果条件。所以当你对某物产生了因果匹配的幻觉时,也会产生任何类型的经历。因为对真实的感知和因果匹配的幻觉存在着一个共同的因果关系。②

第三节 感觉影像的形而上学困难

如果说前文所述的内容是视觉感觉影像在哲学史中遇到的不同解释和不同困难,那本节中的内容就呈现了这些解释和困难的根本原因,即它们背后的形而上学观念。20世纪以来,英美哲学界被物理主义和自然主义的

---

① Robinson Howard, "The General Form of the Argument for Berkeleian Idealism", in John Foster and Howard Robinson (eds.), *Essays on Berkeley: A Tercentennial Celebration*, Oxford: Clarendon Press, 1985, pp.163-186.

② Michael G.F. Martin, "The Limits of Self-Awareness", *Philosophical Studies*, Vol.120, 2004, pp.37-89.

形而上学本体论、方法论和价值论所占据，它们代表了哲学发展的新趋势和新态度，对哲学、宗教甚至社会学、历史学等传统学科构成了很大挑战，与感觉相关的认识论哲学也势必受到影响。还有一个不能忽视的形而上学观点来自怀疑主义，这种根植于古希腊哲学的态度仍然对视觉感觉的认识论地位构成了很大影响。

一、怀疑主义

认识论或知识论的历史一直被怀疑论所主导，特别是通过这一传统的两大分支的发展：首先是在古希腊时代，然后是在近代早期。令人惊讶的是，人们对怀疑论的理解仍然很少。主要有几个原因。首先，最近关于怀疑论的讨论在本质上几乎完全是反怀疑论的。其次，反怀疑论的认识论学者常常反对一般的"怀疑论"，而不考虑任何特定的怀疑论所提出的观点或论据。再次，反怀疑论的认识论学者经常选择一个单一的怀疑论论据作为他们的目标，就好像在回答一般的怀疑论时只需要给出一个答案就可以了。最后，许多与怀疑论有关的历史人物都是系统的思想家，怀疑论常常在他们更广泛的体系中扮演一个角色、一个常常被认识论家忽视的体系，而认识论的学者通常有更单一的、专门的兴趣，但是以这些方式进行下去，就会错过很多怀疑论传统中最重要的东西。

尽管学术上的怀疑论者声称苏格拉底是最早的怀疑论者，但阿克西劳斯帮助了学院派朝着怀疑主义的方向发展。他的论点以芝诺的斯多葛学派的认识论为目标，基本要素是认知性的印象。他把认知性的印象当作真理的标准，认为圣贤只承认认知性的印象，并永远不会出错。智者派认为，事实可以证明，一个错误的印象可能和一个真实的印象一样，仅仅根据真实的印象来判断一个印象是不够的。只要有可能存在与我们最好的真实印象难以区分的错误印象，我们的印象就没有一个是可认知的。最早系统地争论认识论问题发生在斯多葛派与智者派之间，感知觉在其中起着中心作用。斯多葛学派倾向于认为，由认知印象所产生的意识本身就包含了产生这种印象的客体。这样，认知就建立在对感知对象的直接认识上。斯多葛学派回避了学者们的批评：由认知印象所引起的意识与由错误印象所引起的意识在形而上学上是不同的，因为只有前者包含了一个精神外的客体。但是，修正后的观点的精神是否令人满意，这一点还远不清楚。

随后，怀疑主义哲学家提出了各种各样的为数众多的论证，最著名的论证有古希腊罗马时期埃奈西德穆（Aenesidemus）的"十式"、阿格里帕（Agrippa）的"五式"、美诺多托（Menodotus）的"二式"，以及笛卡尔的梦境论证，等等。

总的来讲，怀疑论的论证认为感觉经验在任何特定的情况下（如梦的论证）或一般情况下都可能是错误的（例如笛卡尔在第三沉思中认为的人们对自己本质的忽略）；我们也曾见过一些论证，认为知觉经验扭曲或隐藏了事物的本质（如笛卡尔对感觉知觉的修正）。这些论证也许不能肯定地表明感觉知觉不能为我们提供合理的信念，但它们似乎足以让我们怀疑我们的感知觉信念是否合理。因此，我们需要的是能够打败这些失败者的东西。只有这样，我们的感知觉信念才能被视为最后的事实，才能被视为知识。

为了回应这种怀疑论的挑战，教条主义者或外在论者可能会提供一个有记录的论证来建立感知的可靠性，它的材料将通过进一步利用主体的感知能力来提供。无论是教条主义者还是外在论者都会认为，每一个由此产生的信念都是正当的，因为它们是建立在经验的基础上的，或者因为它们是可靠地产生出来的。在积累了足够多的感性知识之后，主体就可以归纳推断出知觉是获得真实信念的可靠手段。

这种反应有两个问题。第一，教条主义者和外在论者声称这些知觉信念有初步的正当理由，这是有根据的。持怀疑态度的人可能仍然认为，失败论适用于他们所有人。在这种情况下，跟踪记录的论点不能成立，因为没有一个前提是实际可用的。第二，教条主义者和外在论者的回应涉及使用一种信仰形成的方法来证明自己。但这种认知循环破坏了教条主义者和外部主义者试图得出的结论。①

---

① Jonathan Vogel, "Reliablism Leveled", *Journal of Philosophy*, Vol.97, No.11, 2000, pp.602-623.

最终，我们在多大程度上超越了摩尔对怀疑论的常识性回应？在摩尔较短的证明中，他的论证并不令人满意。在评估怀疑论和反怀疑论之间的争论时，要记住所有怀疑论者都没有一个统一的结论，这对本书的立场可能是有帮助的。在最极端、最悲观的情况下，怀疑论的结果是，没有人有理由相信任何事情。但也有可能是一种更温和的怀疑：即使感觉不能建立在我们想要的安全的基础上，我们仍然接受感知是形成我们可用的信念的最好方式之一。① 用这种方法理解的怀疑论并不是对哲学推理的悲观结论，而是一种试图将其发扬光大的持久动力。

二、物理主义还原论

感受性的视觉影像感觉如果可能有产生知识能力，那它必然要面对物理主义的反驳，尤其是还原的物理主义。自现代科学兴起并展示出强大的改造自然的能力以来，物理主义成为一种主流的形而上学观念，以金在权等人为首的还原的物理主义一度在当代心灵哲学中占据统治地位。物理主义的论点是一切都是物质的，或者像当代哲学家有时说的那样，一切都在物质之上。这一论题通常被认为是一种形而上的论题，与古希腊哲学家泰勒斯的"万物皆水"，或18世纪哲学家贝克莱的"万物皆精神"的唯心主义相平行。它的一般观点是，现实世界即宇宙和其中的一切的性质符合物质的条件。当然，物理主义者并不否认，这个世界可能包含许多乍一看似乎不是物质的东西——生物的、心理的、道德的、社会的东西。但他们坚持认为，这些东西在最后都会被是物理的，或建基在物理之上。可能是因为物理主义的哲学家们太过激进了，它有时候被上升为唯物主义，但本书认为二者并不一致，唯物主义更偏向于一种古老的传统形而上学问题，而物理主义是20世纪30年代才由纽拉特（Otto Neurath）和卡尔纳普（Rudolf Carnap）提出，作为分析哲学的开创性人物，他们二位对物理主义

---

① Baron Reed, "A New Argument for Skepticism", *Philosophical Studies*, Vol.142, No.1, 2009, pp.91-104.

的理解更偏向一个语言学的命题，而实证主义对形而上学的问题却是毫无兴趣的。所以物理主义一词背后的核心价值观更偏向用分析哲学式的数理逻辑去解释世界，特别是用可还原的方法。这显露出了物理主义内部与科学、物理学的紧密关联。

物理主义内部的分支纷繁复杂，与本书相关的唯有可还原的物理主义最紧密。心灵哲学的还原主义认为，心灵实体和其特征在根本上都可以被还原为类似物理、化学等内容。例如视觉感觉的逻辑过程可以被还原为神经元网络的活动和状态。哲学史上比较著名的还原论有内格尔（Ernest Nagel）的经典还原模型和金在权的功能主义还原模型。内格尔的经典还原模型是传统的用微观构造还原宏观构造的模型，他认为宏观理论还原为基础理论需要"可连接性"和"可推导性"两个必要条件。但是内格尔强调的是形式的还原，而意义的还原难以实现，这为感受性的视觉感觉的非物理主义解释留下了余地。但是金在权对内格尔的还原模型提出了批判，金在权的功能主义还原论把需要还原的各个性质功能化，即关系化和外在化，把某性质与其他性质进行联系，并把它收进一个闭合的因果链或因果网。

但是作为感觉的视觉影像知识论问题与还原的物理主义之间有明显的矛盾。表现这一矛盾最直观的例子就是杰克逊著名的思想实验：玛丽的黑白房间。这个实验显然可以证明物理主义是错的。物理主义为了反驳提出了三种回应：第一种回应是由尼梅罗（Lawrence Nemerow）提出的能力假说，它遵循了赖尔（Gilbert Ryle）关于命题性知识或关于是什么的知识（如"玛丽知道雪是白的"）和关于怎么样的知识（如"玛丽知道如何骑自行车"）之间的明显区别的论述，并指出玛丽所获得的全部知识是后者，且只有当玛丽获得命题知识时，后者才是正确的。第二种回应呼吁区分先验物理主义和后验物理主义。第三种回应是区分不同的物理概念。

黄益民认为，反物理主义的知识论证根本上威胁不到物理主义的策略，因为物理主义的策略并不是要"贬低玛丽所学知识的价值"，玛丽学到的东西是好是坏，都无关于物理主义，因为物理主义完全相容于"玛丽获得的新知识"这一情况。这是因为物理主义作为一种形而上学的命题，它的随附性命题宣称意识的感受性特征与大脑的物理特性有本体论上的必然关系，这一个主张本身并没有否定任何认识论或知识论上的问题。所以杰克逊的知识论证所提出的深层次挑战实际上是本体论和认知论内在的关系问题。① 可见，知识论证和物理主义并不冲突，我们需要解决的是如何从本体论的物理主义过渡到认识论的知识论证。但是本书以为，在这里最危险的问题不是关系问题如何解决，而是如果物理主义被奉为圭臬，那么感受性的认识论价值是否还会受到重视，这是我们每个人需要警惕的问题。之所以这样认为，是因为在回应了知识论证后，物理主义者为了给物理主义辩护，仍然提出了"现象概念""表征主义"等与视觉感觉的知识问题相关的批判，笔者在后文论证了本书的观点后会对其进行反驳。

三、科学自然主义

讨论自然主义对感觉内容造成的问题应该先区分清楚自然主义内部的阵营。这里主要针对的是科学自然主义，而不是自由自然主义。后者是本书支持的观点，而前者在一定程度上是后者的对手，特别是在方法论层面上。对于本书要解决的问题而言，笔者尝试把哲学的语言转向以来，特别是分析哲学（日常语言学派）的方法论也归为科学自然主义，因为他们尝试的是用自然科学式的逻辑方法对来自自然的感觉逻辑进行解释，本书认为这注定是不会成功的。

"自然主义"一词在当代哲学中没有非常确切的意义。它现在的用法源于20世纪上半叶美国的争论。那个时期自称为"自然主义者"的人包括约翰·杜威（John Dewey）、内格尔、西德尼·胡克（Sidney Hook）和罗伊·塞拉斯（Roy W. Sellars）。这些哲学家的目标是使哲学与科学更紧密地结合起来。他们主张，现实是被自然耗尽的，不包含任何"超自然"，应该用科学的方法来调查现实的所有领域，包括"人类精神"。②

---

① 黄益民：《从语言到心灵》，南京：江苏人民出版社2014年版，第120页。
② Kim, J., "The American Origins of Philosophical Naturalism", *Journal of Philosophical Research*, APA Centennial Volume, 2003, pp.83-98.

第二章　问题的提出

20世纪中叶美国运动的上述特征表明，自然主义可以直观地分为本体论和方法论两部分。本体论部分关注的是现实的内容，声称现实没有"超自然的"或其他"幽灵般的"实体的位置。与此相反，方法论的组成部分关注的是调查现实的方法，并声称科学方法具有某种普遍的权威性。相应的，这个条目将有两个主要部分，第一部分是本体论的自然主义，第二部分是方法论的自然主义。

前文所提到的物理主义是自然主义本体论中比较激进的一种立场。在18世纪牛顿物理学的全盛时期，科学对物理效应的非物理原因没有提出异议。19世纪能量守恒的发现继续允许非物理力可以与物理世界相互作用，但要求它们受到严格的力学定律的约束。这导致了20世纪初自然主义学说的最初浪潮。当时人们还普遍接受独特的精神力量，但是一场关于能量守恒重要性的广泛的哲学辩论使人们普遍认识到，任何这种精神力量都需要有规律地治理，从而使它与更为人们熟悉的体力一起服从于科学研究。到了20世纪中叶，对自然领域闭关因果关系的接受导致了更强烈的自然主义观点。因果关系的结论意味着，任何精神和生物上的原因如果要产生物理上的影响，它们本身必须是物理上构成的。因此，它产生了一种特别强烈的本体论自然主义，即物理主义学说，即任何具有物理效应的国家本身必须是物理的。所以斯马特（J.J.C.Smart）认为我们应该识别精神状态与大脑状态，否则这些精神状态将是"法规悬停者（nomological danglers）"，在解释行为时不起任何作用。有人认为，现代量子力学的非决定论为自生的非物理原因影响物理世界创造了空间。然而，即使量子力学暗示某些物理效应本身是不确定的，它也没有理由怀疑因果关系的量子版本，即这些效应的机会完全由先前的物理环境所决定。仅这一点就足以排除自成一体的非物理原因。

就本书相关的问题而言，自然主义的方法论矛盾比本体论要更激烈，因为在我们日常的视觉感觉中，我们的确不能拒绝感觉的发生，甚至感觉逻辑、感觉知识的发生需要与之相对应的生理官能和因果关系。奎因（W.V.Quine）以他的论文《自然化的认识论》开创了当代自然主义认识论的浪潮。在那篇文章中，他主张将认识论视为"心理学的一个章节"，并将认识论与经验科学视为相互包含、相互制约的关系。奎因的论点基于三个可能存在争议的假设。首先是确认的整体主义：认为只有理论的实体，而不是个人的主张，是可以通过经验检验的；其次，奎因假设认识论的主要问题是解释理论和观察证据之间的关系；第三，他假设只有两种方法可以解决这个问题，一是对人们如何从感官"输入"产生理论"输出"的心理学研究，二是对我们的理论词汇在感官术语上的逻辑重构。在奎因看来，第二种方法不可能成功，所以我们只能用心理学。

以感觉概念重建理论词汇背后的思想是在数学的基础上建立认识论的模型。这些研究展示了如何将数学命题翻译成逻辑和集合论的语言，以及如何从逻辑真理和集合论公理中推导出适当的数学定理。这使我们能够判断我们相信数学主张的正当性的力量：我们相信数学主张的正当性与我们相信逻辑真理和集合论公理的正当性是一样的。心理学方法是以经验的方式研究人们如何将感官输入转化为理论输出。这样获得的知识是一种自然现象，是一种自然过程的结果，在这个自然过程中，感官刺激导致了关于世界的理论。为了理解刺激和理论之间的联系，也为了理解我们的理论远远超出了刺激的范围，我们需要对这个过程进行科学的研究。因此，奎因的自然主义认识论作为心理学的一个分支学科被"包含"了起来。同时，奎因也指出，在某种意义上，自然主义认识论"包含"了科学的其余部分。我们关于世界的理论和信仰构成了我们的科学，是认识论的主题的一部分。因为它们相互"包含"，认识论和科学的其他部分可以相互制约。我们的科学理论不仅要通过认识论的检验，而且我们的认识论理论必须与我们其余的科学世界观相适应。这种科学与认识论关系的概念与传统的"科学女王"的认识论观点形成了鲜明的对比。这可能是奎因自然主义最有影响力的方面。

除奎因以外，克里普克（Saul A. Kripke）、古德曼、库恩（Thomas Kuhn）等人都有相关方面的论述，他们关于自然主义认识论的共同之处是将科学方法、结果和理论应用于认识论问题，尽管他们在各自所依赖的科学以及他们在这些科学中的中心地位上有所不同。虽然自然主义观点之间存在这种差异，但也有一些重要的反对自然主义作为认识论的意见。其中两个反对意见集中在循环性问题和规范性问题上。

许多哲学家认为认识论最重要的任务之一就是回答笛卡尔的怀疑论。这样一个怀疑论者否认我们可以知道我们认为自己知道的大部分事情,因为我们不能排除逻辑上的可能性,即我们可能是一个魔鬼的受害者,我们对于这个世界认知都来自这个魔鬼对我们的欺骗。或者我们可能是一个大缸里的大脑,这个大缸里装备有电极和化学物质,生成了我们关于外部世界的经历。自然主义认识论的另一个问题是解释认识的规范性。知识和合理信念的概念是规范性的,因为它们包含了关于一个人应该相信什么是对的,什么是错的概念。虽然科学也许能告诉我们,人们是如何形成他们的信仰的,但自然主义认识论的批评者经常声称,科学不能告诉我们,人们应该如何形成他们的信仰,这两者之间非常重要的差别很容易让很多人忽略。这个反对意见至少可以追溯到威尔弗里德·塞拉斯的《经验主义和心灵哲学》。

第四节 为什么是感觉影像

面对前文所述的视觉认识论困境及其形而上学难题,关于感觉的认识论研究一直处于方兴未艾的状态,甚至是一种被人遗忘的状态,这正是应了那句话:走得太远以至于不知道为什么要出发。本书要解决的就是怎么出发的问题。根据日常的观念,视觉作为心灵的窗口,是人类与世界接触时最生动、最丰富、最直观的一种状态,没有视觉就不知道如何获得关于视觉的真实认知。要说视觉是如何发生的,那必然最早通过感觉活动,感觉比知觉更早让人接触,而感觉活动的直接产物必然是影像式的内容,它与图像、图式、意象、符号等图的形式都不同,且拥有独立的认知能力。在现代科学中,影像也在发挥不可替代的但却易被忽视的认知功能。

一、视觉的进化论地位

一般而言,人类文明的起源与人类智力的进化节奏是一直相伴的过程。但是目前的进化论研究发现,人类文明的出现时间比人类学会语言、使用工具要晚很多。这里的问题是我们如何定义"人类文明"。如果我们把人类文明定义为具有人类生产、生活的痕迹的话,很明显人类文明要早于人类语言的,而且人类进行生产、生活的人类思维能力也是要早于语言的。这点在失语症的病例中也可以发现:失语症的患者除了不能说话以外,其他智力活动都不受影响,可以区分方向、可以绘画、计算、执行任务,等等。

所以,语言只是思维的一种活动,而不是思维的全部。在人类没有进化发展语言能力前,我们有理由认为视觉感知的思维能力在支撑着早期的人类或没有学会语言的婴儿进行思维活动。虽然人类的认知能力在十万年中经历了不断的突变和进化。但视觉的思维能力并没有也不会被完全替代掉。

乔治·奥威尔(George Orwell)在散文《政治与英语》一文中,揭露了人们一种惯有的思维:简单地认为语言决定思想。部分哲学家们也认为,没有语言的动物也一定没有意识。人们还为这些观点探求科学式的论证,例如著名的沃尔夫假说(Sapir-Whorf hypothesis),它的主要观点就是"语言决定论":人类的思维是通过话语所提供的各种框架而被约束的。这明显不符合常识,例如一只不会说话的狗在听到指令后会执行坐下、站立、握手等指令,也会在想吃饭的时候把饭盆叼给主人让主人投喂它。所以上述的那些理论设想明显是不完备的,把思维和语言画上等号是典型的"传统谬论(conventional absurdity)"[1]。

---

[1] 〔美〕史蒂芬·平克:《语言本能》,欧阳明亮译,杭州:浙江人民出版社2015年版,第49页。

"语言决定思维"的观念能够被很多人接受的原因在于，人们在这一问题上缺少一定程度上的怀疑精神。或许语言会影响思维，但不应该是绝对的。并且，至今没有科学上的研究可以证明语言能够改变人的思维。我们应该探寻思维的其他可能，例如视觉式的思维。唯一可以肯定的是，只有大脑才是思维的生物学基础，而这种基础同样作用于与视觉相关的思维中。如果我们回到语言进化的最早时期，即象形文字的时期，特别是古埃及和古代中国的抽象文字，我们可以发现，文字和语言生成，在一定程度上来源于视觉内容与思维能力的共同作用。先人们的文字都来源于思维对视觉影像的抽象化改造。所以，视觉理应具有某种认知地位。那么，视觉认知的本质是什么？认知过程是怎样进行的？这些都是本书要尝试解决的问题。

二、科学实践中感觉影像

视觉的感觉影像之所以重要，与它在科学研究中的独特价值紧密相关。有统计显示，当代生物学科学期刊每十页文字有14.8张图像，而物理期刊每十页文字有12张图像。由此可知，在影像科学蓬勃发展的基础下，科学家似乎特别喜欢利用视觉中介物来传输某些信息，我们有理由认为，在科学理论的发现、创立、解释和传播过程中，视觉感知能力都在扮演着关键角色。

在科学实践中，我们会遇到各种各样不同的视觉表现形式，这些形式被科学家用于不同的目的。例如，我们在科学出版物和报告中发现图表，展示了测量结果和它们之间的关系。此外，影像素材被视为某些现象的证据，如有第五颗卫星环绕冥王星的卫星照片。气候学家利用计算机模拟生成的图像来研究自然因素和人为因素之间的相互作用，以及它们对全球变暖的影响。物理学家把图形作为计算误差的手段。医生将X射线和Pet图像作为诊断设备。同样，磁共振成像（MRI）的输出也成为医学推理中不可或缺的证据。此外，越来越多的社会科学家也在使用与视觉材料相关的研究方法，有时是为了探索有关视觉性的问题，但更多的是作为一种探索社会生活的一个方面的手段：比如对疾病的态度，或对生活在非正式居住地的感受。事实上，社会科学家使用图像已经有很长的历史了，如人类学和人文地理学都使用视觉影像作为研究工具和研究对象。视觉社会学是其中一个较新的发展，虽然最早的社会学期刊在第一次世界大战之前曾短时间地刊登过照片，但直到20世纪60年代，人类学家才鼓励一些社会学家再次拿起相机。① 近年来，社会科学领域使用的可视化方法越来越多，可见当代科学中影像的出现、分布和作用呈现出了多样性，科学家把它们作为关于其研究对象的重要信息来源，并把它们作为向其他科学家和更广泛的公众传播信息的工具。特别是根据伍德沃德对因果关系的干涉主义解释理解图像和对象之间的因果关系，测量设备和被调查对象之间的因果关系似乎支持他们的假设，即视觉表征在其描述对象的相关意义上的信息是充分的，以满足用刚好适当的方式描述的目的。②

总的来讲，科学中主要用到的视觉表征有照片、成像技术、可视化数据和图标，它们虽然是后天、人工的视觉表征，但都离不开视觉感觉式的认知基础，也就是说科学家们对人工视觉内容的运用来自感觉影像的认知功能。但是有些图像观察的并不是肉眼可见的物质对象，例如希格斯玻色子，这就为视觉感觉在科学中的方法论地位留下了批评的机会。从希格斯玻色子图像中推断出的假设只是基于指示物，而后显然允许直接推断所描绘对象的存在和性质。希格斯玻色子的图像说明，在科学中经常被视觉化的是理论实体，而这些理论实体基本上是人类感官无法触及的，因此需要借助仪器，如粒子加速器、显微镜、望远镜、摄影等。此外，今天的科学观察和实验通常涉及信息技术来绘制接收到的数据。这样的设备不仅可以使肉眼无法观察到的信息被利用，还可以作为处理大数据的一种启发式手

---

① Rose, G., *Visual Methodologies*: *An Introduction to Researching with Visual Materials* (4th ed.), Washington D.C.: SAGE Publications Ltd, 2016, p.14.

② Harre Rom, "Equipment for an Experiment", *Spontaneous Generations*: *A Journal for the History and Philosophy of Science*, Vol.4, No.1, 2010, p.10.

段。以在日内瓦的大型强子对撞机进行的实验为例,许多科学实验产生了大量的数据,没有技术支持,任何人类观察者都无法评估这些数据。从这个意义上说,信息技术是必不可少的。

然而,所有这些技术中介都可以被视为潜在的错误来源。此外,需要利用设备的辅助来产生本应被研究的可见踪迹,例如希格斯玻色子,这增加了这些图像的敏感性,并提出了它们是否真的可以被视为可靠证据的问题。如果不使用这些仪器就无法获得这些实体,又如何能证明它们揭示的属性是正确的?如果间接观察和测量的属性不能确定存在,那么实体本身存在的保证是什么?只有借助工具才能看得见的物体是真实的还是仅仅是人工制品的问题并不新鲜。它是科学实在论和反实在论争论的核心。随着感觉影像问题的讨论,这些问题也有会一个答案。

三、感知觉之别

为什么选择影像感觉而不选择影像知觉或影像经验,这是本书在立论时不能回避的一个问题。普罗塔哥拉有言道,人是感觉的综合体。我们通过感觉获得信息,才能认识世界。感觉是认识主体与环境的最初接触。外在对象会向外发射光、热、力等化学能量,而感觉器官负责接收这些能量,并将它们"翻译"为生物电的神经代码进而发送至人脑。所以感觉功能是特指一种即时的、基础的、无中介的感受性活动,例如冷、热、红色、绿色、苦、甜等。而知觉则比感觉更高级、更复杂、更人工化,通常认为,知觉是一种心理活动的结果,其中夹杂了记忆、情绪、环境、判断等内容。如果感觉是一种短时记忆活动,那知觉就是一种长时记忆活动,并可以激活脑区中某些被遗忘的陈旧记忆。简而言之,知觉是对感觉进行归纳、整合的结果,进而得到感知主体对外在对象和环境的知识。一般而言,感觉和知觉在日常生活中是同时发生的共时性行为,只有在精密控制的实验中或哲学反思中,才能够有机会把感觉从知觉中划分出来独立考察。所以,只有在哲学问题的考察中,我们才可能发现:感觉的发生早于知觉，感觉的认识论地位比知觉还要更基础，如果把感觉的问题搞清楚，那将有助于我们改变甚至重构知觉和经验的哲学观念。这是讨论感觉的原因之一。

选择感觉特别是视觉影像感觉的另一个原因是，在很多情况下，感觉是一种感受性的活动，不论是公共语言还是私人语言都很难对它进行解释。每个人肯定都有过获得某种感受，却不可言说的经历。例如，当我们去参加一个摄影展或画展的时候，有部分摄影师或画家会在展品前为参观者准备凳子让他们可以坐下来慢慢去观察，而这样做的原因正是艺术性的摄影或绘画作品具有很强烈的感受性内容，人们无法言说，只能停下来慢慢去体会那种微妙的却又十分清晰的感觉内容。但是这种感觉的不可言说性在近代以来被主流的哲学流派所排斥，因为他们不把感受性的东西视为有认识论价值的逻辑内容。但他们却没有想到，影像作为感受性的一种表征，或许可以替代语言，在感觉中发挥意义的表征功能。

从历史的角度看，很多哲学研究都是发端于对感觉的研究，如霍布斯、洛克、贝克莱的经验主义，再到牛顿（Isaac Newton）、托马斯－杨（Thomas Young）、麦克斯韦（James Clerk Maxwell）和马赫（Ernst Mach）对视觉和光的研究，都是从感觉开始的。

从心灵哲学的角度看，感觉问题可被称为"感受质"问题，它是心灵哲学的焦点问题之一。心灵哲学主张，还原式的科学说明无法诠释怎么生成或再现感受质或感觉经验及其特征。布罗德（Charlie Dunbar Broad）在解释机械论和突现论的区别时认为，即使化学的机械论是正确的，氨仍然具有一种属性，这是一个具有无限的数学才能，且"具有进一步感知原子微观结构的能力"的天才所不能预测的，那就是氨的气味。不论是内格尔的蝙蝠思想实验还是杰克逊的玛丽思想实验，都证明完整的物理知识不足以完全理解现象状态的观点已经存在一段时间了。由此可以看到关于感觉的认识论研究的必要性。

本章小结

　　自古希腊以来，哲学的先哲们一直在探求感知内容与人类理性之间的关系。但出于对人类自身理性的一种倡导，感觉内容可能具有的认识论地位一直处于弱势，这点从智者派对感觉经验的批判就已经开始了。这导致已有的感觉认识论内容都受到了不同程度的批判，也间接使得感觉内容特别是视觉感觉的认识论在哲学史中成为了一种弱势的存在。随着现代科学的发展和逻辑主义的盛行，这样的趋势愈演愈烈。我们不得不让自己冷静下来，仔细地回想、反省我们关于世界的知识究竟是什么样的，人类的认知系统究竟是什么样的。人类作为进化的产物，不论人类的理性逻辑多么与众不同，都不应该否认人类理性应该伴有的动物性成分，也就是自然性的感觉能力。要做到这点，首先要从感觉出发，对人类认识论的生成机制进行更加仔细的、更基础的考察，进而才能对已有所谓现代形而上学做出有力的反驳，而这正是本书希望要做的一些尝试。不论是宗教的、哲学的还是艺术的，视觉感觉能力在实践和理论中具有某种基础性的地位。20世纪掀起的视觉中心主义虽然在后现代文化批判家的眼中是一种否定性的存在，但是这暗中证明了人类对于视觉的偏爱和依赖。在人类文明发源的早期，在人类还没有进化获得语言能力前，或许正是视觉的逻辑能力在指导我们的先人们在自然中存在、发展。

第三章 影像的本体论辩护一：界定定义

不论在当代的认知科学哲学研究还是在认识论研究中，影像和意象一直是两个联系紧密的概念，本章以笛卡尔的第一哲学为轴心，分析二者在认识论研究中存在的症结，即影像和意象的概念存在意义模糊、混淆使用的问题，但事实上，不论是笛卡尔还是后来者，他们的心灵哲学都没有单一地限定影像的内涵，而都暗含着对影像概念的精致划分，且只有联系相对的实体观点才能真正厘清其内涵。按照这一进路，我们可以找出认知过程中影像存在的不同层级和不同方式，现代认知科学的研究结果更是证明了这点。

非概念论者认为，非概念的经验内容是人类经验的基础形式，并预设了知觉经验中存在着由非概念变为概念内容的转换过程。这一观点不论是从心灵哲学还是认知科学来看都饱受争议，因为概念的转换过程夹在心与物之间，形成了一张新的知觉之幕，且非概念论者不仅没有给出合理的理由放弃概念论，也没有为概念转换的运行过程提供科学的、完满的辩护。概念论者反之认为不存在所谓的非概念经验内容，经验的发生，本身已经包含了概念能力的运作，认知科学的研究结果也证明了概念论的正当性。视觉作为人类来自自然进化的关键能力，其生成的影像是人类文明最原初、最基础的经验形式，它们显然不能在哲学的语言转向后被完全忽略。不论是从古典哲学还是现代心灵哲学出发，概念性视觉影像都具有存在的合理性，并且可以为解决心灵与世界的关系问题提供一种可行进路。

第一节 影像的概念：从笛卡尔出发

影像在人类理性表征世界的过程中发挥着什么作用？这种作用具体是如何进行的？从柏拉图的洞喻说，到笛卡尔的天赋观念论，再到认知科学的视觉表征，这些问题被争论了两千多年后依然含混。当代的相关研究多由意象二分为两种进路，一是对意象本质的考察，从20世纪中叶到当下，认知科学家对心理意象进行了精致划分，其中按不同的意象能力分为了产生意象、组合意象、内察意象和旋转意象，此外又按提出意象本质的不同分为了形状意象、运动意象、颜色意象等内容；二是考察感知与意象的关系，其研究结果认为：意象在形成、储存、运用的心理过程中所激活的大脑皮层区域与感知活动相同，所以相同大脑皮层产生的意象和感知活动具有相似性，但这并没有完全解决认知活动中影像和意象的本质区别。故此，要解决以上问题必须从由意象入手转至由影像入手进行清楚明白地考察。

一、影像的中外词源考察

影像（image）一词，常被哲学和认知科学的研究者混称为意象，不清晰的概念划界会在哲学和科学层面不可避免地引发很多混乱。如果二者的指称不同，那就会导致理论不能健全。如果二者指称一致，那混用二者会造成不必要的误导，按奥卡姆剃刀定律，有必要剔除冗余。错误的定义使实验中实际操作的其他概念不能一并清晰，甚至变成了在科学家共同体中的内隐知识，导致了影像和意象的理论化建构陷入了模糊和繁杂的境地。诚如认知心理学家科林斯所言，"'Image'作为一个被错误定义的概念需要更多的说明。"① 根据《法国科学院大词典》（*Le dictionnaire de l'academiefrancaise*），法语的 image 可以表示一种视觉或是精神上的图像或影像，可以是自然的或人工的、视觉或非视觉的、有形的或概念（隐喻）的。英文的 image 表示人或物的表象和模仿、通过镜头或镜子等技术表现的光学图像、心理的表象（representation）或利用想象力创造的观念（idea）、由记忆产生的关于某物的心理体验、由视网膜提供的事物的图案（pattern），等等。由此可见，即便不添加定语，image 既可以表示影像，又可以表示意象。高秉江教授认为，古希腊思辨中有很多关键名词都与影像或光线有关系，例如 theory、idea、illumination、phenomenology 等。在新版《希英词典》（*Liddell & Scott*）中，image 一词的希腊词源为 εδωλον（eidōlon）②，由此可以在古希腊哲学中发现 image 的思想渊源。古希腊时期抒情诗人西摩尼得斯最早注意到 image，他发明了著名的位置记忆法，即记忆力的训练可以通过选择地点并形成被记忆事物的心理影像，然后把事物的影像储存在地点中。西摩尼得斯之后的古希腊哲学家们，包括柏拉图在内，image 都没有被当作意象直接讨论过，而被认为是与视觉感知对外在事物的反映，即影像。

在笛卡尔法文版的《第一哲学沉思集》（以下简称《沉思集》）中，法语词 image 源于拉丁词汇 imago，在 1911 年出版的《详细的拉丁语—德语手册词典》（*Der Georges*）中，imago 意指事物的副本、对事物的模仿、在身体或精神层面上自然形象、模仿声音的回声、通过自我想象力形成的寓意等。而 imagine、imagery 的词根都属于 imago，可见在影像、意象和想象力之间存在着直接的心理关系，本书在后文中也会证明这点。在中文版的《沉思集》中，images 被翻译为影像，但笛卡尔从未对其意义进行确认和分类。根据对古代词汇来源考察，影像（image）一词与"模仿"一词

---

① Kossyln Stephen Michael, *Image and Mind*, Massachusetts: Harvard University Press, 1980, p.14.

② Liddell and Scott's Greek-English Lexicon, http://perseus.uchicago.edu/cgi-bin/philologic/getobject.pl? c.20:5:76.LSJ.

共享同一个词根：imitari。这样一来，我们就可以发现影像的词汇概念中潜藏的哲学问题：通过影像的再现式实在是否可以产生有真实意义的表达系统：一种基于模仿的非语言编码的内容是可以理解的吗？①

如果从词义的复合性考虑的话，在中文中 image 一词对应的是"象"，而不是"像"，前者更复合、更多元，是中华文化中的重要概念。但是汉语的"象"更具有一种美学的风格，即一种审美的、历史的抽象意境。它与视觉相关的具体意义主要有两点：一是与"像"通用，代表着视觉的影像。二是一种文化上的意蕴，如在《周易》以"观象制器"来解释华夏文化的开端；中国汉字以"象形"为基础演变出独特的字法和词法；中医提倡"藏象"的学问；东方美学中意、象兼备当作最传统的美学目标，综上可知"象"囊括了中华文化甚至东方文化的大部分范畴。② 就与本书有关的物象来讲，它具体指外在对象的形象或景象，它更注重对对象的反映或摹画，它来自具体对象，但又某种程度上超越了物质实在的形象，也就是说象或像并不是事物本体，而是另外的存在。这与本书的态度是对立的，通过对笛卡尔的影像概念的阐释，本书尝试证明的是：不论是影像还是象，它们在正常的、日常的感知状态下就是对外在对象的真实反映，也就是物质实在本身的形象。

二、笛卡尔的态度

以笛卡尔的影像概念为研究对象的意义主要有两点：第一，在哲学层面，笛卡尔作为现代哲学的奠基人之一开启了经院哲学向认识论的转向，其代表作《沉思集》的哲学价值延绵至今。第二，在科学层面，笛卡尔见证了传统哲学与新兴科学相结合的历史节点，影像概念多次出现在笛卡尔

---

① 〔法〕罗兰·巴特：《影像的修辞学》，邵一平、肖熹译，载《电影艺术》，2012 年第 2 期，第 96—103 页。

② 高秉江：《idea 与"象"：论直观和超越的兼容》，载《哲学研究》，2007 年第 11 期，第 64—69 页。

的科学著作中，例如《屈光学》《论世界》和《哲学原理》等，这使得影像概念在笛卡尔的科学和哲学两方面具有内在的统摄效力。笛卡尔跟同期的弗朗西斯-培根相比，这位西方现代哲学之父更具有古典哲学的风格，他承袭了柏拉图以来的古希腊理性主义，提出了对后世影响颇深的概念——观念。亚里士多德把通过想象创造意象的功能视为人区别于动物的特征。笛卡尔把这个特征变成了由沉思产生观念的能力。二者的背后有着共同的动力因——人的理性。人们通常把观念当作一种心理表征，且很多时候是通过心理影像来获得的。但观念中存在 images 吗？如果存在，那 images 代表影像还是意象？二者之间如何相互转换？这些持久争论问题都始自笛卡尔，成为了研究人类认知和知识的一个关键哲学问题。

笛卡尔把观念定义为事物的影像（images），"但只有当它们通知大脑这个部分的精神本身的时候，才把它们成为观念"①。虽然笛卡尔未对其意义有过确认，不过从其思想中可以发现他对影像的意义存在一种潜在的划分。影像在笛卡尔哲学中主要承担三种角色：

第一，影像是被怀疑的对象。笛卡尔在《沉思集》中的一个主要任务就是为搭建坚实稳固的科学知识大厦而清除所有不清晰分明的东西，影像就是被怀疑的对象之一，他把外在的物质性的东西当作真实的，但它们的影像是被怀疑的，不真实的；其次，笛卡尔认为，并没有确定不疑和可靠的标记或迹象让人总能分清自己是醒着还是在梦里。所以事物的影像，包括感官中的、梦中的和科学中涉及的物质性影像，都被笛卡尔列为可疑引起怀疑的事物。但笛卡尔并不像蒙台涅那样怀疑一切，影像并没有被笛卡尔完全抛弃，在第二个沉思中，笛卡尔把影像当作证明"我"存在的一个论证，即由于"我"通过感官获取了关于物质的影像，虽然不能确定这些影像是否存在或是否真实，但至少"我"是确定存在的，否则关于物质的影像无法被"我"看到、想象到，这些理由也更加容易、明显地证明"我"的精神的本性。

---

① 〔法〕勒奈·笛卡尔：《第一哲学沉思集：反驳和答辩》，庞景仁译，北京：商务印书馆 2009 年版，第 160 页。

第三章 影像的本体论辩护一：界定定义

第二，影像是来自理性的天赋观念。笛卡尔给观念赋予了二重性：形式和内容。作为形式的观念是思维的一种方式、方法，作为内容的观念被笛卡尔看作影像。但是该影像不是来自物体的样式和偶性，而是来自对实在的表象，因为前者是来自感官和想象的影像，不清楚分明，后者是来自实在的精神产品，笛卡尔认为它无疑比表象样式和偶性的观念更接近事物本身，具有更多的客观实在性，也就是说，通过表象而分享程度更大的存在和完满性。观念的内容必然有一个形式的、卓越的包含着自己的原因，这个原因比观念本身具有更多客观实在性。笛卡尔亦把该原则当作一条公理，用于证明精神之外的东西的存在，即"'我'心中完满上帝的观念，必然来自实存的上帝实体"[①]。所以，在天赋观念中的 Images 既不来自感官，也不来自想象，而是指来自客观实在物的影像，是心灵表象客观实在的成果，是用理性精神的功能领会到的。

第三，影像是来自感觉和想象的非可靠观念。笛卡尔在《沉思集》的第三沉思中对观念做出了三种区分：天生具有的观念、来自感官的观念和虚构的观念，第三类影像就代表了后两者。笛卡尔用蜡的例子证明，源自感官的和虚构的观念也是影像性的存在，但它们不像天赋观念那样清晰分明、不可怀疑，而是与外部对象相联系的、不可靠的和未经成熟判断的影像。"我"是一个精神的实体，而感觉和幻想的影像只是事物的样态，不是固然的存在于"我"的心里，所以这些影像不是清晰明白的观念。

在《论人》中，笛卡尔给出了关于人的视觉感知功能的生理学解释：视网膜接收到由光产生的影像后，由视觉神经生成与光学影像同质的另一种影像，再被流动的动物精气传送到松果腺表面，最终在灵魂中引起关于客观物体的主观视觉经验。大脑在该过程发生的同时生成了视觉记忆，它的产生处于松果腺获得视觉影像的动物精气之后，被视为记忆和想象的心理影像（mental images）。笛卡尔把松果腺表面上的 images 视作观念，也称想象的根基。可见，笛卡尔在此处把 images 和 mental images 做出了区分，

[①] 冯俊：《开启理性之门：笛卡尔哲学研究》，北京：中国人民大学出版社 2005 年版，第 54—72 页。

即前者是通过视网膜产生在松果腺上的视觉影像，后者是人利用影像通过视觉记忆或想象产生的结果，这点类似于现代认知科学中对影像和意象区分，可见笛卡尔思想的前瞻性。

综上，笛卡尔的哲学中"images"一词当理解为影像，指来自物质实在的观念，或者由感官知觉得到的关于物质性质的表象，他对影像的三分法与现代符号学者皮尔士的三元范畴、德勒兹继承自柏格森的"情态—影像、行动—影像、心智—影像"有异曲同工之妙。对笛卡尔更重要的是，在松果腺表面产生影像的生理过程影响的是人的灵魂或精神，因此相对于影像的物质特性，他更看中影像在人类理性中发挥的功能性角色。这一观点与科斯林的类图像理论非常接近，二者皆认为虽然大脑中的思维素材是图像性的，但实际生成（影像）的并不是影像的二维神经实例化，而是影像在把视觉—空间信息传递到高阶的认知能力中所发挥的功能性作用。

第二节 影像概念的历史演进：从德谟克利特到休谟

Image 在古希腊时期最早引起注意始自抒情诗人西摩尼得斯，据古罗马哲学家西塞罗记载，西摩尼得斯在参加一次宴会时临时离场，结果宴会大厅突然倒塌，与会人的尸体因为血肉模糊而无法辨认，幸存的西摩尼得斯就利用人们在餐桌就坐的诗句记忆影像识别罹难的宾客身份，这就是著名的位置记忆法。西摩尼得斯认为要训练记忆力必须要选择地点并形成被记忆事物的心理影像，然后把事物的影像储存在地点中。如此一来位置的次序会储存事物的次序，而事物的影像就表示着事物本身。西摩尼得斯之后的古希腊哲学家们，包括柏拉图在内，image 都没有被当作意象有过直接讨论，而被认为是与视觉感知相关的、外在事物的反映，即影像。当一个人观看某一事物在眼睛里所映出的镜样影像，是被观看物体的微缩摹本和模型，可以说，眼睛里的 image 作为影像（eidōlon），是古希腊先哲们研究视觉的关键概念。

第三章　影像的本体论辩护一：界定定义

一、古希腊时期的影像

德谟克利特在《著作残篇》中提出了认识论的影像说，他把知觉状态看作是原子的聚合体通过从表面发射连续的原子影像之流而作用于人。但是，德谟克利特认识到第二性的质对观看者具有依赖性，所以他认为影像是世界约定俗成的表象而非作为本质的原子和虚空，因此，"影像不仅从现象学意义上远离了实在，在因果意义上同样无法触及实在，因为人只能通过感知原子的影像才能获得感官作用"[1]，于是就形成了人与物相分离的认知鸿沟，这让人想到了柏拉图的理念论。

柏拉图认为现象世界就是"洞喻"中的影子，它是人通过感觉获得的来自理念世界的影像，是流动的物质现象，而非永恒不变的理念，只有通过理念或是"心观"才能理解、得到洞外的事物型相，即德谟克利特理论下的原子。柏拉图把影像定义为现象层面的实体表象，规定了影像在认识论中的地位和作用，在《理想国》中提出"线喻"，把人的认知过程分为四个阶段，第一阶段也是最低的阶段是可感事物的和想象的影像（image）。[2] 这无疑影响了之后的影像研究，特别是在关于知识论的研究中，柏拉图的理论支持了记忆和感知作为真知识的来源是不可信的。柏拉图虽然没有系统论述过意象，但在《蒂迈欧篇》中提到了"因内在之火而产生的梦中影像，它与外在之火产生的视觉影像相交得出对外在世界的认知"[3]，二者都被列入线喻第一阶段，所以，不论是内在的还是视觉的影像，都被认为是远离理性的。

反之，亚里士多德在批评柏拉图的同时肯定了影像在认知中的关键作

---

[1] 〔英〕泰勒：《从开端到柏拉图——劳特利奇哲学史》，冯俊编，北京：中国人民大学出版社2004年版，第262页。

[2] 高秉江：《idea与"象"：论直观和超越的兼容》，载《哲学研究》，2007年第11期，第64—69页。

[3] 〔古希腊〕柏拉图：《蒂迈欧篇》，谢文郁译，上海：上海人民出版社2005年版，第31页。

用。亚里士多德的 phantasma 概念一般被理解为 image。民间心理学家们和一些科学的心理学家把意象（imagery）的一些功能等同于亚氏的 phantasma，例如在记忆、想象方面，但有些哲学家对把 phantasma 简单等同为意象存疑，因为这样忽略了亚氏赋予这个概念知觉现象的功能。为此，玛莎·娜斯鲍姆（Martha Nussbaum）把 images 解释为图像式的表征，这种表征使知觉现象经历两种完全不同的过程，一个是获取 image，第二个是思维 image，前者是影像，后者是意象。① 但亚氏认为是想象的功能制造了 images，所以本书以为，要掌握亚氏 images 概念的内涵需从他的想象理论（phantasia）出发才能实现。

亚里士多德认为"想象与感知同在，无感知则无想象，有能力感知才有能力想象，想象经常会包含同感知一样的身体活动"②。亚氏也指出了二者的不同，即想象比感知多了人的意愿和理性、少了对客观实在的依赖。想象吸收了来自感知的材料，但又不完全依赖它们，想象可以分别创造影像和创造意象，影像更多是源于感官知觉的感知材料，是个别的、特殊的成果，意象是添加了人的意志和理性的、复杂的和多元的成果。所以，从亚里士多德开始，关于影像和意象的区分逐渐开始清晰了。

笛卡尔没有像柏拉图一样拒斥事物的影像，也没有像亚里士多德把影像当作认识论的起点，而是精致设定了 images 概念，把人的理性精神和物体实在结合，提出了天赋观念论，这都取决于笛卡尔的形而上学立场和他对知识的类型和性质的态度，因为在理性主义看来，科学是普遍必然的知识，不能来自经验。不过，笛卡尔的观念论虽然给外物留了通道，但这条通道的形而上学色彩让人无法清晰地知道在日常如何才能获得表象实在的影像，因此笛卡尔受到了来自经验论者的强力反驳，images 概念也随之不断被更新。

---

① Nussbaum, M.C., *Aristotle's De Motu Animalium*, Princeton: Princeton University Press, 1978, pp.219-221.

② Scheiter, K.M., "Images, Appearances, and Phantasia in Aristotle", *Phronesis: A Journal for Ancient Philosophy*, No.1, 2012, p.251.

第三章 影像的本体论辩护一：界定定义

洛克在《人类理解论》的开篇就直接批判了笛卡尔的观念论，他主要批判了理性主义中"一切推理都来自事先知道的东西"这一观点，它们属于笛卡尔认为的天生就有的观念。另外，洛克还把上帝的影像称为心中妖怪或被人表象出来的关于偶像的影像①，这也是对笛卡尔关于上帝的观念（影像）的回应。另一个重要的问题是来自外在的观念如何与外在世界相关联的问题，也就是 images 的特性和它如何表象实在并形成知识，这些内容潜藏在《人类理解论》阐释经验论的其他章节中。

二、传统经验主义的影像

洛克在《人类理解论》第二卷中多次提到观念是刻画在心灵中的影像或图像，有时也把观念比作来自视觉感知的图像性存在，并把在内在观念类比为在暗室中形成的光学影像。②与亚里士多德类似，洛克的 images 有两层意思，第一是作为影像的 images，它来自物质，是通过视觉感官产生的知觉对象，是观念的来源和素材；第二是作为意象或精神影像的 images，它是反省的产物，是观念的存在形式，是经验的产物和知识的素材。但洛克更专注产生观念的来源和方式，即感知器官接收到来自外界的视觉或触觉刺激后还不是观念，只有经过心灵的注意、辨识、思维的感知材料，才能最终形成心中的精神影像，即简单观念。这种感知与反思的区分与当代心灵哲学中的现象意识与通达意识相类似，例如我们最开始见到绿色时只是对绿色的主观体验或感受质，只有当人发挥主动性注意到绿色的体验时才能有对绿色的通达意识。③

与笛卡尔不同的是，洛克认为，感觉影像是观念的基本来源。但要厘

---

① 〔英〕洛克：《人类理解论》，关文运译，北京：商务印书馆2011年版，第49、60页。
② 〔英〕洛克：《人类理解论》，关文运译，北京：商务印书馆2011年版，第139页。
③ 费多益：《高阶意识理论探析》，载《哲学动态》，2016年第12期，第74—80页。

清洛克和笛卡尔对影像的区别定义，须追溯到二人关于实体的分歧。通常，后人认为精神影像是洛克认识物质实在的中间媒介，人需要间接地通过知觉表象那些对象的精神影像来知觉外部对象，所以把洛克定义为间接实在论者。洛克批判地借鉴了笛卡尔的观点，关于外在物质的观念被分为第一性质、第二性质，"是第一性质的影像表象了的相应属性，它们是上一级属性的伴随物"①，例如颜色性质。在洛克看来，笛卡尔的实体本质虽然存在但是不可知，因为它超过了经验的范围，知识要么建立在或然性之上，要么建立在信仰之上，它"可能为真"，但不是确定性的。显然，这不仅是对笛卡尔的确定性知识的回应，也是影像知识论的侧面写照，即知识如同影像的形态的一样，是主观的、概然的、形象的。但洛克的哲学大厦并不稳固，他的实在论和观念论同样被质疑。

贝克莱在《人类知识原理》中取消了洛克的知觉之"幕"，批评了洛克认为的第一性质的观念相似与物质的第一性质，认为不存在物质实体及其第一、二性质的质，外在世界只因被人感知而存在，所以观念只能与观念相似。本书认为，贝克莱在这里跟笛卡尔站在一起，后者认为观念是来自思维的精神产品，必然是不同于物质的。不过很少有人质疑贝克莱把观念视为 images，在《人类知识原理》中他断言："观念是外在于不能思维的实体中的物理性质的'复写或肖像'"②。但不同于笛卡尔的是，贝克莱否定了物质世界的实在性，这导致观念倾向于唯心主义，更突出了精神影像在认识论中的作用。另外，贝克莱区分了感觉观念、反省观念（记忆观念）和想象观念，这与现代认识科学对影像的研究结果非常接近。

休谟没有接受洛克把观念和感知混合的做法，也没有接受贝克莱的唯心主义观念论，而是独辟蹊径地把感觉与外在物质的区别绝对化，只谈关注感觉和知觉，不谈外在物质。但他关于抽象观念的论述追随了贝克莱的

---

① 〔英〕爱德华·乔纳森·洛:《洛克》，管月飞译，北京：华夏出版社 2013 年版，第 36 页。

② Berkeley, G., *Treatise Concerning the Principles of Human Knowledge*, Oxford: Oxford University Press, 1998, pp.20-26.

脚步，把它们视为图像性的存在，并借此取消了洛克的物质实体和笛卡尔的心灵实体。观念被休谟定义为"在思维和理性中来自感知的微弱 images"①，images 被休谟赋予了与观念同等的地位，认为它来自强烈的感觉，在记忆中和观念一样都是活泼的。

  问题在于，休谟的 images 常被误译为意象，但本书认为，如果 images 是意象，那不应该是微弱的，而应该是清晰的，因为意象是被心灵思维后的结果，是休谟认为的"精确的简单观念，它来自感觉的观念，具有活泼性、坚定性、稳固性"，所以，意象作为观念的存在形式也应该保留以上的性质，而不是所谓模糊的。关于影像与感知的关系，休谟认为"只需最粗浅的哲学就可知道心中只有影像和感知，别无其他，感官是传送影像进入心灵的唯一通道"②，这证实了休谟的 images 是在场的、物质的影像。但休谟在论述次级观念时，images 可被理解为意象，因为它来自感觉印象不在场时的心灵抽象思维，是简单观念和印象的间接产物。

  总之，如萨特所言，"从笛卡尔到休谟，影像的本质没有变，它们都是代表物的影像"③，变的是影像与思维的关系，或者说是物质与认知的关系，还有物质实体观念在影像认识论中的角色，在这一过程中，物质实体经历了被逐渐取消的历程。

第三节 影像概念问题的当代方案

  无论实体如何被取消都无法拒绝物质和精神的二元存在，物质作为被

---

① 〔英〕休谟：《人性论》，关文运译，北京：商务印书馆 2017 年版，第 9—112 页。

② David Hume, Peter Millican, *An Enquiry Concerning Human Understanding*, Oxford: Oxford University Press, 2007, p.111.

③ 〔法〕让·保罗·萨特：《想象》，杜小真译，上海：上海译文出版社 2008 年版，第 19 页。

感知的对象，它与精神或理性之间始终存在着一条无法跨越的沟壑，二者如何互通始终没有令人满意的答案，Image 的概念问题就是上述问题的缩影。"传统哲学的影像总被一种特定力量半机械、半魔幻性质地引出一种有意识的观念"①，直到认知科学的兴起，影像与意象的关联与区别问题找到了新的解释可能，为影像观念论者提供了新的辩护材料。

一、认知科学的态度

在认知神经科学范畴，视觉感知已成为一种创造性过程。最初，视觉被认为类似于相机的操作。眼镜的镜片，像相机的镜头，将倒置的图像聚焦到视网膜上。这种类比过于简单，因为视觉创造的是对世界的三维感知，这与投射到视网膜上的二维图像是不同的。此外，即使视网膜上的实际图像在不同光照条件下变化很大，我们也能够将物体识别为相同。当人们向你走来时，你会感觉它们越来越近，即使视网膜上的图像变大，你也不会感觉到是它们自身越来越大。所以，多数哲学家认为，视觉系统不会像照相机那样被动地记录图像，相反是通过创造性的认知介入将视网膜上的光学影像转化为认识论的或命题知识的来源，感知过程从刺激的细节中积极地塑造出意识中出现的完整形式，感知到的影像不是其元素的总和，而是由我们的大脑选择性地组织不同的组件，创建一种比其各部分之和更高阶的形式，即意象。

认知心理学对感觉和知觉的划分可以厘清影像和意象的概念区别。詹姆斯-吉布森（James Gibson）提出人的知觉过程包括：外在物体、信息介质、近端刺激和知觉物体等过程。这个过程可以被看作是从感觉到知觉的连续体，以视知觉为例，假设我们要用视觉知觉一个苹果，那必然要经历以下过程：苹果在光照下发出反射光，它是肉眼可见的电磁波，位于眼后的感受器是视网膜中的视感细胞和视锥细胞，他们吸收光子后接受到了苹

---

① 〔法〕让·保罗·萨特：《想象》，杜小真译，上海：上海译文出版社 2008 年版，第 19 页。

果的影像，我们就发生了对苹果的知觉。但知觉并不是对感觉的简单复制，因为有时知觉到的其实不存在，有时真正存在却又知觉不到，就像著名的图像《达伦巴赫的牛》一样。所以，认知心理学家们一般认为，知觉包含了大脑对感觉信息的一种操作，从而创造出了与物体所在的环境、形状、空间关系等相对称的心理表征。反之，如果与视觉相关的脑区发生损伤，就会导致一个人即使能够获取视觉信息，也没有识别它们的能力。这种现象被称作视觉失认症，这种物体识别能力的丧失与智力能力和感觉能力都无关系，因为他的感觉系统能够接受、记录视觉信息，但脑损伤使他不能把感觉信息生成为知觉经验。所以，知觉远不止是简单地接受和记录感觉信息，认知神经科学对大脑的研究同样佐证了这点。

以大脑对形状的视觉感知为例，在视觉皮层（V1，也称为纹状皮层）之外，还有功能各不相同的纹外皮质，它分为32个代表区域，功能各自不同，形状则通过小细胞通路系统（parvocellular-interblob system）被分析，并投射到三个皮质下目标，但只有外侧膝状核处理与形状感知相关的视觉信息，大脑的这个区域不仅是包含视网膜的神经地图，而且是视觉信息处理发生的位置，具有深刻的能力来整理不同信息的输入。最近的研究显示，关于形状的视网膜图像是视野的反转，"大脑通过意象（imagery）转换颠倒的视网膜图像，因为大脑最初得到的是颠倒的外部世界图片，但它包含一个调整这种反转的机制"①。虽然这种机制至今还没有被彻底弄清，但脑科学已经证明该机制至少是与脑细胞的分子机制、细胞几何形状和细胞通讯息息相关的。这种在知觉过程中在场的意象反驳了丹尼特及其支持者（如派利夏恩）的观点，他们认为，意象只是心理过程的副现象，它们对信息加工过程没有任何知觉信息发挥功能作用，"如果人真的可以在心理意象中看到一只老虎，那必然可以数到老虎身上的斑纹，但事实上没人

---

① Lima De Faria A., *Molecular Origins of Brain and Body Geometry*, New York: Springer International Publishing, 2014, p.165.

可以做到,所以我们没有对意象的知觉体验"①。

二、对认知科学态度的哲学辩护

丹尼特认为的意象(imagery)在认知科学领域常被认为是没有外在知觉信息的情况下对类似信息的加工,也就是视觉影像不在场的意象,意同柏格森的闭眼想象影像。这种论断不仅在日常生活的心理体验中无法被说服,也遭到了认知科学的挑战。芬克和华莱士等人的研究指出,想象产生的意象可以通过人的判断得到与看到真实物体一样的结论,且二者在再现视觉错觉方面具有高度的一致性,这表明发生于想象过程中的意象确实存在一定的知觉信息。② 但这无法彻底证伪丹尼特提出的问题,因为视觉错觉只是心理表征事件的一部分,它没有证明我们对非错觉的意象加工是否确实存在知觉信息内容。所以认知科学家对著名的鸭兔图进行研究后发现,被试在图像短暂呈现时只能得到一种理解,无法按要求得到第二种,即使通过意象重新进行解释,被试依然只能得到第一次理解的图像,这证明想象中的意象只能通过一种方式被理解,而不能像考察在场的视觉影像一样得到其他答案,所以丹尼特的观点在一定程度上是对的,但又不完全对。

首先,有实验证明,在借助指导语辅助的情况下,被试大脑就可以逆转心理意象,把兔子的耳朵当作鸭子的嘴巴,可见意象的加工过程并非完全没有知觉信息,只是要比加工真实的、在场的视觉影像更难、更复杂。其次,在一项关于意象与视觉感知的结构相关性研究中,博斯特和科斯林证明了二者的表征结果非常相似,且具有同样的运作过程,与视觉感知相比,视觉心理意象(visual mental imagery)的表征活动更慢、更碎片化、

---

① Daniel C. Dennett, *Content and Consciousness*, Oxford: Taylor and Francis, 2002, p.137.

② Finke, R.A., "Principles of Mental Imagery", *American Journal of Psychology*, Vol.104, No.3, 1989, p.460.

第三章 影像的本体论辩护一：界定定义

更容易丢失信息。① "但在初级视觉皮层 V1 区受到损伤时，大脑产生的视觉心理意象依然保持较高的视觉意象清晰度（Vividness of Imagery），后者的产生则更多倚靠腹侧通路和背侧通路。"② 所以，在视觉功能缺失的情况下，二者的表征结构和过程并不是必然完全相同，或者说，只是在某种情况下相同。由此可见，心理意象和视觉影像具有一种内在的复杂关系，更加需要对二者进行精确区分。

如上所述，认知科学的研究成果已经证明了传统哲学对 Image 的概念假设，即当它被理解为视觉影像时，它是人类认识世界的重要媒介，承载了心灵与世界相关联的功能，既接受由外而来的影像，又借之形成关于世界的观念；当它被理解为意象时，它是人类发挥想象力、搭建科学大厦的重要工具和材料。二者不是完全割裂或完全一致的，而是联系紧密但又有本质区别的心灵内容。但目前的问题在于，科学界提出的策略仅仅确证了二者的联系，并没有完全解决二者的本质区别问题：其一，目前的研究有把影像和意象归为同类心理内容的危险；其二，对意象与视觉感知的关系的研究忽略了非视觉因素对影像和意象认知的影响，例如人的想象力和极端情绪会导致视觉幻象的产生。

不过，这并不意味着认知意象理论的失败，事实上它为解决影像的本质问题提供了有益线索。第一，"作为非言语式的感知内容比语言、意象等的心理表征更具丰富、细腻"③。这或许源自现象意识的独特能力，"因为在感知状态下获得影像的现象意识要比获得意象的通达意识具有更高的

---

① Borst, G. and S. M. Kosslyn, "Visual Mental Imagery and Visual Perception: Structural Equivalence Revealed by Scanning Processes", *Memory & Cognition*, Vol.36, No.4, 2008, p.849.

② Harrold, S., E. A. Holmes, and M. Stokes, et al., "Vivid Visual Mental Imagery in The Absence of The Primary Visual Cortex", *Journal of Neurology*, Vol.259, 2012, pp. 743-1067.

③ John V. Kulvicki, *Images*, London: Routledge, 2014, p.166.

容纳能力"①。第二，影像本身应该有物的影像和人可接收的影像的区别，正如笛卡尔在《论世界》中所言，"物本身发出的光远不同于人可以接收到的光"②，例如猫可在夜间看到人类看不到的事物，或蝙蝠不仅具有回声定位功能，还有哺乳动物不常有的紫外线视力。第三，"视觉模式的表征明显缺少语言论证所需要的命题式结构化内容"③，但其根本原因在于缺乏对不同模式的影像的本质考察，进而无法恰当地考察视觉表征在科学进程中的认识论作用，所以要考察影像本质仍需清晰划分不同的影像类型，如听觉影像、幻视影像、想象影像等。

三、"影像"概念的应有之意

所以，影像的本质究竟为何？本书认为，任何特殊的、私人的影像模式的存在，其根本起源必然是视觉的、日常的、在场的影像，即一种元影像，不论是从笛卡尔到休谟的哲学思辨，还是当代认知科学的实证研究，对这种影像概念做出的内在区分都已清晰，它在认知过程中所处的不同阶段可分为视觉影像（visual image）、心理影像（mental image）和精神意象（imagery）三大内涵，前者是被动综合，后两者是主动综合。视觉影像是在场的、即时的视觉信息，意同洛克的影像或休谟的感觉印象，属于在意识理论中的现象意识；心理影像是在瞬时记忆或短时记忆中储存的视觉影像，它介于视觉影像和精神意象中间，是一种准在场的影像存在，大脑通过心理影像产生关于世界的简单观念、概念等心灵内容；精神意象是丹尼特认为的知觉信息不在场或在于记忆中的影像，它的动力因是人的思维能力或想象力，独角兽、天使或睡梦中的种种形象都属于精神意象。巧合的

---

① D'Aloisiomontilla, N., "Imagery and Overflow: We See More than We Report", *Philosophical Psychology*, Vol.30, No.5, 2017, pp.1–26.

② René Descartes, Stephen Gaukroger, *Descartes: The World and Other Writings*, Cambridge: Cambridge Press, 1998, p.6.

③ Nicola Mößner, *Visual Representations in Science: Concept and Epistemology*, London: Routledge, 2018, p.48.

是，在现象学场域下，从胡塞尔到柏格森再到德勒兹，同样能发现他们对影像的类似区分，影像的三分类似意向对象的相关物，分别对应"机体上的现实、回忆中的再现物和被刻画的虚构"①。在《观念Ⅰ》中，胡塞尔区分了想象（Phantasie）和影像意识（Bildbewusstsein），区分了位置性意识和中性意识，区分了充实意向和虚空意向，三者"共同区别了事实性感知和可能性感知"，可见英美哲学和大陆哲学在区分影像概念的问题上实现了殊途同归。总之，人类的视觉经验不是外物影像在视觉系统中的被动显示，而是视觉系统持续地、动态地、多维度地表象环境的过程，不同的外物刺激、长时的语义记忆材料、社会文化甚至个人的感情和信念都与影像的生成息息相关。②

最后，要准确理解 image 究竟是何意，在哲学层面首先要考量其本体论根基，例如笛卡尔理性主义的实体影像和洛克经验主义的物质影像；其次要把握影像所处的认知阶段，如休谟的 image 可以被理解为心理影像，因为它是在接收到感觉印象后，通过思维能力得到的关于外界直接观念，是来自即时或短时记忆的观念。维特根斯坦在《哲学研究》第一部分开头论及的 image（德语原文为 vorstellung）则应是精神意象（通常被译为心象），因为维氏把儿童脑海中泛起的影像规定为对词语实施想象力得来的结果，不过第二部分第十一小结中，维氏又区分了"看见"活动中存在的外在图像和内在图像，二者接近在场的视觉影像和准在场的心理影像。

过去数十年，"认知神经的可塑性研究和多种感知的整合研究是意象研究两大热门主题"，但对科学概念的因果性研究需要回到哲学性的本体论考察，从而才能对科学概念具有清晰分明的认识。③ 毋庸置疑，影像的本质问题依然存在争论，但综合观之不难发现，清晰区分影像概念的不同

---

① 〔德〕胡塞尔：《纯粹现象学通论：纯粹现象学和现象学哲学的观念》（第一卷），李幼蒸译，北京：商务印书馆2009年版，第231页。

② Bourlon, C., B.Oliviero, and N.Wattiez, et al., "Visual Mental Imagery: What the Head's Eye Tells the Mind's Eye", *Brain Research*, Vol.1367, No.7, 2011, p.287.

③ Vecchi, T., "Image/Imagery/Imagination in Psychology", *Proceedings*, Vol.1, No.9, 2017, p.1112.

内涵给当代探讨心灵与世界如何勾连的问题提供了有益启示，也为影像在未来能具有同语言一样的哲学地位提供了机会，影像与语言、知识的关系等传统问题获得了更多的解答可能。总之，视觉影像作为人类心灵的窗口，还有很多的问题亟待解决。

本章小结

通过界定影像一词的意义内容，我们可以发现，不论东方还是西方，影像一词在词源学层面上的意义都有很丰富的内涵，以至于不仅影响了日常使用中的意义指称，还影响了哲学的认识论考察，导致考察的对象模糊不清。所以，在影像的意义被厘清之后，保证了相关的认识论考察再无不确定因素。

第四章　影像的本体论辩护二：概念论的正当性

第一节　非概念论感觉影像及其困难

非概念论者认为，非概念的经验内容是人类经验的基础形式，并预设了知觉经验中存在着由非概念变为概念内容的转换过程。这一观点不论是从心灵哲学还是认知科学来看都饱受争议，因为概念的转换过程夹在心与物之间，形成了一张新的知觉之幕，且非概念论者不仅没有给出合理的理由放弃概念论，也没有为概念转换的运行过程提供科学的、完满的辩护。反之，概念论者认为不存在所谓的非概念经验内容，经验的发生，本身已经包含了概念能力的运作，认知科学的研究结果也证明了概念论的正当性。视觉作为人类来自自然进化的关键能力，其生成的影像是人类文明最原初、最基础的经验形式，它们显然不能在哲学的语言转向后被完全忽略。不论是从古典哲学还是现代心灵哲学出发，概念性视觉影像都具有存在的合理性，并且可为认识心灵与世界的关系提供一条新的路径。

如果人类理性是完全独立于自然世界而自成一类的，那么内在的理性逻辑是如何指涉外物的？近现代哲学对心灵与世界如何联系的哲学忧虑始于笛卡尔，自哲学的语言转向以来，自成一类的人类理性被很多语言哲学家所坚持,语言或语义式的表征内容由于其概念性或命题性的属性,成为了科学界确证知识信念的唯一载体,但是语言由于被认为来自人类自成一类的理性能力,所以词与物如何关联的问题,一直是解决关于世界的知识如何被经验确证的"奇点"。

塞尔指出,"语言哲学的研究主要是为真、证据和知识辩护"①,也就是说,只要可以实现辩护目的,我们就不必把研究中心囿于语言当中。这里有一个内在前提是,为知识辩护的表征内容必须是概念性的。所以如果来自外在世界的视觉影像可以是概念性的,那它就可以成为确证知识的信念来源。又因视觉影像来自进化而来的自然能力,这样视觉影像的表征既具有了自然的经验属性,又具有了理性的概念属性,这或许可以是解决心灵与世界关系问题的一种新尝试。但问题是,我们的视觉影像究竟是不是概念性的,在非概念论者看来,答案是否定的。

一、非概念论者的路径

皮考克引入认知科学的研究,提出了另外一种转换假设,他认为:非概念影像的概念转换可以分为两类,一类是已经对具有相近概念的非概念影像的转换,大脑皮层中的视觉区域就是一个心理交换平台,已具有概念内容的影像转换就发生在此,感知者在这个平台中提取大脑中的相近概念对非概念影像进行加工、转换,亨切尔认为的那种转换就属于这类。另一类则是皮考克认为的完全没有相近概念内容的非概念影像转换,为了解决这一问题皮考克提出了"相似内容理论",即"有一些像是抽象画一样的视觉影像,在经验到它们时存在着表征性的性质,如形状、颜色等,观察者不拥有将这些影像在视觉区转换为语言表达的概念,但是可以通过对相

---

① Searle, J.R., "The Future of Philosophy", *Philosophical Transactions: Biological Sciences*, 1999, p.2072.

第四章 影像的本体论辩护二：概念论的正当性

似内容的比较、分析实现对感知内容的转换"①，皮考克认为生物学家的图像指南就提供了这种情况的说明性实例。例如一个人在湖边看到一只从来不曾认识的鸟正在捕食鱼类，他通过观察，对这只鸟的外形特质得到了粗略认识，比如身材、颜色等，但是因为简短的观察具有太多不确定性，所以暂时无法通过语言描述对这只鸟进行分类，于是鸟类指南中提供的鸟类画面为概念化过程提供了素材，即通过把储存在短时记忆中的心理影像与指南中的图像相比较，提取相似的内容，实现非概念影像的概念化。所以，皮考克认为既有的图像可以作为一种工具，帮助我们将感知到的非概念内容概念化。

另有非概念论者从信息技术的角度提出，"数字信息的可转换能力从侧面证明了人类认识论范围的信息也同样具有该能力"②。例如轰动世界的黑洞照片，为得到这张照片，科学家们经历了拍摄照片、分析处理海量的数据，最后利用脚本代码呈现照片的过程。在这一过程中，影像经历了多重的转换过程：从真实的黑洞影像，到被射电望远镜拍摄并转换为二进制的数字代码，再到被合成为最终的数字影像。毫无疑问，这种现实影像在计算机内部发生的数字转换过程，其可靠性得到了普遍认可，但本书认为，非概念论者借之论证人类的影像转换之所以存在问题，是因为他们混淆了计算机和人类接受信息的功能和过程，计算机通过集成电路组成的硬件和二进制代码编写的软件程序获取数字信息，而人类依靠的是肉体感官的感知和心灵智慧的知性与世界联系，二者大相径庭。其实，我们通过视觉获取外界信息的大脑活动可以被比喻为计算过程，但也仅限于比喻的范畴，任何要跨越这个限制，企图把人脑的"计算"等同于计算机计算的行为，都是一种误入歧途。人的大脑在结构层面可能的确像一台计算机的结构，但这台计算机的构件有多少、运算方法是什么、内存空间有多大等问

---

① Christopher Peacocke, "Depiction", *Philosophical Review*, Vol.96, No.3, 1987, p.395.

② Nicola Mößner, *Visual Representations in Science: Concept and Epistemology*, London: Routledge, 2018, p.247.

题远不是一台普通的计算机可以代替的。而且大脑的信息处理还受到情绪、状态、文化等外界因素的影响，这些因素计算机同样无法具备。所以马尔直言："在大脑与计算机之间做的类比大多是肤浅而毫无意义。"①

目前，非概念论者对影像的争论，已经从能不能转化的问题，转向了转化如何实现的问题。但是本书认为，假设的确存在非概念内容的转换过程，那么在皮考克等人论证的过程中，不可避免地存在以下几点疑问，首先，按照皮考克的观点，影像在被转化前一直保持着无概念的状态，且必须以此状态储存在大脑中，但是这种无概念的内容可以被储存吗？第二，假设影像可以顺利完成概念的转换，那在转换之前，影像的内容必定是类似信息一样的存在才可以被转换，进而转换的过程应是由模糊到清晰的状态改变，而不是从无到有的生成过程，所以这种模糊的初始影像信息还会是非概念的内容吗？第三，影像概念的转化即使存在，它必然不能像计算机处理数码照片一样，在二进制编码和图像之前自由转换而不会丢失任何信息，更何况"人类的视觉影像具有数字影像不能比拟的丰富性、细致性或情境性"②，非概念论者也承认，这些特性在转换过程中会不可避免地丢失细节③，所以，转换机制的存在无疑会削弱影像可能存在的直接认知效果。

皮考克的假设，本质上接近于亨切尔，二者都是将所谓的非概念影像与属于相似性的比较，比较的对象本质上都是语言或语义内容，这意味着影像不会有专属的概念内容，影像通过被转换而得到的概念依然是语言式的，也就是说，在非概念论者的理论中，概念性的影像依旧是从属于语言的，得到它们依赖于来源于人类自成一类的理性能力。简言之，非概念论者不仅不能揭示影像的真正本质，还会加剧感觉与知觉的二元分界，麦克

---

① 〔美〕大卫-马尔：《视觉计算理论》，姚国正、刘磊、汪九云译，北京：科学出版社1988年版，第3页。

② Michael Tye, *Consciousness, Color and Content*, Massachusetts: MIT Press, 2000, p.11.

③ Hentschel, K. and A. D. Wittmann, *The Role of Visual Representations in Astronomy: History and Research Practice*, Thun: Verlag Harri Deutsch, 2000, pp.23-128.

道尔认为这种情况使得心物关系"有滑向神秘莫测的危险"①。由此,我们有理由怀疑,非概念的影像是否具有存在的合理性。如果影像是概念性的,非概念论造成的问题或许能迎来转机。

二、影像的内容转换困难

讨论影像是否是概念性的,首先要厘清的是,此处的影像与表象、意象、显象等概念相近但又不同,它既不属于康德先验哲学中形而上学式的物自体图像,也不属于科斯林等现代心理学理论中那种存在于记忆或想象活动中的心理意象,影像更强调的是感知的、视觉的、在场的、生物性的视觉图像,类似于笛卡尔在《论人》中讨论视觉时提到的通过视网膜投射在人脑中的图像。现代科学家和哲学家也提出过相近的概念,例如被马尔描述为原始草图的早期视觉,或是西格尔在解读皮考克的感知理论时提出的"情景内容"(scenario content)。

笛卡尔在《第一哲学沉思集:反驳和答辩》中提到,观念是精神对物质影像的察看,语言不仅会限制人的精神活动,还会把理性精神引入错误的泥沼②;后期的维特根斯坦更是模糊了语言、数词和影像界限,认为三者的描述功能只能体现在语言游戏的过程中。这似乎预示了在同一语境中的"多种信息表征形式之间,存在着稳定、一致的意义内容,即元意义,它在任何科学论证中都可以被各种内在的表征形式替换并保持其意义稳定不变"③。

语言或语义通常与真值内容和演绎推理功能相关联,这些属性皆指向命题式的内容。所以,在科学论证中,"影像如果具有认识论的地位,那

---

① 〔美〕约翰·麦克道尔:《心灵与世界》,韩林合译,北京:中国人民大学出版社2014年版,第125—167页。

② 〔法〕勒奈·笛卡尔:《第一哲学沉思集:反驳和答辩》,庞景仁译,北京:商务印书馆2009年版,第33页。

③ Irving, Z.C., "Style, but Substance: An Epistemology of Visual versus Numerical Representation in Scientific Practice", *Philosophy of Science*, 2011, p.775.

它必然具有承载概念性或命题性内容的能力"①。不过，在影像认知中是否存在命题内容这一问题，取决于我们如何认识命题内容的概念。在弗雷格关于暮星与尘星的经典分析中，命题内容总是作为语言式的表达出现，早期维特根斯坦更是直接给命题与语言画上等号。显然，分析哲学意义上的语言式命题在影像中无法存在，除非为每一帧的画面都加上类似"这不是一支烟斗"的字幕。但是，在无语言存在的现实场景中，日常生活依然可以正常进行，科学家也能通过科学观察发现从未被语言描述过的科学现象。非概念论者拒绝了类似的观点，他坚持语言是命题内容的唯一合法通道，影像没有承载命题内容的能力。类似的论点最早来自索伯（Elliott Sober），他认为"每个表征性的影像都具有一个对应其影像内容的语言内容"②，由此该问题转向为：视觉影像的认知内容能否转换为语言表达？

亨切尔（Klaus Hentschel）提出了一种通过比喻进行转换的方法，他描述了19世纪的天文学家观测太阳表面的例子：当时的天文学家通过新发明的天文望远镜首次看到太阳的构造，这对他们而言是完全陌生的现象，因为他们缺少专业术语和背景知识去描绘、解释观测到的科学现象，为了描述观察结果，天文学家运用比喻法报告了他们的观测结果，如用"火海中的柳叶"形容太阳风，用"米粒"形容太阳光球层上的日面结构，这些比喻也用于他们在出版物中对观察现象的描述，亨切尔指出，"此处的描述不仅是一个术语的问题，还会影响到未来的观察者对现象的认识，对后期相关现象的研究也影响深远"③，因为科学家利用比喻概念化观察到的原始影像之后，还会不断地与已知现象进行比较、改进，得出某种假设，用以解释观察到的科学现象，最后通过论文或科普的形式传播影响更多的观察者。亨切尔认为这个例子能清楚证明，人类观察者可以通过转换，接受

---

① Roque, G., "Should Visual Arguments Be Propositional in Order to be Arguments?", *Argumentation*, Vol.29, 2015, p.180.

② Sober, E., "Perception I: Mental Representations", *Synthese*, Vol.33, 1976, p.111.

③ Hentschel, K. and A. D. Wittmann, *The Role of Visual Representations in Astronomy: History and Research Practice*, Thun: Verlag Harri Deutsch, 2000, pp.23-128.

缺乏概念或描述的非概念感知信息。不过在该假设中，观察者显然是从已有的背景知识中，提取出类似观察现象的相近概念进行心理表征，但是如果天文学家没有任何类似柳叶的概念，那太阳风影像的概念内容该如何被转换呢？

三、古典经验主义的态度及其困难

古典经验主义通常认为，影像与观念相连接。洛克在《人类理解论》中，把来自观察的影像视为简单观念的来源之一，视觉影像被动地印在观察主体的心灵后，形成心灵图像式的简单观念，随后它们通过心灵的合取、析取、排除生成关于知识的复杂观念。① 之后不论是贝克莱对观念的唯心主义改造，还是休谟引入知觉对观念的精致改造，经验论似乎一直无法摆脱一种窠臼，即人类心灵天生就有把经验合称为概念（观念）的能力，用塞拉斯的话说，"他们都预设了我们先天能知觉确定的可重复项"②；用经验论的话说，感觉经验是外在世界知识的基础，起到所予的作用。这里的问题是，来自感觉的影像可以先天地生成概念或命题，从而为确证知识提供信念吗？

首先，洛克的经验论中，感觉影像以因果性的原则，使经验可以成为关于世界的判断，也就是说，视觉影像在被知觉为知识的过程中，心灵因果性地把感觉影像知觉为概念印在心里，形成观念，并为复杂观念或推论知识提供信念基础。贝克莱的经验论比洛克走得更远，他认为存在即被感知，感觉即是实在，而否认物体的实在性，洛克构建的感觉与世界之间的知觉之幕，被他当作错觉拒绝，所以贝克莱认为"意义就是人类为自然赋

---

① 〔英〕洛克：《人类理解论》，关文运译，北京：商务印书馆2011年版，第110页。
② Wilfrid Sellars, Richard Rorty (Introduction), *Empiricism and the Philosophy of Mind*, Massachusetts: Harvard University Press, 1997, pp.31-107.

予的意义，没有人的意义是不存在的"①，这与康德的"人为自然立法"有同工之妙。这样一来，经验是否可以用于确证知识的问题，可以转换为：关于世界的知识是否可以被还原为因果性的感觉经验。

在此，支持知识可以被还原为感觉经验的还原论者，无法解决因果经验还原无限倒退的问题。同时，感觉经验作为复杂观念的基础，由于其因果性的生成属性，自发性被排除在外，这导致基于简单观念的复杂观念有成为空中楼阁的危险。所以，还原论的经验主义对影像观念的分析是有问题的。

非还原论者则在承认经验的基础地位的同时，也认为"我们关于外部世界的陈述不是单个地而是以一个整体面临着感觉经验的法庭"②，这为经验知识留下了自发性发挥功能的自由空间。如果我们坚持古典经验论的路径，坚持感觉影像直接地因果性地生成观念或概念，显然会困难重重，我们不但因此会混淆感觉与世界的本质区别，丧失经验知识的稳固信念，还会在知识的生成过程中丢失自笛卡尔以来赋予人类精神的最大宝藏：自由的理性逻辑。然而如果我们转向蒯因的整体论经验主义，感觉经验可以充当法庭对知识的信念做出裁决吗？

塞拉斯分析了观察报告的逻辑机制，他认为观察报告包含了不同人之间的交流和自言自语的内心交流两种，前者是一种语言式的演绎内容，后者是非语言式的内在片段，传统经验论者通常把本应不同的二者视为相似，即都是语言式的内容。所以他们认为一个人做出关于真的报告，就是要服从这个报告涉及的语义内容的使用规则，这个规则使我们承认观察报告的权威性依靠非语言知觉片段的自我确证，这些由遵循自我确证的规则而来的语言式行为（包括内在的观察报告）就是一种最简单的所予。所予神话下的观察经验具有权威性和决定性两个属性，它们构成了批判所予的

---

① 〔英〕乔治·贝克莱：《人类知识原理》，关文运译，北京：商务印书馆2010年版，第41页。

② Quine, W.V.O., "From a Logical Point of View", *Mathematical Gazette*, 1963, p.41.

第四章 影像的本体论辩护二：概念论的正当性

主要困难，前者指根据影像经验可以推断一个客观对象的在场，后者指在知道客观对象概念的前提下，感知者要认识到该概念发生的感知条件，即塞拉斯所言"对象在场的视觉感知标准条件"。所以，不论是权威性的客体概念，还是决定性的标准条件概念，经验论所予中的一个人要发出观察知识的报告必然要具有其他知识，否则他不会得到任何新的观察知识，这使传统经验论陷入知识基础的无限倒退。严谨且合理的观察观念由某些自我确证的非语言片段构建，其中的权威性转换为语言或准语言的行为，条件是这些行为与语义规则相一致，这是所予神话的核心。

由此可知，亨切尔的影像转换和皮考克的内容相似理论，其合法性都是被塞拉斯否定的，因为他们在非概念影像的概念转换中，都或多或少地要依赖或遵守语义内容的规则，进而主张非概念影像（非语言片段）具有权威性和决定性，其背后的逻辑基底终究属于所予神话。那么，若放弃转换理论，来自外在世界的影像如何进入人类知识领域？塞拉斯为此放弃了观察知识在传统经验主义理论中自产自足的立场，即拒斥感知所予为经验知识提供基础。但他不否认观察到的内容是非语言的内在影像片段，这暗示了外在影像进入心灵后，为了成为可以确证知识的信念，影像必然会经历一个内在的逻辑过程，塞拉斯认为一个真正的具体观察知识必然要预设一个逻辑形式，在把一个影像片段表征为知道的片段时，我们依靠的不是经验描述，而是依靠将影像置于理由的逻辑空间。那影像是怎样进入理由的逻辑空间并为确证知识提供信念呢？

四、塞拉斯的概念论及其困境

与传统经验论不同的是，对看的经验是否是基础性的这一问题，塞拉斯的态度是微妙的，因为他认为"人类经验建立在某一层面的观察报告之上，在某种意义上该图景是有道理的"①。不过他坚持认为观察报告建基于

---

① Wilfrid Sellars, Richard Rorty (Introduction), *Empiricism and the Philosophy of Mind*, Massachusetts: Harvard University Press, 1997, pp.31-107.

一个特殊的逻辑维度，它与知识中的逻辑不同，是一种逻辑上的世界观，知觉经验中的意向性就取决于此。为此，塞拉斯把视觉经验产生的过程划为线下和线上两种观念相互作用的结果，线下是经验主体得到的、没有概念内容的视觉意识状态，它比线上内容更宽泛、更基础、更具有现象学特质；线上内容是一种感知觉层级上的"表面的看"，是观察主体被线下内容引入自身知觉系统而产生内容，其中包含概念性的且非推论性的断言，二者如何结合的问题就是感觉和概念如何结合的问题。但是塞拉斯认为的线上内容中的断言，并不是来自自由理性的判断，而是由视觉感觉的冲击而被迫产生的概念性片段或视觉意识，只有这些内容作为一种视觉印象进入理由的逻辑空间之后，得出的断言才被塞拉斯看作是类似康德式的自由判断内容，即经验知识。

所以，可以看出，塞拉斯对视觉经验的知觉过程做了更精致的设计：从非概念的视觉意识状态，到具有非推论断言的概念性视觉对象，再到推论式的视觉经验判断，视觉影像经历了由感觉到知觉再到知识的质变，这类似笛卡尔对物的影像的区分，物的影像分为来自物质实体的本质影像、来自物质广延的视网膜影像和进入松果腺的观念影像。不同的是，笛卡尔的划分服务于自己的形而上学体系，塞拉斯是为了更科学地解释视觉经验中含有的意向性。与皮考克的转换理论根本不同的是，塞拉斯并不认为非概念的视觉状态和概念的视觉意识之间的质变来自心灵中的转换，而是先验与经验的区别，类似于神经科学层面的无意识和意识状态，二者根本的不同来自观察主体是否将注意力施加在视觉对象上。但是较于皮考克，塞拉斯的非概念视觉感觉又多了一层先验色彩，很多对塞拉斯理论的批判都源于此。

毫无疑问，塞拉斯认为成为意识对象的视觉影像是概念性的，而非概念影像是一种意识状态，它在主体知觉概念性影像的过程中起到的不是概念转换的基础功能，而是引入或是强加的功能，即由它们把影像引入视觉意识而得到包含非推论断言的概念性影像。但是按照与塞拉斯对立的看法，意识是与概念相互捆绑的，且被感觉激发，这本身就可以解释塞拉斯对知觉经验的假设。麦克道尔因此认为"塞拉斯的视觉意识状态属于影像

第四章　影像的本体论辩护二：概念论的正当性

中的先验内容，它就像一个空转的惰轮"①，进而批评感觉在世界与经验知识之间的中介作用被架空。但塞拉斯在《经验主义与心灵哲学》中辩护称，他这样做是为了在不同的视觉经验断言之间（真实感觉、错觉、幻觉）提供一个共同性的科学解释；而在《科学与形而上学》中，他的辩护变成为"解释对环境的感觉相关性如何变为包含断言的概念片段"②，于是，之前的科学解释要求也变成了一种先验解释的要求。

塞拉斯对线下视觉状态的先验断言无疑来自对康德的解读，但仅仅是塞拉斯自认为的康德直观经验所应该的样子，因为康德在《纯粹理性批判》中始终把直观经验当作感觉和知性共同作用的结果，这也是塞拉斯同意的，但康德从未赋予非概念感觉内容以先验地位，塞拉斯却认为这是康德应该去做但却遗漏未做的事情，麦克道尔对此反击道："康德并不需要任何作为单纯感受性的意识状态作为感受形式，而只需要既包含感性又包含知性的外部直观形式，即线下的非概念感觉不需要扮演任何先验性的角色"③。

另有观点认为，塞拉斯的概念图式同样有先验观念论的嫌疑，应该把概念图式理解为语言使用者组织语言的方式，即语言就是概念图式。但是本书认为，按照塞拉斯的设计，知觉经验中涉及的概念图式是在非推论经验断言中发挥作用的，如果把它理解为语言的使用，那就有把非推论性转为推论性的危险，虽然这样可以拒绝先验性的承诺，但也有混淆知觉经验与经验知识的危险。而塞拉斯从视觉感知的角度入手考察知觉经验的目的就在于，他认为视觉感觉生成的影像是一种非推论的直接经验，是一种不同于外显语言概念的内隐概念，它与语言既相似又有质的不同。相似之处在于二者都具有意义，是概念性的内容；不同在于非推论的直接断言并没

---

① John McDowell, *Having the World in View: Essays on Kant, Hegel, and Sellars*, Massachusetts: Harvard University Press, 2009, p.16.

② Wilfrid Sellars, *Science and Metaphysics: Variations on Kantian Themes*, California: Ridgeview Publication Company, 1993, pp.18-60.

③ John McDowell, *Having the World in View: Essays on Kant, Hegel, and Sellars*, Massachusetts: Harvard University Press, 2009, p.31.

有语言运用中需要的逻辑能力,也就是说,前者不属于自由的逻辑空间。塞拉斯也鲜明地提到过,"琼斯得到观察知识之前需要认识到外显言语片段指示的客观对象是荒谬的"①,所以正是非言语思想片段的合法存在支持了他对所予的批判和拒绝,塞拉斯也借用自己的知觉理论厘清了观察与思想、观察报告与语言表达之间的联系和区别,进而排除了二元论的危险。综上,把概念图式描述为语言使用在其他经验层面可能合理,但在直接经验层面是欠妥的。

五、康德直观观念的真实态度

塞拉斯把康德的先验观念论引入自己的心灵哲学理论,认为存在一种先验的、感受性的视觉状态,它们以非概念的形态把外在世界的影像引入经验的观察报告,这不仅为非概念论者留下了自我辩护的形而上学证据,还会引发如下怀疑:这与康德的纯粹理性体系互洽吗?答案是否定的。康德认为经验知识来自自发性和接受性或知性和感性的共同作用,从表面上看,直观,即是对对象的直接感性表征,属于接受性或感性的感觉内容,是被动的、整体性的。但是,"直接感性表征并不意味着直观不包含自发性"②,也就不是塞拉斯所认为的那种单纯感受性的先验感觉意识。本书认为,塞拉斯也同意康德的直观是包含知性的,但他错误地、绝对化地区分了康德的纯粹直观与经验直观。虽然二者确有不同,但并不是绝对的,因为在第二版的《纯粹理性批判》中,纯粹直观作为感性知觉的纯形式存在,它虽然先于感知觉发挥认识作用,但并没有与知性完全隔绝。

有一种更符合康德本意的解读认为,纯粹直观暗含有现象学意义的意向性,因为它不仅是直接的感受形式,也是一种意识的指向行为,该行为

---

① Wilfrid Sellars, *Science and Metaphysics: Variations on Kantian Themes*, California: Ridgeview Publication Company, 1993, p.60.

② John McDowell, *Having the World in View: Essays on Kant, Hegel, and Sellars*, Massachusetts: Harvard University Press, 2009, p.31.

第四章 影像的本体论辩护二：概念论的正当性

由先验统觉和先验想象力合力而成，前者提供源发的、最高的统一性规则，后者在先验统觉的规则下像知性一般用纯粹知性概念把纯粹直观中的元素构成在一起，这一过程被称作先验演绎，其结果是得到先验的纯粹直观，如纯粹形式的空间和时间概念。① 由康德对先验想象力的规定可知，纯粹直观中必然存在知性概念的运行，只是概念成分最少，所以其角色更多是功能性的而不是概念性的，即一种引导感性与知性可以互相结合的功能，不实际运用在具体的经验直观中。最重要的是，这并没有把概念成分完全排除先验的纯粹直观在外，可以说，知性在纯粹直观中发挥自发性功能使用的概念是"原概念或概念化的原料"②。

所以我们认为，在康德的体系中，先验的纯粹直观就是塞拉斯的先验非概念内容，但它们都应该包含知性能力的参与，也都应是概念性的内容。而皮考克和埃文斯的非概念经验内容更是会被康德的经验直观理论驳倒，所以不论在人的感觉、知觉还是知识领域，其中的视觉影像都应该是概念的、命题的，不同的只是影像被概念化的程度和影像本身所发挥的作用。

我们很难想象，如果官能正常的一个人，接收到视觉影像是非概念的会是什么样。假如我们第一次看到某种动物或某个画面是我们未曾看到的，我们不能因为自己不具备该影像专有的概念就认为这些影像是非概念的，因为只要影像进入人的意识系统，成为意识的知觉对象，我们很难否认该影像在被注意到的同时，没有受到心灵中已存的概念系统的加工，特别是在塞拉斯所指的"标准的视觉感知条件下"。例如，当一只罕见、稀有、身材奇特的物体出现在一个人的视野中时，即便这个人根本没有卡西莫多犬的概念，也并不妨碍观察者通过这个物体的体态、样貌和结构把它看作一个动物，或一只狗，甚至一个怪物，这些都是自发性进行概念行使

---

① Arthur Melnick, *Space, Time, and Thought in Kant*, Amsterdam: Kluwer Academic Publishers, 1989, pp.11-26.

② Richard E. Aquila, *Matter in Mind: A Study of Kant's Transcendental Deduction*, Bloomington: Indiana University Press, 1989, p.43.

的体现，不同的是这些概念都只是一种观察报告，距离观察知识还有距离。但不论观察者把卡西莫多犬看作什么，概念系统已经在观察的过程中同时运行了，这其中的原理同样适用于前文中皮考克列举的关于鸟的例子。

同时，认知神经科学家们在科学层面也为影像与概念同在的假设提供了辩护材料，他们认为语言、语义式的命题性表征并不是信息储存、运用的唯一形式，影像的、感知的描述性表征同样在人类大脑的信息运行过程中充当着重要角色，因为科学家在承担描述性表征的视觉皮层 V1 区中发现，大脑不仅可以读取、解码记忆中的描述性内容（心理意象），还可以对 V1 区中发生的在场的视网膜感知活动进行同样的动作。更重要的是，这些活动最早不是来自心理意象的加工活动，而是来自大脑 V1 区的视觉感知活动，这更证明了在场的视觉影像在大脑认知工作的过程中发挥的功能不仅是概念性，而且是基础性的。①

看似偶然其实必然，神经科学的研究成果与麦克道尔对知觉经验的假设是相符的。麦克道尔提出的第二自然的知觉经验认为，"在被动的观察经验（影像）中，来自自发性的概念能力已然在发挥作用并形成了观察概念"②。这样的影像经验是概念性的或命题性的，如此一来既能诊治心灵与世界如何勾连的二元论问题，又能结束知识确证问题在所予神话和融贯论之间的摇摆，观察概念以最小经验论的形式充当着知识的经验法庭。在麦克道尔看来，运作在视觉经验中的概念能力属于理由的逻辑空间，所以避免了塞拉斯向我们警告的那种自然主义谬误。

---

① Pearson, J. and S.M.Kosslyn, "The Heterogeneity of Mental Representation: Ending the Imagery Debate", *Proc. Natl. Acad. Sci. U.S.A.*, 2015, p.10090.

② Arthur Melnick, *Space, Time, and Thought in Kant*, Amsterdam: Kluwer Academic Publishers, 1989, pp.11-26.

第四章　影像的本体论辩护二：概念论的正当性

第二节　自然的概念性影像之辩护

现在，为了规避塞拉斯感知觉理论存在的弱点，我们就需要找到一条路，它既可以排除塞拉斯为观察报告预设的先验视觉状态，又可以有来自自发性的概念能力参与其中。本书认为，有一点需要确认的是，在康德的直观中，视觉影像作为知觉主体与外在世界发生关系的方式，应该是包含在直观的范围内，最少是在一定程度上是包含的。也就是说，我们借用康德的直观理论考察视觉影像是合理的。在康德对直观的论述中，我们可以找到相近的观点："思想无内容则空，直观无概念则盲"①，非概念论者的非概念影像在康德的体系中找不到一个合适的位置，因为非概念影像没有概念就不能成为思想中的内容，按照康德的设计，思想中的内容来自直观与概念的相互作用。所以，既然非概念影像不能成为思想内容，就更无法谈及它们如何在思想中被转换为概念内容，所以，至少在康德的体系中，非概念论是不被认可的。

一、辩护一：从麦克道尔出发

麦克道尔借鉴露骨的自然主义，拒斥了理由的逻辑空间是自成一类的，承认经验观念及其知性能力的自然属性，取消自然的和理由的逻辑空间二分，因为这样的二分是忽略第二自然的结果。如果对第二自然进行考虑的话，我们会发现经验的自然运作是发生在理由的逻辑空间内的，即概

---

① 〔德〕伊曼努尔·康德：《纯粹理性批判》，邓晓芒译，北京：人民出版社2004年版，第51页。

念能力不仅在判断中起作用,"在与自然的交易中也已经起作用了"①。麦克道尔所认为的第二自然是与理由的逻辑空间相关联的一种人类文化、思想或习俗,用他的话讲就是教化。发生在现象意识、无意识甚至先验直观中的概念能力都是第二自然提供的,所以第二自然作为一种规范过程的组成部分,支持了概念性影像存在的合理性。

不过,我们在此应该警惕一种达米特式观点,认为第二自然发挥作用的过程等同于人类语言的使用过程,即"有关思想的哲学都要经由语言来处理"②。这种观点背后逻辑具有强烈的语言至上色彩,是另一种形式的柏拉图主义,它认为人类理性是自成一类的,即语言式的思维程式才能是人类理性的显现,才能为知识提供信念辩护,使世界与理性心灵发生联系,这显然不是第二自然甚至人类思想的本质。

因为,首先,麦克道尔在论述第二自然的时候提到了"自然语言",达米特式观点或许来自对自然语言与语言混淆认识,从而误解了麦克道尔的真正意图。麦克道尔认为,"人类最初被引入的是由自然语言构成的智慧贮藏室,而且自然语言是第一位的,比语言更具有基础性"③。结合麦克道尔主张的自然化柏拉图主义可知,他认为的自然语言更强调意义载体的自然属性,即一种与动物界部分共享的生物学行为。加之麦克道尔在《心灵与世界》中对观察(observing)和视野(vision)的充分分析,我们可以认为他提出的自然语言包括了被心灵概念化的视觉影像。

其次,不可否认的是,不论是亚里士多德还是麦克道尔,他们认为的第二自然理论都不否认语言的学习和使用是第二自然得以发生的必要条件,但是至少在麦克道尔的理论中,他引入第二自然的真正用意,是对已经被自然科学祛魅的自然规律重新进行部分的施魅,并由此得以保存人类

---

① 〔美〕约翰·麦克道尔:《心灵与世界》,翰林何译,北京:中国人民大学出版社2014年版,第13页。

② Michael Dummett, *Truth and Other Enigmas*, Massachusetts: Harvard University Press, 1978, pp.437-458.

③ 〔美〕约翰·麦克道尔:《心灵与世界》,韩林合译,北京:中国人民大学出版社2014年版,第167页。

第四章 影像的本体论辩护二：概念论的正当性

作为动物的某种自然属性，使人类的理性可以部分地被自然化，或是说重新返回自然的本性，而不是把人类理性当作像空转惰轮一样的自成一类的心灵实在，因为这很容易让心灵与世界的关系要么走向露骨的自然主义，要么进入所予神话和融贯轮的二元摇摆。从视觉影像或观察经验的角度看，第二自然肯定了这样一种观点：由于影像是具有概念性的命题内容，所以视觉感知并不完全是动物性的生物学行为，它在运行过程中伴随着概念内容，视觉感知活动同时具有自然的动物属性和理性的逻辑属性，即来自视觉感知的影像是一种自然化的逻辑内容。

语言被规定为自成一类的自发性能力后，它本身就是缺乏自然色彩的，即便是第二自然也难以与之自洽。如果按照达米特式观点的论证逻辑，包含了理性逻辑的内容就是属于第二自然，那第二自然也并非一定是语言式的，也就是说可以是影像式的。我们甚至可以认为以下假设是成立的：来自生物进化的视觉影像，它作为人类与世界联系的最原始形式，或许比语言更具有基础地位，这种基础地位同时体现在逻辑层面和感觉层面两方面，也就是说，第二自然的形成过程和使用过程都可以是影像式的。可以看出，麦克道尔的第二自然理论继承了塞拉斯对观察报告的论证，即"人类知识基于某一层级的观察报告，且这种报告是一种非语言式的内在思想片段"[1]，并由之挑战了分析哲学在 20 世纪以来为理由空间贴上的语言标签。

更重要的是，如果我们从自然化的概念性影像出发去理解麦克道尔，那么根据达米特式观点而推论出对他的质疑也会失效：麦克道尔没能解决心灵与世界的关系问题。因为语言一般被视为人类自成一类的自发性能力，如果认定第二自然就是语言式的，那么就等于已经提前设定了自发性和外在世界之间的认知鸿沟，这样的进路注定心物关系问题无法被调和。但是，在塞拉斯的知觉理论以及麦克道尔对其的修正中，我们可以从这一角度做出一种尝试：因为自然属性、动物属性的人类视觉影像包含了自发

---

[1] Wilfrid Sellars, Richard Rorty (Introduction), *Empiricism and the Philosophy of Mind*, Massachusetts: Harvard University Press, 1997, p.78.

性的概念内容，所以心灵与世界的关系可以是一种自然式的关系，准确地说是第二自然式的关系，这样心物关系就以一种宽松的自然主义或自然化的柏拉图主义而呈现，进而摆脱了在自然主义之间和柏拉图主义之间的摇摆，如塞拉斯所言，"感觉材料做出的另一种语言使得心灵与世界之间的知觉之幕不再存在"①。所以，影像在生活、科学甚至艺术中的认知价值可能远超20世纪以来主流哲学流派的预期，并且相较于其他表征形式，影像可以拥有更基础的地位。

语言哲学家们对感觉内容的态度呈现两极态势，这两极分别被艾耶尔式的和塞拉斯式的哲学家所占据，前者代表了摩尔、罗素、布劳德、刘易斯以及维也纳学派一脉，后者代表了维特根斯坦、赖尔，以及现代的罗蒂、戴维森、布兰顿等人。本书认为，不论是艾耶尔还是塞拉斯，二者的感觉理论本质上都是以语言分析为轴、以理性主义为基展开的；并且，从感觉意义向语言意义、从非概念的感觉到概念性感知经验的转变过程被悄然取消。感觉与语言的两极关系、被取消的意义转换过程，成为了语言哲学的主流感觉理论中存在的两个重要的且易被人忽略的缺陷。它们折射出，在20世纪的主流哲学中，感觉要么被语义逻辑所改造，要么被完全取消，传统的分析哲学家们过度强调用数理逻辑和语义模式论证来解释人类的视觉感觉，却忽略了视觉感觉或许可以具有自己的逻辑形式，这种形式以视觉影像为载体，是一种非线性的、私人性的存在，它可以让感觉拒斥来自语义逻辑的生搬硬套。忽略来自人类自然进化的感觉官能，直接引发了20世纪以来都无法被根治的哲学病症：心灵与世界二者间的断裂。在今天，不论是神经科学的研究进展，还是来自日常生活的实践经验，都很难让人拒绝奥古斯丁式的感觉理论。

假如我们坚持以非概念的理论基底去考察人类感觉，那我们必然要面对一个无可逃避的问题，那就是从感觉的获得到经验或语言的生成，必然需要一个转换或翻译的过程，感觉内容有被削弱、被异化的危险，知觉经

---

① Wilfrid Sellars, Richard Rorty (Introduction), *Empiricism and the Philosophy of Mind*, Massachusetts: Harvard University Press, 1997, p.78.

第四章 影像的本体论辩护二：概念论的正当性

验也会失去感觉自身具有的精致的、在场的、无法用语言描述的现象性信息，这种情形可被称为"被丢失的意义，并已经得到了大多数的心灵哲学家和心理学家们的认同"①。但是，如果来自感觉的感受性内容其本身就已经是逻辑的或判断的，那至少在感觉主体的私人范围内，我们可以避免意义丢失的问题发生，进而合法地拥有意义发生的最初模样。即便是感觉内容进入语言系统后，认识到来自感觉意义的基础地位，也可以更好地支持语言系统的运转，如蒯因所言，当句子与非语言刺激的联系更紧密，翻译的差异会更小。②

概念论的感觉理论或许可以成为解决上述矛盾最直接的方法。以麦克道尔为代表的概念论者主张感觉经验是概念性的。但是我们需要注意到这一主张中存在一个关键细分，以便更透彻地理解概念论者们的理论动机，这个区分是：感觉和经验在概念层面的不同性质。麦克道尔和塞拉斯对经验的概念化处理是具有连接性的，他们都认为经验是概念性的知觉内容。但二者的根本差异在于他们对感觉的区别对待：塞拉斯认为感觉内容是非概念的，塞拉斯批判所予的一个应用就体现在对感觉的拒斥，而麦克道尔对此予以怀疑和拒绝，并在自己的概念论中把感觉也划入了概念能力的统辖范围。

麦克道尔的概念论感觉理论的内容是：自发性借助对概念知性的刻画，一路向外，扩展到了世界对人类感性进行撞击后产生的概念内容中，这种概念内容是我们感官上形成的印象，这些在印象发生的过程中，概念能力已经在起作用了，在其中，世界或是事实被动地、不受控制地显露给我们。③ 此处，麦克道尔没有直接用感觉一词，而是用"世界在冲击感官

---

① Blair, J. A., "The Possibility and Actuality of Visual", *Argumentation & Advocacy*, Vol.33, No.1, 1996, p.25.

② Quine, W.V.O, *Word and Object*, Massachusetts: The MIT Press, 2013, p.24.

③ John McDowell, *Mind and World*, Cambridge: Harvard University Press, 1996, p.22.

上形成的印象"①。本书认为二者之间可以画上等号，因为与被概念化的感官印象相对是非概念化的感官印象，它在塞拉斯的知觉理论中扮演的角色就是被批判的感觉所予，它作为一种赤裸的呈现起着联络思想和实在的作用，麦克道尔要做的正是把感觉从所予的批判中解救出来，因为关于经验知识的辩护无法建立在非概念的感觉内容或赤裸的呈现之上，所以感觉内容必须是概念性的，并可以扩展到自发性的系统中。

麦克道尔对概念论的论证依靠的是康德的那句名言：思想无内容则空，直观无概念则盲。按照康德的规定，直观发生在对象被给予我们时，这种给予是对象通过某种方式刺激我们内心中的感性能力而获得的。而感性能力（接受性）作为一种表象能力，它发生的结果就是感觉，来自对象的感觉就被称为经验性直观。② 以上并不能完全解释直观的全部内涵，在康德的哲学大厦中，直观的内涵复杂而多变，远非本书可以论及，塞拉斯也因此为直观加入了非概念内容。就本书要解决的问题而言，"我们可以把直观描述为经过知性塑造的感觉意识"③。康德把这种直观称为纯直观，它是我们每个人特有的、知觉外物之现象的方式，空间和时间是它们的形式；作为日常行为的感觉则是经验性直观，也被称为纯直观的质料，纯直观为感觉提供一种先验形式或者执行规范，是感觉可以发生的必要条件。④ 总之，在康德的直观理论中，直观是既包含感性又包含知性的，这一点为论证感觉具有被人忽视的逻辑形式提供了最佳论据。

在猴子的镜像神经元上进行的神经生理学实验表明，即使在单个细胞水平上，感觉信息也会被处理并转换为运动格式，从而促进了感觉代码与

---

① 〔美〕约翰·麦克道尔：《心灵与世界》，翰林何译，北京：中国人民大学出版社 2014 年版，第 13 页。

② 〔德〕伊曼努尔·康德：《纯粹理性批判》，邓晓芒译，北京：人民出版社 2004 年版，第 A20—B34 页。

③ 〔德〕伊曼努尔·康德：《纯粹理性批判》，邓晓芒译，北京：人民出版社 2004 年版，第 23 页。

④ 〔德〕伊曼努尔·康德：《纯粹理性批判》，邓晓芒译，北京：人民出版社 2004 年版，第 A42 页。

第四章　影像的本体论辩护二：概念论的正当性

运动代码之间的耦合。这些研究有助于从个人能力的角度理解人类社会互动如何进行。新生猕猴在观察到和执行的面部姿态过程中，大脑视觉感觉皮层的 MU 节律存在反应，这支持了镜像机制在人类新生儿出生时就是起作用的假说，婴儿能够识别和响应出生时的社交信号，并且天生具有参与社交互动的能力。① 所以，新生儿的大脑发育成熟，他们的视觉感觉系统从出生开始，就具备了模仿和互动的社交能力，这证明了在人类获得语言能力前，视觉感觉可以拥有与其发育程度相匹配的逻辑能力，并凭借这种能力与成年人进行长期的亲密活动，进而指导自己的生存和发展，最后逐渐演变为语言能力。更重要的是，镜像神经元机制可能是人类和非人类灵长类婴儿通过精心设计的面对面交流信号和匹配能力，即对母亲做出适当反应并与母亲的行为相协调的能力的基础，这佐证了麦克道尔的自然主义认识论：理性动物与非理性动物之间存有某种共享的认识能力，或者说理性动物在世界中采取的行动是一种动物性的交锋。在无意识的心灵活动中同样可以证明感觉发生的内部机制。无意识的感觉并不是纯粹无意识的、非逻辑的，而是它们活动的时间太快而无法被注意到，日常生活中有很多行为的发生都是无意识的。例如在进行足球比赛等激烈运动时，持球队员受到防守队员的拼抢，在很多情况下没有足够时间思考如何处理脚下的足球，为了把握机会运动员都会用最快速的下意识或无意识反应去处理足球，这些反应来自日复一日的训练积累，当一个运动员总是能在无意识的情况下恰当地处理足球，会被称赞为球感好。不论是婴儿期的视觉思维还是无意识的行为模式，它们都是在视觉感觉的发生过程中运行的，都可被称为一种感觉或者直观活动。② 当与感觉相关的行为发生时，它们并不只是看似刻板的机械反应，而是作为一种知性的和判断力的逻辑行为而出现的，因为它们发生得太快或者太早的缘故，容易被人忽视。如康德所言，

---

① Simpson, E.A. etc. "The Mirror Neuron System as Revealed through Neonatal Imitation: Presence from Birth, Predictive Power and Evidence of Plasticity", *Philosophical Transactions of The Royal Society B*, Vol.369, No.1644, 2014, p.119.

② John McDowell, *Having the World in View: Essays on Kant, Hegel, and Sellars*, Massachusetts: Harvard University Press, 2009, p.26.

所有的连接，不论我们是否意识到它，都是一种知性行为。①

二、辩护二：以康德的直观纲领为基

所以，概念论的感觉理论具有它的合理性，以此要引起我们重视的是：我们不应该将康德称为"直观"的东西或者塞拉斯称为"感觉"的东西，理解成在概念系统外的所予内容，相反，我们应该接受它们已经具有了概念内容的发生过程或者存在状态。来自最外部实在撞击的感觉内容并非像戴维森所认为的那样，与理由空间相隔于知觉之幕，这样会导致知识的确证丢失实在的限制，自发性也会运作在没有摩擦的虚空之中；亦非像观念论一样，为所予神话提供知识的确证基础，这种赤裸的呈现无法为概念系统中的任何内容提供辩护，也始终无法摆脱维特根斯坦的精准打击。感觉应该所是的样子是：世界对我们的感性冲击已经被最基本的概念拥有，感觉中的概念能力是被动启动的，但被启动的概念能力其本质上属于主动思想的能力构成的网络，即属于来自自发性官能的知性能力，这意味着在感觉活动中人们有能力做出主动的、逻辑的判断行为。这是塞拉斯或感觉材料论者们所处的语言哲学传统所不能接受的，所以，我们需要像麦克道尔所说的那样，重塑位于系统最外层边缘的概念：最直接的视觉观察概念。②

作为感觉的直观内容不仅是概念力产物，也是来自知性的判断力产物。做出这一论断的所有论据都可以归结于康德的一段纲领式的言论："赋予一个判断中的各种不同表象以统一性的那同一个机能，也赋予一个直观中各种不同表象的单纯综合以统一性。"③ 每一个感觉直观都必然伴随

---

① 〔德〕伊曼努尔·康德：《纯粹理性批判》，邓晓芒译，北京：人民出版社2004年版，第 B130 页。

② John McDowell, *Having the World in View: Essays on Kant, Hegel, and Sellars*, Massachusetts: Harvard University Press, 2009, p.13.

③ 〔德〕伊曼努尔·康德：《纯粹理性批判》，邓晓芒译，北京：人民出版社2004年版，第 B104—B105 页。

第四章 影像的本体论辩护二：概念论的正当性

着"我思维"的发生，这同时意味着"我"在做出某种判断：我视觉上得到的某对象具有某种特质，即某物是如此这般的。例如，当一个红色的苹果从视觉上给予我们时，用"那是一个红色苹果"来表达的判断的命题的统一性，对应于一种可以由"那个红色苹果"来表达的直观的统一性。"那个红色苹果"这样的内容被塞拉斯定义为"看起来"所是的非推论断言内容，但根据康德的直观理论，那种统一性作为一种知性的纯粹概念，也可以在直观中被赋予视觉感觉影像的、表象的、单纯的综合活动。这种来自统一性的概念能力，赋予感性内容以某种特别的理性色彩，因为做出判断就是某种理论上的有理性的范例性行为。这样既可以为知识提供来自世界的内容，又可以以康德的方式避免所予神话。

语言哲学的感觉理论大都倾向于非概念论，他们在关于判断的问题上与塞拉斯态度是一致的，双方都认为把某物经验为如此这般的能力可以等同于对该事物进行判断的能力，这种能力是感觉活动无法拥有的，感觉所具有的感受性内容在经验过程中只起到引导概念能力的作用。塞拉斯认为，康德的"直观把对象表象为如此这般的"这句话，并不一定要表达直观中包含判断中相应的断言性概念。但这只是塞拉斯对康德的改造，并不是康德的本意。康德确实没有断定所有的直观都必须包含判断性的断言，但康德也绝没有把它们完全排斥在直观或感觉之外，亦即在非幻觉也非错觉的前提下，在标准的、正常的视觉环境条件下，对象总是被直观以如此这般的形式直接地呈现给视觉主体，这种表征能力已经包含了判断能力。在康德式的概念论者看来，当某人做出一个判断，那么他就联合使用了某种复合的概念能力，这种能力不仅出现在单一判断行为中，也出现在其他的判断行为中，这些不同的判断行为隶属于一种"共同性"的概念能力。

所以，根据康德的那条纲领，受益于在具有"逻辑"共同性的概念能力，从感觉或直观开始，它的内容就可以是判断的，即"赋予一个判断中的各种不同表征以统一性的那种功能，也赋予一个直观中各种不同表征的单纯综合以统一性"①。所以,如麦克道尔所言,概念能力生成概念事件,后者的内容就是判断性的。当物体通过直观的形式把视觉感觉呈现给感官的时候,这种事件的发生就已经是包含了判断能力的运作。我们对对象的感觉直观,就等同于塞拉斯的看到,二者涉及的概念能力具有相同的"逻辑"共同性。感觉内容本质上就是判断内容的一个片段,看到某个对象的能力本质上取决于做出判断的能力。这从哲学层面解释了婴儿的镜像神经元活动和人们的无意识行为,二者作为与世界发生关系的感知行为,同样与知觉经验共享那种"逻辑"的共同性。

三、辩护三:对传统感觉理论的反驳

值得注意的是,对象在概念能力的实现中呈现给我们,并不意味着感觉内容是一种"原概念性"的存在。因为"原概念性"暗含了在经验生成过程中存在一种等级次序,把感觉内容视为原概念性的,那它们就变成了概念内容的来源,这存在滑向"所予神话"的风险。塞拉斯为了规避该风险,把所谓的原概念性内容赋予了非概念的特性,这一传统延续至今,包括皮考克等非概念论者依然支持该观点。② 但是非概念的感觉理论又会导致知识丢失客观世界的约束。所以,概念论的感觉理论面临的另一问题是:如何在拥有世界的前提下,防止"所予神话"的诘难。根据康德的那条纲领,概念能力的实现真正运作于履行认知责任的判断中,也就是说,包含判断的直观内容只是以概念能力的形式呈现出来的,真正使概念能力可以运行的是来自知性的综合能力。这种综合能力决定了在不同的感知阶段获得的内容具有"逻辑"的共同性,这种共同性意味着,在世界撞击感官的感觉活动中,不存在谁是谁的原概念,或者谁是谁的元素或潜在成分

---

① John McDowell, *Having the World in View: Essays on Kant, Hegel, and Sellars*, Massachusetts: Harvard University Press, 2009, p.31.

② Siegel, S., "The Contents of Perception", *The Stanford Encyclopedia of Philosophy Archive*, https://plato.stanford.edu/archives/spr2015/entries/perception-contents.

第四章 影像的本体论辩护二：概念论的正当性

等类似的等级划分，不论是感觉直观还是知觉经验，它们各自都是一个包含了概念和判断能力的完整内容。

等级分化的"原概念论断"决定了，感觉材料论者和塞拉斯们总是以向上依赖的单向形式规定心灵与世界之间的关系，即一个人只有认识到对象是如何符合世界观之后，才能知道对象如何通过直观被我们看到。这看起来更像是对传统观念论向下依赖进路的矫枉过正，因为向上依赖需要某些范畴性的东西及其原则作为基础，这本质上是"所予神话"的另一种形式，即理性主义的所予神话，戴维森的融贯论就有这种危险。这是对笛卡尔"理性主义"的一种片面继承，也背离了人类的自然属性，因为人类终究是生物进化而来的自然产物。过于强调人类理性，而没有给予理性以外的东西以平等地位，就如哈耶克所言，笛卡尔的"理性主义"成为了一种致命的自负。

本书以为，笛卡尔其实是被误解的。他的"我思"论证，实际上为"理性主义"提供了一种约束，即理性主义具有一种来自主体性的约束。"主体性"不应只被理解为对人类普遍的、至高无上的理性的承认，这是对"主体性"的一种广义理解，即站在全人类视角上对人类普遍拥有的理性能力的一种强调。"主体性"应另有它"狭义"的一面，即尊重每个个人可以拥有只属于自己的"自我意识"，它让绝对、普遍、纯粹的"理性能力"具有了自由的、自我的、私人的理由空间，这种狭义的"主体性"是笛卡尔哲学的现代意义。狭义的"主体性"证明了视觉感觉的必要性，因为感觉作为一种私人的感受性内容，只能为自己所知，这本身就是主体性的内容。在《第一哲学沉思集：反驳和答辩》的第二个沉思中，笛卡尔正是利用被感觉到的影像证明了"我"是确定存在的，这与康德的直观理论有异曲同工之妙，二者让感性内容与理性能力发生了连接，而不是将二者完全割裂。[①]

表面上看，康德的直观理论是向下依赖的，即使对它的概念化改造

---

① 〔法〕勒奈·笛卡尔：《第一哲学沉思集：反驳和答辩》，庞景仁译，北京：商务印书馆2009年版，第29页。

可以避免"所予神话"的批判，但向下依赖作为一种基础主义的变体，难免受人非难。要结束感觉理论在向上依赖和向下依赖之间的反复摇摆，我们可以在康德的直观理论中发现这样一种可能：似乎有种中间路线可以供我们采纳，即感觉活动属于一个平等、互动的动态知觉系统。为概念能力提供动力因的知性能力，其本质上属于理由的逻辑空间，所以在所有概念性的心灵活动中，都无法否认它们既有直观的感觉成分，又有理性的逻辑成分。平等的内涵如上文所述，不论是感觉、经验还是知识，都是包含判断能力运作的概念性内容；互动的内涵是：感觉、经验、知识等感知内容都各自是相互依赖、相互构建的动态系统中的一环，来自知性的概念能力在各种形式的感知内容中都被启动，主体通过不同形式的感知内容形成对世界的整体观点，这些观点会得到连续不断的调节，使其可以通过理性的资格审查。这个动态系统类似于戴维森的融贯系统，不一样的是，它打破了戴维森设计的外部界限，信念、判断的活动同样可以在感觉活动中运行，还可以让经验知识免受"丢失世界"的非难。如此一来，感觉内容也不再像塞拉斯设计的单纯感受性一样，只是一个对结果影响强大的独立因素。[①]

四、辩护四：对语义逻辑的反驳

多数分析哲学家与艾耶尔、塞拉斯的看法一样，把概念内容或做出判断当作一种话语活动，不论它们是公开的还是私人的。这直接导致我们不能正当地把非语言的视觉感觉内容视为是判断的。他们认为视觉感觉的意义可以被理解并表达，是因为我们习得语言在先，获得概念在后。麦克道尔在早期作品中也同意这种观点，但在后期做出了修正，即概念是先于语言的。这个观点是合理的。因为我们"可以避开语言而直接给我们装配上

---

① Wilfrid Sellars, *Science and Metaphysics: Variations on Kantian Themes*, California: Ridgeview Publication Company, 1993, p.6.

一种与语言对等的能力,它在做出判断的意义上等同于话语意义"①,来自视觉感觉的视觉影像就是这种能力的表征形式。视觉影像作为一种概念内容,它在人类祖先学会语言前就可以存在,就像婴儿在没有学会说话前就可以通过视觉进行思考、学习的道理一样,影像的逻辑能力和语言的逻辑能力可以共同隶属于人类的最高理性,二者具有平等的认识论地位。所以,感觉经验的发生过程对应着的认知活动的发生过程,杂糅在感觉活动中的概念活动应该是先于知觉经验中的语言加工。

但是直观内容确实不是话语式的,更不能被清晰发音,直观内容无法让自己从语言上变得清晰明白,但这不代表感觉的内容是不能判断的。视觉影像作为视觉感觉被呈现的唯一方式,后者的意义内容可以并只能是以影像的方式被表征,影像在感觉中的功能与语言在经验中的功能一样,它不仅可以表征内容,也是判断发生的逻辑形式。此处作为逻辑形式的影像类似于维特根斯坦的"图像说":影像既是实在世界的图像,又是一种逻辑的图像;影像中的成分是客体自身的内容,这些成分在概念能力的作用下相互关联,构成了我们关于世界的观念的共同基础,通过影像的中介作用,语言与世界之间的关联才可以实现。影像被转成语言必须通过某种转换过程,这种过程就是我们后天的教化在起作用,但它无法完全保留影像中现象的、精细的、私人性的逻辑内容。由此可知,维特根斯坦论证对"私人语言无法存在"的论断是成立的,因为私人的意义是影像来承载的,而不是语言。所以,作为感觉的影像不是话语性的,却还可以是概念的、判断的、逻辑的。世界本身所是的样子,可以通过视觉影像的呈现而得到详细说明,从而代替了话语性的内容,这时更高级的官能已经进入了我们的视觉影像中,当感觉内容被呈现时,它的主体能够把它分析成与话语行为相通的意义内容,即"使用词语时发挥的概念能力在视觉意识中得到实

---

① 〔法〕勒奈·笛卡尔:《第一哲学沉思集:反驳和答辩》,庞景仁译,北京:商务印书馆2009年版,第7页。

现"①。这符合前文中引用的康德的那条纲领。如此一来，语词的含义不再是贝克莱式的心理表象，而是关于实在对象的表象，即来自实在的客观影像的转换物，这符合弗雷格对传统经验主义的批判。

本章小结

物理学家们利用实验仪器对微观物质的观测，证明了微观物质世界的不确定性本质，爱因斯坦式的、追求确定性和简单性的科学理想，目前只能暂时存在于理想世界，科学家们的任务不再是证明物质世界是确定性的，而是要在不确定的物质世界中不断追求更高的确定性。虽然微观世界与现实世界本质不同，但我们可以尝试提出一种猜想式的比喻：影像之于人类文明就像量子力学之于物质世界，二者都是自然的、独立的、测不准的，但又在科学和应用领域具有无可替代的实用价值。即塞拉斯所言："来自观察影像的内在片段中的概念本质是主体间性的，每个人都有权拥有自己的思想，且只有自己才能把握自己的思想内容，甚至语言根本上只是在主体间中学会的成就，现代语言心理学也强调了这个事实"②。

由此，我们可以看出，概念性的影像是一种极富笛卡尔色彩的表征形式，它既拥有弗雷格一脉强调的人类理性，又保留了胡塞尔一脉主张的主体性精神，英美哲学与大陆哲学在影像的研究中出现了合流的可能。自然化的概念影像所具有的基础地位或许可以证明，人类意义世界的本质是一种影像式的存在，它具有主体性的、不确定性的、动态式的特质。所以，不论是科学还是哲学，它们的终极价值都是在不确定的外在实在中，持续

---

① John McDowell, *Having the World in View: Essays on Kant, Hegel, and Sellars*, Massachusetts: Harvard University Press, 2009, p.49.

② John McDowell, *Having the World in View: Essays on Kant, Hegel, and Sellars*, Massachusetts: Harvard University Press, 2009, p.107.

第四章 影像的本体论辩护二：概念论的正当性

追求和构建适用性更广、更精确化的人类知识体系和社会文明，促进已有的科学体系发生托马斯·库恩式的结构性革命，这不仅可以服务人类社会，也彰显了人类理性的最高价值。不过为了证明这一假设，科学和哲学还有很多问题亟待清晰。

第五章 影像的知识论辩护一：以概念论为基础

视觉感觉的影像遇到的知识论危机，可以被理解为传统语言哲学及其分支对视觉感觉影像可能存在逻辑能力的一味否定。但是这些否定本身并不稳固，它们内部暗存的弱点给本书提出相关的反驳提供了机会。

间接实在论是哲学的语言转向后主流的感觉理论本体论，传统语言哲学家们多以非概念论的立场，规避了非话语的感觉可以包含逻辑内容的可能性，这背后的信念是话语式表征对逻辑内容的垄断，然而概念论者对此提出了质疑。本书根据康德直观理论和现代概念论，对语言哲学中的主流感觉理论进行了分析，并以视觉为例，讨论了视觉感觉的认识论特质，即视觉影像作为一种在场的、细腻的、私人性的感觉内容，可以通过参与其中的概念能力，分享其背后更深层面的理性能力，从而使视觉影像成为感官刺激和理性逻辑的综合体。来自视觉感觉的影像不仅可以承载逻辑内容，它本身也是一种维特根斯坦式的图像逻辑形式。这样一来，感觉不再是语言或科学的附庸，二者是平等的，一起搭建了一个互相构建对方的动态知识系统，既可以防止感觉陷入所予神话，还可以使经验知识保留来自实在世界的客观意义。

第五章　影像的知识论辩护一：以概念论为基础

第一节　辩护的必要性和紧迫性

经验知识何以可能？在当代哲学中，知识论问题是哲学家们解释心灵与世界之关系的一个突破点，特别是在匹兹堡学派兴起之后，塞拉斯开拓的概念论路径，成为了国内外学界论证经验知识的重要论据。不过，今天的人们在重新审视塞拉斯的遗产时，不可避免地局限于他对经验内容和语言能力的强调，因为塞拉斯的继承者们多如布兰顿一样，尝试在分析哲学和实用主义之间探索一种新的兼容性路径，力图实现用精细的分析系统理解有厚度的经验内容的哲学目标。这显露出当下知识论研究对塞拉斯的另一种继承，即对感觉和感觉内容的拒斥，这样一来，始自身体官能的感觉行为在知识论研究中成为被牺牲的对象。

一、被默认的非认知影像

事实上，在康德复杂、模糊的直观理论中，感觉，特别是视觉感觉，作为人类与世界之间一种基础的、直接的、细腻的沟通方式，应该具有它独特的认识论价值，这与现代神经科学的研究结果相契合。感觉作为人类来自进化的动物性本能感官，它是知觉经验发生和人类与外部世界相接触的前提条件。所以，如果感觉内容可以具有合法的逻辑属性，那么它不仅可以为经验知识何以可能的问题提供更直接的论据，还能解释经验知识如何具有来自世界的客观性。这即是本书尝试解决的问题。如果我们迟迟不能用精致的分析性方法阐明实践，那或许实践的本质像后期维特根斯坦所主张的那样，是隐含的、模糊的和不确定的，这符合感受性的视觉表征所具备的特性，也为视觉影像的感觉认识论研究提供了必要性。当下，视觉相关的神经科学研究已进入分秒必争的热潮之中，亟待相对应的哲学反思与之相交汇。

回览科学演进的历史进程，我们会发现一个易被忽略但又普遍存在的问题，即不论是自然科学还是社会科学，科学共同体为了描述、解释科学现象，利用科学语言创造的科学概念总是不能与外在对象完美自洽，随之相伴的是不休的科学争论。这倒逼科学界不断创作新的概念去修补已有理论，保证理论的完满性。这就像计算机工程师用补丁修复发现的软件漏洞一样，似乎只要软件不停用，补丁的研究就不会停止，而且如果计算机的操作系统变更，那么软件将面临更大规模的修正。物理学中希格斯玻色子问题的提出、解决，以及解决后引发的更多问题就是这样的真实写照。这不禁让人怀疑，语言是否是人类理解、解释外在世界的完满工具。我们的祖先在具有逻辑能力之后，到掌握语言能力之前，存在一段语言空白期，在这期间视觉影像是否会发挥类似语言的功能，指导人类认识、解释世界？而在语言出现之后，视觉感觉中的逻辑或许没有因此而彻底退场，只是潜藏在语言的背后，默默地承载着它一如既往的认知功能。

但是，在哲学的语言转向之后，视觉感知就一直被分析哲学家们置于人类逻辑研究的边缘地带。我们需要反思的是，来自视觉的感觉影像是否可以承载一个更全面、更直接、更第一人称的逻辑责任？证明这一理论假设要直面的最大困难，无疑是20世纪以来的语言哲学对感觉认识功能的批判。以主流的逻辑经验主义和日常语言学派为例，它们内部对感觉的不同论述基本涵盖了主流哲学对感觉的态度。霍布斯式的古典实在主义在近代逐渐被抛弃之后，弗雷格和罗素等人最早看到了英国理性主义和经验主义对现象主义的共同继承，前者由莱布尼兹在精神实体和物质实体中设计出了单子论，后者由洛克在物质与知识中加入了印象的观念。这契合了逻辑经验主义中在"逻辑"和"经验"之间选择的中间路线。

二、世界的丢失和非概念的空想

如果把感觉材料理论和塞拉斯的感觉理论放在一个阵营进行思考，即语言哲学的阵营，我们可发现，在秉持间接实在论基底的感觉理论中，普遍存在以下几点缺陷：

第五章 影像的知识论辩护一：以概念论为基础

人类的感觉能力与外部实在相勾连的可能性被弱化或取消。多数感觉材料论者的实在论观点都偏向间接实在论。感觉材料是一种中性的存在物，它既可以是物理的也可以是心理的，还可以既非物理亦非心理。对摩尔来说，感觉材料的存在是无可争议的，但最让他为难的问题不是感觉材料存在的合理性，而是感觉材料与物质实在之间的关系，即感觉材料是否是物质实在的一部分。在摩尔学术生涯晚期，他给出的结论是否定的。①例如当一个人看到一辆汽车，那他只是直接地、非推论地看到了关于汽车的感觉材料，而非汽车本身。摩尔利用复视觉和错觉论证为自己的实体观提供了辩护。摩尔以降的感觉材料论者，譬如罗素、布劳德，都在继承的基础上微调了摩尔的实体观点，但是艾耶尔并非如此。

艾耶尔引入了错觉现象，把感觉材料改造为外物被人们看起来所是的样子，人们把看起来的样子当作事物本身，其实感觉材料都是被知觉加工过的错觉现象，例如一个硬币在一个人看来是圆的，在另外一个人看来是像是椭圆的。类似的例子还有镜像、复像、幻觉、海市蜃楼，等等。②所以，艾耶尔认为，只要是被人类看到的东西，都是"看起来所是的外在客体"，我们不能绕过"看起来所是的东西"直接接触外部实在。可以看到艾耶尔和贝克莱之间具有一些相似性：都认为世界由感知构造。但艾耶尔并没有滑向唯心主义，他从自己早期的现象论立场出发，站在了朴素实在论和唯心论的中间，并不否认外在客体的存在。但一直到学术生涯的后期，艾耶尔都没有放弃"外在物质不能还原为感觉材料"的本体论承诺。

塞拉斯以及他的继承者，选择用批判实在论的立场拥护科学实在论。在科学图像与显像图像的关系问题上，塞拉斯认为只有在科学图像下的物质实在才能引导概念活动，显像图像构成的常识性世界不是真实存在的，只是幻象的。在早期的《现象论》一文中，塞拉斯给直接实在论加上了

---

① Snowdon, P.G.E., "Moore on Sense-data and Perception", in Susana Nuccetelli and Gary Seay(eds.), *Themes from G.E.Moore: New Essay in Epistemology and Ethics*, Oxford: Oxford University Press, 2007, p.3.

② Ayer, A.J., *Foundations of Empirical Knowledge*, London: Macmillan, 1940, pp.49-303.

"批判的"一词做定语，所以批判实在论是塞拉斯对传统实在论观点的批判性改造。"批判"一词意味着：其一，知觉作用下概念形成不以客体可以被直接知觉为前提条件；其二，如果物理对象可以被触及，那必然是通过感觉印象的发生所引导的，而后者则完全是非认知的、非概念的、非判断的；其三，物理对象和感觉印象之间的这种引导关系是因果的而非认识的，并且引导本身也被任何知道的特性所引发，也就是说引导的过程和引导的动力因都是因果的、非认识的。① 这与塞拉斯在《经验主义与心灵哲学》中对视觉感觉的讨论相符合。

反对影像具有认识论地位的哲学家们，大多都把感觉或感觉内容视为非概念的存在。感觉材料理论内部具有很多细分的立场，有的具有进步意义，有的却把感觉拉进了混乱和无序，罗素的感觉材料论就属于后者。以罗素为代表的正统感觉材料论否认感觉具有意向性。从他后期的感觉理论看来，感觉材料论其实就是一种非概念的内容或者感觉对象。在《心的分析》之后，罗素改变了他在《哲学问题》中给感觉材料赋予的认知地位，认为感觉材料不是认识的基础，具体表现为：首先，他取消了感觉对象和感觉内容的分别，感觉材料既是感觉的内容又是感觉的对象，感觉材料既是殊项又是心灵中的事实，这显然是矛盾的；其次，罗素在后期不再关注感觉，转而更关心知觉，在他看来，感觉在前期理论中承担的认识功能被转移到了知觉身上，所以知觉的内容才被看作概念性的内容；最后，罗素取消了感觉和感觉材料的分别，前文曾说过，本书同意罗素在后期把感觉同化为感觉材料的做法，但需要区分的是，这里同意的只是针对二者在概念上或行为上的同化，并不同意罗素对感觉的认识功能的看法，因为罗素在同化二者后，感觉或感觉材料被视为非认识的、无认识作用的中立物。如金岳霖先生所言，罗素后期的感觉材料是脱离实践的、脱离认识影响的、既非心又非物的"中立一元"的东西。

我们能看到，塞拉斯直接又间接的先验感觉理论和罗素"中立一元"

---

① Wilfrid Sellars, *Science and Metaphysics: Variations on Kantian Themes*, Washington: Ridgeview Publishing Co., 1993, p.104.

的感觉材料论具有相似性，双方都给予感觉内容和感觉对象非概念的属性，也都设计了中介于知识和物质之间的相对主义中间路线。虽然这种贝克莱式的唯心主义理路赋予了逻辑知识比较可观的客观实在性，但却是以牺牲感觉的认识功能为代价的，感觉中的逻辑可能性被全然否定。这显然不是一场公平的交易，感觉的流通价值被严重低估。这是现代概念论者和认知心理学家们肯定不会同意的。

三、单向依赖和两极化问题

感觉内容被认为是非概念的，可以引出与之关联的另一个缺陷：感觉被认为是单向的、静止的、简单的。如果感觉不是单向作用于概念系统的，那么感觉内容就不会是非概念的；而如果感觉内容是概念的，那么感觉内容就不会是单向作用于概念系统的。否认感觉的逻辑可能，就默认地设定了感觉只能是向上的单向依赖与理性逻辑，感觉的认知或逻辑地位，都从属于人类自成一类的语言逻辑空间。塞拉斯认为，知觉经验内部的概念性及其产生的知识取决于某一世界观，这一世界观作为一个逻辑维度又取决于能够产生知识的知觉经验。这里我们看到了一种双向互动的狭义经验主义认识论，但这种互动并没有包含感觉活动，因为塞拉斯绝对地二分了感觉和知觉。这内部的问题是：感觉作为知觉的开端，如果没有意识的作用，那么它如何能成为知觉经验？塞拉斯认为，感觉确实是有意识的，但它是一种先验的意识状态。那么先验的意识状态中的意识是否完全不存在概念性的反思内容？塞拉斯的答案是否定的，麦克道尔认为这是因为他错误地改造了康德的先验理论。[①] 人类的大脑或者心灵是高度复杂、精密的，我们很难接受这样的认知器官只会进行单线程的感觉操作，从而否认它们和感觉行为具有双向互动的可能性。

语言哲学的感觉理论被语言哲学家两极分化地处理。这种两极分化由

---

① John McDowell, *Having the World in View: Essays on Kant, Hegel, and Sellars*, Massachusetts: Harvard University Press, 2009, p.23.

感觉影像的知识本质辩护

感觉材料论者和日常语言学派构成。前者以艾耶尔为代表，它全盘地用语言模式对感觉活动进行了改造。当我们使用如"看""听"等语词对感觉材料进行言说的时候，艾耶尔认为感觉材料具有了与日常语言和理论语言类似的语义逻辑，作为感觉内容的感觉材料是"另一种语言"，感觉材料本身包含了语义内容。艾耶尔的这种感觉理论背后运行的逻辑是：感觉的发生，其实就是语言发生的过程。以视觉感觉为例，被艾耶尔改造的感觉材料论把感觉内容视为一种语言存在，其本质是把语言和视觉影像同质化，从而排除了感觉及其内容具有某种独特意义的可能。从影像到语言的过程在艾耶尔看来是直接生成的，中间也不存在任何转换过程。而且，这种直接生成的语言式的感觉，可以在科学知识的确证中扮演基础角色。感觉材料像休谟对推理演绎法的怀疑一样，它并不增加我们对经验知识的新发现，而是一种可以让我们更清楚、方便地说出已熟悉事实的新的语言方法。这遭到了奥斯汀（John Langshaw Austin）、塞拉斯等人的批判。奥斯汀用日常语言的理论质疑了感觉材料式语言的分析效力，认为艾耶尔的这一理论设计是为了追求笛卡尔式的绝对确定性知识。[①] 塞拉斯则把艾耶尔的感觉材料语言视为所予的一种，给了感觉材料论致命一击。

塞拉斯以怀疑主义的立场站在了分析哲学极端感觉理论的另一端：完全放弃感觉可能存在的逻辑可能，在视觉感觉中，取消视觉影像具有意义属性的可能性，只把它作为一种视觉对象，在视觉感觉中发挥先验的引导作用。如罗蒂所言，塞拉斯认为掌握语言能力是具有经验的先决能力，并以此对"自我确证的非言语片段"提出怀疑，反对传统经验主义依靠感觉内容提出的"直接性"。[②] 与艾耶尔相似的是，塞拉斯没有解释非概念的感觉内容在被知觉后如何转变为概念性的经验内容，相关的转换过程被取消或是被神秘化处理，始自洛克的知觉铁幕依然存在。感觉是否是先验性的

---

① Austin, J. L., *Sense and Sensibilia*, Oxford: Oxford University Press, 1962, p.298.

② Richard Rort, *Philosophy and the Mirror of Nature*, Princeton: Princeton University Press, 1979, p.28.

存在，这在《纯粹理性批判》中也很难被理解和接受，关于这点，麦克道尔已经给出了具有说服力的论证。

第二节　对感觉影像的知识辩护

逻辑性的视觉感觉为诊治心灵与世界之间的哲学忧虑，提供了一种直接的、现象的解决方案。依靠"概念先行"的视觉感觉可为意义内容提供一种影像式的意义形式，相比较线性语言与生俱来的滞后性，视觉影像可以为心灵提供一种在场的、描绘的、细腻的第一人称逻辑内容。思想应如尼采所言，像轻风一样迎面扑来，它需要心灵在生活和自然中捕捉，而非刻意思考，制造思想，从而陷入"理性的滥用"。

在论证了视觉感觉影像是概念性的存在之后，我们理应认为，作为感觉的视觉影像不再是无意义的存在，而是逻辑的、命题的、理性的存在，它隶属于人类最高级的理由逻辑空间，可以合法地通过感觉获得关于外在世界的知识，即 S 看见 P，就是 S 知道 P。但是即使这样仍然不能让很多哲学家同意上述观点，例如图里（John Turri），他在回应威廉姆森（Timothy Williamson）的论文《觉知涉及指导吗?》（"Does Perceiving Entail Knowing?"）中用强有力的观点反驳了后者对视觉感觉知识的辩护。所以，为了反驳类似观点，本书有必要进行进一步的回应。

一、命题性感觉的合理性

想象一下，我们坐在咖啡厅里，品尝着咖啡，欣赏着眼前的景色。我们能看到树、房子、人、汽车；能看到一只猫跑过马路，一只蜜蜂在花丛中嗡嗡叫；能看到人们在走动，很多人骑着自行车；能看到房子被刷成不同的颜色和呈现出一片五颜六色的高楼大厦。我们通过视觉掌握外面的精彩世界，因此，这个世界是通过你的感官与你的思想联系在一起。由此，有一种强烈的直觉认为,我们并没有与世界脱节。我们和我们周围看到的其他事物是一个连续整体的一部分,我们可以通过视觉、触觉等直接接触到它们。然而,拒绝直接感知的哲学传统进路试图在我们和世界之间制造隔阂,坚持认为我们从感知中获得的信息是间接证据推理的结果,这些间接证据是关于我们对事物的看法和感觉的。于是,感觉的认识论问题就是解释这些推论的正当性。

本书认为,对人类感性认识的任何令人满意的理解都必须为这样一个事实留出空间,即我们仅通过感知觉来了解我们周围的世界,虽然大多数哲学理论都否认这一点。他们曾以这样或那样的方式说过,我们仅凭感知所能知道的最多的东西,其本身并不意味着我们周围世界的事物是怎样的。这并不是说我们对这个世界一无所知,相反,本书通过前文已经得出结论,很多哲学家都反对人们可以直接通过感知获得关于世界的知识,对世界的感性认识是我们单凭感性认识所知道的东西加上我们从其他来源所知道的其他东西的组合,例如语言的、数字的逻辑推理。

经过严格的推理,这种理解并不能真正向我们解释我们所拥有的知识是如何可能的。它让我们容易受到怀疑,怀疑我们采取的那些步骤的基础是什么,而不仅仅是我们从感知中获得的知识。在此,笔者想提出一个相反的观点,即既然我们可以而且确实可以仅通过感知来了解我们周围世界的许多事情,那么所有这些对感知认识的限制性观点都必须予以拒绝。但问题是,我们是否真的能以自身认为我们需要的不那么受限制的方式来理解对世界的感性认识。

因为视觉感觉的影像是概念性的,所以它不再是单纯的非逻辑性的感觉材料,而可以是逻辑性的命题内容。所以我们有理由认为,在正常的、非幻觉的、非错觉的感知条件下,看到 p 就可以知道 p,在 p 的位置上是在我们周围的世界中是这样的,不管别人是否认为它是这样的,它都会是这样的。我们有可能获得这类知识,而不是基于我们所知道的任何其他东西,我们以概念直观的方式从感官知觉中获得知识。所以,在看的过程中,我们不仅需要眼见为凭,而且需要眼见是知道的,或者说可以是知道的。例如,我在我看见的过程中知道,这个房间里有一把椅子。

知识毫无疑问是包含了一个命题思想的知识。所以，看到 p 也毫无疑问等于知道 p 包含了一个命题思想。这两种态度都包含着同样的思想：你所看到的是怎样的，你所知道的也是怎样的。所以，我感觉中的视觉可以被称为"命题式"的视觉，或者带有命题对象的视觉。这里容易产生误导的是错把看到的东西视为看到命题。实际上并不是这样，我们看到的是这个房间里有一把椅子，我们看到的实际上是一个命题对象，假如我们看见的是在一个句子里描述的，在这个句子里，感觉动词"看见"的补语是一个有真值的句子，而不是一个指代一个对象的单数名词。

但在我们面前的典型案例中，我知道这个房间里有一把椅子，因为我看到了那把椅子。此外，我也可能是通过其他方式，而不是通过看到那把椅子，才知道这个房间里有一把椅子。在这种情况下，我所知道的和我看到那把椅子是不一样的。看到那把椅子实际上就是我现在怎么知道这个房间里有一把椅子的。我的知识是"命题性的"，但我看到的那把椅子不是"命题性的"。也就是说，我们看到的是命题性的对象，而不是对象性的命题。

二、直接实在论的影像

本书所称的"直接实在论"的视觉并不需要知道或者甚至相信你所看到的物体的任何东西。对视觉主体来说，尽管我不知道那是把椅子，也不知道它在这间屋子里，但他看到这间屋子里的那把椅子可能是真的。一个生物可以看到一个物体挡住了它的去路，即使这个生物对世界上的任何东西都不知道，除了在里面自由移动的能力。在"他看见了 X"这种形式的句子中，"X"所代表的对象的任何为真表达式都可以放在它的位置，而不改变句子的真值。不论我看到与否、知道与否，外在对象都是真实存在的。我看到的许多事物可能是真实的，但我并不知道它们是真实的。例如我可以看到价值 100 元的东西。如果这间屋子里没有椅子，我就不能看到并知道这个房间里有椅子。这就是这种视觉如何构成了知识。本书认为，如果现实中的确放了一把椅子，我们仅仅通过视觉感知，就一定能够看到和知道。

以"客体化"的方式观察一个物体,需要感知者具有一定的能力或专业知识。一种看东西的能力包括把一个人的注意力从视觉上吸引到这个物体上,或者在某种程度上把它与周围的环境区分开来,或者对它做出专注的反应,如果它在移动,也许还需要用我们的目光跟踪它。看到一个物体究竟涉及什么很难说。但是世界上许多不同种类的生物都有这种能力;它们能看到物体并对其做出反应。当我看到那把椅子,并注意到它,或在我的意识中找到它,它对我来说是可以思考和谈论的。因此,它是可以被我了解的事情。但是我不认为我需要知道我所看到的物体的任何信息,这样我就可以得到它。当然,通常我确实相信并了解我所看到的物体的许多事情。我不需要知道或相信任何关于物体的东西,它就在那里,成为我的"客体"意识,我视觉的客体。

这种接触的可能性使得"客观的"观察对于解释思维的可能性非常重要,甚至是必不可少的。例如,有人认为,对某些对象持有实在的(de re)态度是持有命题态度的必要条件。① 如果对环境中物体的态度,尤其是对环境中物体的"感知态度",优先于对事物的态度,那么"对象"的看见或感觉将是思维的根本。它使一些不需要以任何方式思考的事物成为可能思想的客体。这对语言学习也特别重要。如果我们不能以一种不需要对所见事物的信念或知识的方式来感知事物,那么我们就很难理解语言是如何习得的。如果不具备概念的学生和经验丰富的专家演讲者都能感知到对象,那么他们就可以学习应用新的谓词,让专家能够正确地理解这些谓词。如果一开始就需要这些概念来观察物体,那么就没有办法开始了。约翰·坎贝尔(John Campbell)支持他所称的对物体感知的"关系"观点,这背后有一个密切相关的想法。如果如他所说,经验是思想的来源,而对象的知觉经验是解释我们思考对象能力的根本原因,那么在我们的经验中一定存在着某种与对象的"认知关系",这种关系比我们对对象的思考

---

① Tyler Burge, "Belief De Re", *Journal of Philosophy*, Vol.74, No.6, 1977, pp. 338-362.

第五章 影像的知识论辩护一：以概念论为基础

"更为原始"。坎贝尔说："只有有意识地将客体本身带入思想者的主观生活，才有可能去思考那个客体。"① 因此，对物体感觉的概念性观点对于感觉经验的解释潜力是至关重要的。

这是一个微妙的问题，即这种有关感知的"逻辑关系"观点的解释潜力究竟有多大。当然，对物体的感知需要用来解释我们在看到物体时思考物体的能力。一个对象必须与一个感知者保持这种关系，才能成为这样一个思想的对象。由于我们看到的对象通常是我们周围世界中的对象，我们看到它们是解释我们如何看待我们周围世界的一部分。但这并不一定能解释我们是如何看待我们实际看到的物体的。坎贝尔有时也会说"逻辑关系"的视感觉解释了"我们周围的对象"的概念，或"我们掌握的对象"的概念，或我们如何理解关于外在环境的命题，甚至如何理解世界的概念。我们有理由认为，除了我们与我们所看到的事物之间的某种关系之外，没有别的东西能够解释这一切。

这并不是否认对象化的视觉对于所有关于对象的思考的根本重要性。我们必须承认，对我们所看到的物体进行思考比仅仅看到它们需要多得多的东西。看到物体让我们对它们有想法，但是一个想法，一个命题式的想法，关于一个你看到的物体只有在掌握了某些概念或谓词之后才会出现。这种概念能力是一种对这些概念做出判断的能力，即一种将概念或谓词应用于你认为正确的项目的能力。这不仅仅是简单地将一个标签附加到这个东西上，或者能够将这个标签附加到其他类似的东西上；也不仅仅是简单地区分一种事物和另一种事物，或者能够把事物分成不同的组。它是一种能够把某件事作为真实提出的能力，并且知道如何在适当的条件下做这件事，从而理解你因此而想的或说的。这种能力并不是简单地以"对象化"或"逻辑关系"的方式来看待对象。

---

① Campbell, J., *Reference and Consciousness*, Oxford: Oxford University Press, 2002, p.6.

三、感觉知识的判断和信念

知识需要命题判断，而判断需要预测，后者是概念对对象的应用。概念性的视觉使一个对象可以进行预测，也可以进行命题判断，而不需要感知者事先对该对象进行任何思考或判断。笔者要注意的那种感性认识需要一种能力，在适当的情况下，能够认识到你现在意识中的一个事物落在或没有落在你所掌握和理解的一个概念之下。对于某些概念和某些情况，适当概念的应用必须是直接的，即不以当前对象的任何特征为基础，而只以它所实例化的概念为基础。当一个物体存在时，感知者的认知概念能力使他能够立即看到，这个概念是否适用于这个物体。当然，概念性的感觉视觉影像使这种情况成为可能。

如果一个人有这样的概念，他能意识到呈现在他面前的物体是一把椅子，或者是红色的，那么当一个物体在他的意识中出现并引起他的注意时，他就能做出这样的判断。他对客体的预测必须是他能够认为对其他客体是正确的。预测能力具有一定的概括性；相同的概念可以应用于不同的对象，不同的预测可以应用于相同的对象。这种能力一般是指在每一个潜在的思想或句子中留下一个空白或一个开放的空间，思考者总是泰然自若地接受椅子或红色的东西，无论它可能是什么，只要合适的物体出现在他的感觉中。在那个物体出现之前，他不需要知道或思考它，以便在他看到它时产生这样的想法。当一个物体在他的意识中出现时，他并不总是需要深思熟虑或权衡竞争因素来决定某个概念是否适用于它。约翰·麦克道尔（John McDowell）曾说过，任何具备这种能力的人对物体的感知，都只是"将事实带进了视野"①。一个有能力的观察者和评判者能够看见，因此仅凭感觉就知道当前的物体具有这样或那样的性质。

人们很容易认为，一定有一些概念是我们有时可以看到的，因此仅凭

---

① John McDowell, *Having the World in View: Essays on Kant, Hegel, and Sellars*, Massachusetts: Harvard University Press, 2009, p.139.

第五章 影像的知识论辩护一：以概念论为基础

感觉就可以知道的。如果我们不能仅凭感觉就知道某个概念适用于我们所意识到的某物，那么，似乎只有当我们知道某个其他概念适用于某物时，我们才能知道它。如果每个概念都是这样，那么它就会永远持续下去。即使是对感性认识更严格的传统理论，也不排斥仅仅通过感觉来认识某些事物的观念。他们认为这个观点是理所当然的，但他们否认这个观点适用于任何事物。

这些理论认为，仅凭感觉，你最多只能知道一个物体看起来似乎有某种属性，比如说，红色，或者它似乎有，或者它看起来似乎有一个红色的物体在那里，或者你的感觉是一个红色的物体，或者其他一些不确定的东西。如果这些模棱两可的说法仍然过于突出一个人的认知能力，那么我们至少应该承认，有些东西我们是直接意识到的，而且是仅凭感知就能知道的。传统理论最多只认为有这种感知知识的范围或合理范围存在争议，而不存在任何这种知识，因为他们坚信要想知道超出这个范围之外的任何东西，我们需要有逻辑性的信念，即我们直接感知到的东西，在某种程度上是对事物的可靠指引。考虑到这一限制，这不是我们仅凭感知就能知道的事情。这是感觉认知的两步概念，本书认为如果我们想要理解我们是如何通过感知了解世界的，我们就必须克服它，否则又会陷入另一古老的循环论证中。

克服这一限制的一种方法是，如果一个人不理解一个物体为什么是红色的，那么他是否有能力直接识别这个物体，而不需要进行调解。如果一个人知道或理解这是什么，并且认为现在的物体是红色的，那么他就没有能力在适当的情况下，直接识别现在的物体是红色的吗？他会不会不仅在某一个特定的场合缺乏这种能力，而且在更广泛的场合缺乏这种能力？如果一个人在感知上没有认识到恰当的概念，那么他就不可能拥有或理解这些概念。这涉及对幻觉和错觉的感觉论证，不是本书讨论的重点，但这是一种需要深入到问题本质的重审，并把传统的感性认识的局限永远抛在脑后，而这种局限总是小于我们周围的世界。这才是真正需要努力的地方，并且没有普遍的理由对这方面的回报感到悲观。

并不存在这种情况：我所看到的并不是我相信我所做的事的证据、凭据或理由。如我所看到并因此相信和知道的是,物体是红色的。我通过看到它是这样来了解它是这样的。因为我看见我所看见的,所以我知道我所知道的。我所看到的解释了我为什么相信或我如何知道我在做什么。这可以说是我相信并知道自己在做什么的原因。但我看到物体是红色的,并不是我相信它是红色的证据或理由,已经融入在看的感觉中了,而不再需要拿视觉影像去确证该事实,在这里,感觉和确证由两步融合成了一步。这就是为什么我相信我所做的事情是正当的或有理由的。在这种情况下,我有一个非常合理的信念。但是,我不需要任何其他的"证据""凭据"或"理由"去相信和了解我所知道的。

当我说我看见并因此知道这个房间里有一把椅子,或者某一个物体是红色的,而不依赖于我所知道或相信的关于这个物体的任何其他东西,并不是我再毫无其他东西的情况下可以知道我的所见所闻。我需要一个丰富的概念库,能够看到,从而知道 p,不管 p 是什么。本书认为,如果我们不了解,或者没有能力了解周围世界的很多事情,我们就不可能拥有我们所有人都有的概念曲目。理解和思考某些思想,学习世界上的一些东西,这些思想是携手并进的。所以,我们必须知道或至少相信这个世界上的许多事情,甚至能够看到并因此知道某个物体是红色的,或者这个房间里有一把椅子。例如,我必须知道椅子是什么,它们的行为是怎样的,至少在一般情况下是这样。但是这并不是说感觉的知识是建立在某种基础上,在此处本书的目的是澄清感觉影像和与其相关的知识是相互构建、相互补充的动态系统。所以,单纯地说我看到并因此知道这样一件事,这对传统哲学来说并不是一个令人满意的答案。传统哲学的答案(如果我能看到并知道,我所看到的物体,只有在我已经知道外部世界的许多事情的情况下,它才会是红色的),并不是一个对普遍知识问题令人满意的答案,因为它不能满足问题本身的要求。

四、对错觉的反驳

在大部分人看来,传统的认识论观点依然难以撼动。人们仍然难以克

第五章 影像的知识论辩护一：以概念论为基础

服这样一种感觉，即对世界的认识只能通过一种间接的、两步式的方法才能得到令人满意的解释。必须承认，我们来看并知道这屋子里有一把椅子这样的事情，并不确保是绝对正确的。我完全有可能认为并说我看见了，从而知道这个房间里有一把椅子，但我错了。当我错了的时候，我当然不知道；因为我不知道，所以我没有看到这个房间里有一把椅子。要么就是没有椅子，要么就是我看不出有椅子。有一种强烈的倾向认为，当我不知道的时候看到的东西一定和我知道的时候看到的东西是一样的，因为我看到房间里有一把椅子。所以不管我在这个例子中看到什么我所知道的都不可能是这个房间里有一把椅子。这很快就导致了一个非常熟悉和非常危险的滑坡，在这个滑坡的终点，我们被认为只能知道我们所能看到的最不确定的事情，从而威胁到了关于视觉感觉的知识论合法性。但是，我们不能仅仅因为感觉经验可能存在错误就把它定义为完全错误的东西。这就导致了这样一种思想，即我们只是在判断事物是这样时犯了错误，而不是仅仅在感知或看到我们所看到的东西时犯了错误。判断，或命题思维或谓词思维，则被认为不是"感觉经验本身"的一部分。到现在为止，本书认为我们已经不可能解释对世界的感性认识了。对知识的逐级解释的需要，加上这种"非判断的"知觉概念，使我们对我们对世界的感觉认识得不到令人满意的解释。

当命题思维或概念能力的运用被认为不是"感性经验本身"的一部分；或根本不是"感性经验本身"的一部分；或根本不是"感性经验本身"的时候，这个东西被称作什么？我觉得我看到这个房间里有一把椅子是一种感性的体验。如果我不能在这种感觉中提出设想或运用概念能力，这种经历就不会是现在的我。即使我只看到这个房间里有一张椅子，我的感觉经验也包括命题思维或我的概念能力，哪一种等同于认知的感觉体验不包含任何这样的能力？

在解释错误的可能性时，对知识进行间接或两步解释似乎是必要的。有一种感觉是，我不能通过看到这个房间里有一把椅子来知道这个房间里有一把椅子，因为当我只看到这个房间里有一把椅子时，我可以有一种非常类似的知觉体验。即使我不知道这里有一把椅子，我也能有这种知觉体验。这可以被认为是一种错觉的或幻觉的视觉感觉体验。不可否认的是，与真实的视觉感觉相比，这两种知觉经验，一种是我知道的，一种是我不知道的，它们很像是同一种经验。这并不意味着在一个人看到并因此知道这里有一把椅子的知觉体验，和一个人看到并只知道这里有一把椅子但那里没有的知觉体验之间没有很大的区别。说这两种作为知识来源的感觉经验是同一种体验似乎也是错误的。但是，说它们是同类的，只被认为是"纯粹感性的"的经验，就会使我们滑向熟悉的怀疑主义态度。按照这种方式理解的经验，它们根本不提供任何知识。

感觉经验本身，被认为是没有概念成分的东西，也许可以被理解为一个简单的意识问题，睁大你的眼睛，以"客观的"感觉看事物，这并不意味着你知道或相信它们的任何东西。以这种方式看到的对象可能不仅是普通的物理对象，还可能是颜色、形状、运动等，这些都可以在"对象"意义上被看到。从你的反应中可以看出，颜色是吸引你的视觉注意力的东西，或者你能从周围环境中辨别出某种形状，等等。你以那种方式所意识到的事物，对你来说是与被看见的关系，但你对它们一无所知。你看到的物体是你周围世界的一部分，但在那个"知觉体验本身"里，你对你周围的世界一无所知。所以无论你最终对这个世界了解到什么都不能被理解为仅仅基于你在知觉经验中所了解到的东西。在这个概念里，只有"感觉经验本身"，你就什么也不知道。要有对任何事物的感性认识，你所拥有的感性经验必须包括一些概念能力的练习，包括命题性或述及性的思维。

这个要求似乎可以把对一个独立世界的感性认识置于一个完全不同的方向的威胁之下。麦克道尔认为概念能力在我们的感性经验中起作用，即使他不再认为其中包含了命题思维。他认为，正如他所指出的那样，只有在理由的逻辑空间下，思想才能发挥作用。麦克道尔对我们"理性动物"在世界上所扮演的特殊角色或地位印象深刻。我们有"自我决定的潜力"，在我们的理性能力范围内，我们可以决定做什么或想什么。这并不是任何一种"感知事物的生物"都能做到的。因此，我们有理性，即我们评估赞成或反对某件事的理由的能力，这使我们有能力确证我们的感官所给予我们的感觉内容从而使其成为知识。①

本书认同，我们的理性能力可以用来解释感知如何为我们提供接受的东西。与其他生物相比，我们有更丰富、更多样的概念能力。我们可以思考，认为事情是真实的。我们可以把自己相信某件事的理由用来相信其他事。这就是为什么我们，而不是其他生物，会相信我们所做的事情。但在承认理性能力运作在感觉活动中的同时，我们必须谨防把关于感觉的认识论能力建基在理性主义之上的危险，因为那样刚从经验主义那里拯救出来的感觉认识论，就又落入了理性主义的窠臼。

本章小结

在我们所生活的世界里，有思考和推理的能力并接受某些事物为真实的感知者会发现，他们开始思考世界的一件事就是有理由相信另一件事。我们在这个世界上发现的某件事是我们相信另一件事的理由。这是我们所相信的世界的一部分。在这样一个世界里，我们可以通过感觉找到理由去相信这个世界是什么样的。其他生物不能这样做；他们没有我们那样的思考能力和对原因的认知能力。我们天生就有能力以其他生物不可能的方式来了解这个世界。

也许这就是麦克道尔所说的与理性主义完全一致的常识现实主义。麦克道尔在他的口号中总结了他的观点：世界就是一切。他认为这个口号真实地表达了他所谓的用统一、和平的方式来使用世界的概念。在这个层面上，如麦克道尔所说，人类关于世界的知识确实是由判断的形式构成的。而判断则是理性与感觉相互结合的共同产物。

------

① John McDowell, *Having the World in View: Essays on Kant, Hegel, and Sellars*, Massachusetts: Harvard University Press, 2009, pp.141-144.

第六章 感觉影像在科学中的哲学问题

在证明了视觉感觉的影像具有知识的可能后,它在科学知识中的应用成为了一个不能回避的问题,因为从科学的萌芽时期开始,到现代科学的全面发展,科学与视觉感觉之间具有直接、紧密的认知关系,在科学的历史中,视觉在引导科学认识世界方面具有无可替代的优越性。库恩认为,科学的创立有两条路径,一个是几何的传统,一个是实验的传统,二者都与视觉有关。特别是后者,在其发展迅猛的中世纪时期,就是从对光学的研究而兴起的。

柏拉图著名的"洞穴喻"和"线喻"来自对肉体视觉或视觉感觉的批判,从而主张在科学研究中人们应该用心灵之眼而不是肉体之眼去观察现象、探索共相,它认为肉体之眼是低级的、粗糙的和非认知的,不能通过它来得到纯粹的数学和纯粹的图式。

前文提到的笛卡尔对感觉影像的哲学分析,也来自他对视觉的科学考察和对科学中视觉功能的反思。但是笛卡尔没有像柏拉图那样完全反对科学中的视觉感觉,反而在《光学》中支持了人类视觉及其技术延伸在科学中的认知价值,例如望远镜;而且还认为日常生活中的行为在一定程度上都来自感觉,而视觉的感觉又是其中最重要也最丰富的一种,所以,提高视觉官能的技术发明也是各类发明中最有认识论价值的一种。不过这种来自视觉感觉的科学价值仍然没有被笛卡尔视为无可替代,因为他把来自视觉感觉的知识归因于巧合和经验。

新康德主义者亥姆霍兹(Hermann Von Helmholtz)也对视觉感觉和科

学的关系进行过详细的研究。他认为,来自外界的光的反思是触发神经活动的重要原因之一,但是人类对光的感觉仅仅是一种符号性的关系,人们并不能从对光的任何视觉感觉得出关于外界的性质,双方是一种矛盾的关系。亥姆霍兹的这种观点可以追溯到洛克对物质的定义和对感觉印象的态度,洛克认为通过感觉,只能接触到物质的第二性质,如颜色、冷热等,不能接触到物质的本质层面,所以感觉印象不能成为科学的来源。

由此可见,视觉感觉与科学之间的关系,与感觉的本质和人们对感觉的态度直接相关。本书并不认为感觉可以直接生成科学知识,但是感觉的逻辑地位确保了在科学论证的过程中具有某种感觉的根基存在,也就是说科学的知识存在于感觉逻辑的框架之中。

第一节 影像在科学中的应用方式

从广义上讲,科学中的影像感觉内容是有目的地用来存储和传递信息的。这种特性激发了两个论点:首先,科学中的视觉影像可以被视为人工制品。因此,它们不仅可以被生产出来,而且还被用于某些特定的目的。在经过上文的概念性论证后,我们可以合理地、合法地,把科学的影像作为符号来完成信息存储和传播的任务。然而,这里必须补充的是,视觉表征并不总是以一种有意义的方式被用作符号,也就是说,作为表征手段,有时它们只是为了装饰的目的而添加的。

查尔斯·桑德斯·皮尔斯(Charles Sanders Peirce)在有关符号学的论述中,论述过如何在符号使用的语境中实现有意义的表征关系,在这里,他将符号区分为图标、索引和符号。① 这种区分是基于对各自的视觉现象如何与它们的描绘对象相关的假设:影像的特征是与它们的表现对象有相

---

① Peirce, C. S. (ed.), "*Studies in Logic*" by Members of the Johns Hopkins University(1883), Amsterdam: John Benjamins Publishing Company, 1983.

似的关系。在本节的研究中，我们将以一些简短的案例研究作为开始，这些案例是关于科学中的几个典型视觉实例。研究这些案例是为了进一步阐明科学实践中使用不同种类的图像，其中主要的问题是尝试探寻关于影像在科学实践中意味着什么，以及从认识论的观点来看，它们能提供什么样的信息，它们的认知局限是什么，以及这些局限与信息的视觉呈现方式之间是否有联系。

一、影像技术及其成果

在医疗科学领域，影像技术的标签已经成为一个熟悉的术语，在医学中它被用作一个总括性术语，来表示产生人体视觉表征的不同技术。因此，"影像技术"这一类别是针对一个共同的研究对象，而不是针对各自的图像制作过程中的共性。例如，X射线图像和医学照片被归入这一类别，而超声图和功能性磁共振图像（FMR图像）也属于这一类的成像技术。

这些例子不都是影像式的吗？把各自的技术归入这个标签下可以说是完全正确的。我们认为在像与物之间存在着一种因果过程，因此，像与物在某种意义上可以看作是像与物的原因。这就是为什么我们认为这些影像是关于其原因的信息，因此是有用的诊断工具。此外，正是这种成像技术的概念引发了将摄影的特殊证据地位转移到这一领域技术的尝试。

然而，尽管医学中的成像技术确实显示出与摄影的一些重要共性，但它们中似乎与本书将在以下几节中讨论的图像类型也有很多共同点，即计算机生成的图像，如图形或图表。其中大部分是将测量数据可视化的数字图像。未经计算过的这些图像本质上不能被视觉感知直接看到。他们实际上是把眼前的现象视觉化了，也就是说，他们产生了某种东西的视觉影像的外观，然后可以用我们的感觉手段来观察它。例如，正如这个词所说的，超声波图是由声音产生的，但它仍然以图像的方式向我们展示了它们的对象。哲学家们这样描述这个过程："身体被转换成一组数值测量数据，然后编码成图像。然后由一名通常是放射科医生的内科医生在一份书面报

第六章 感觉影像在科学中的哲学问题

告中解释这些图像。"① 人们可能想知道为什么记录下来的信号会被转换成一种视觉表征？

在现在的治疗过程中，放射科的医生既有能力也有责任对自己拍摄的医学影像进行评估。为什么在这里由专业医生负责结果评估如此重要？正如亨切尔（Klaus Hentschel）解释的那样，这项技术最初并不是为医疗目的而开发的，而是作为核物理学中的一种测量设备。很快，它也被用于化学分析。这些最初的应用程序都没有使用图像。那么，为什么磁共振技术在进入医学领域时成为了一种"影像技术"？②

乔伊斯（Joyce Kelly Ann）解释了这个有趣的转变，他指出放射科医生声称他们有责任在临床环境中解释这些测量的结果。他提醒我们注意一种特定的视觉文化，这种文化预先配置了从业者使用这种新诊断工具的方法。这项专业训练在呈现 MRI 结果时带来了两个重要的变化。首先，虽然各自的图像是可用的，而且以前是随附的，但现在省略了数字数据。其次，结果显示为灰度图像，而不再是彩色图像。

的确，我们可以认为使人类视觉可以对 MRI 的数据结果进行评估，这带来了一定的优势，特别是在复杂的诊断领域。因为在没有视觉方法介入的情况下，因为许多因素相互作用，使机器或计算机似乎不太可能通过简单地从数值测量数据推断出相关的治疗方法。然而，这种数据式的影像表征方法也带来了某些认识论上的挑战。数据影像与摄影影像，这两种表征手段之间明显的相似性所引发的困难在乔伊斯的研究中有所体现，她指出摄影的真相神话建立在一种文化信仰之上，即照片以一种无中介的方式揭示了物质世界，作为摄影技术的最终产品，核磁共振检查激发了关于视觉影像的文化观念。③

---

① Joyce, Kelly Ann, *Magnetic Appeal: MRI and the Myth of Transparency*, Ithaca: Cornell University Press, 2008, p.14.

② Hentschel Klaus, *Visual Cultures in Science and Technology: A Comparative History*, Oxford et al.: Oxford University Press, 2014, pp.188–190.

③ Joyce, Kelly Ann, *Magnetic Appeal: MRI and the Myth of Transparency*, Ithaca: Cornell University Press, 2008, p.151.

为什么这种从视觉到摄影再到数据图像的类比推理构成了认识论问题，罗斯基斯（Adina L. Roskies）分析认为，非专业的人通常不仅将脑部扫描与照片相提并论，甚至将其等同于后者。在摄影中，罗斯基斯所提出的推理线是由因果关系和假设的自动图像生成方法驱动的。因此，对于在医学中使用的数据图像来说，如果没有坚持摄影的这个概念，则医学图像的认识论问题可能会遭到各种异议。但当我们有了这个前提，我们就可以与罗斯基斯达成一致，即我们对摄影的日常概念在很大程度上是由一种不被干涉的和自动的影像生成过程的理想所决定的。当考虑到我们通常对摄影图像的兴趣时，这一点就变得容易理解了。因此，我们对摄影的态度将是充满好奇心的。照片中呈现的影像表达了我们对世界知识的渴望，对外在事物的渴望，而遵循因果原理的摄影照片及其衍生品是达到该目的一种手段。

二、人工影像

在科学论证中使用的人工影像主要是对数据的可视化和人工制作的图式、图标等。在希格斯粒子被发现后，科学家公布的粒子图像引起了广泛关注，该图像来自科学家根据观测数据主观地进行可视化加工而得来的，关于这种数据可视化的一个主要认识论问题是其理论性，而在图像生成之前的数据处理方法显然是自动化的，这似乎加剧了这一难题。有哲学家因此怀疑，这些过程是否还能产生起到证据作用的数据图像，对于所看到的，我们能相信什么，相信谁？或整个实验设置，即基于算法的数据预选和收集数据的可视化，是否会导致非客观的评估或解释，从而破坏这些数据图像作为证据的适用性？毫无疑问，希格斯玻色子的图像对任何把它作为发现希格斯玻色子证据的人都提出了挑战。然而，在2012年宣布这一发现的依据并不仅仅是这张照片，因为在这次重大的科学发现中，图表也发挥了很重要的作用。

图表在现代科学中被广泛应用于科学领域，并且表现出很强的多样性。图表虽然明显属于视觉感知的范畴，但它们与照片和相邻种类的图像

第六章 感觉影像在科学中的哲学问题

中的表征风格不同。它们不是真实的描写，而照片往往是。然而，尽管图像的表达方式更加人为，但它可以而且经常显示出被研究对象的真实属性。不过，与其他类型的数据图像类似，它们可能只是将指标可视化为间接测量的结果。

在已有的研究中，已经有很多人进行了一些尝试来概念化图表与影像之间的某种复杂关系。我们可以毫无怀疑地认为，图表本质上是一种混合的表现形式，即由不同程度的视觉、数字和语言表达组成，而图片只是由不同形式的视觉影像形式组成。就一般的图表而言，纵坐标和横坐标的标题和说明都是语言上的，两个轴的标号是数值型的，还有一条曲线代表了这两个值之间的关系，它是图形化的。这个例子说明了各种不同的表现形式在传递相关信息时的功能交互。尽管如此，强调图表混合状态的特征很快被证明是有问题的，因为图片当然也包含非图片元素。符号、逻辑表达式和数值等所有的信息被合并到最终的图像中，所以上面所指出的图表的混合表现形式似乎也很适合作为这些图像的描述。

古德曼提出了一个很有影响力的区分标准。从古德曼的角度来理解如何辨别图片和图表，最简单的方法就是分析一个可视化的例子。在解释图形符号系统和图解符号系统之间的区别时，他提到了两幅图像呈现的内容是不同的插画。第一张是富士山的照片，从某个角度描绘了风景；第二张是两组数值之间的关系图。但语义上的这种明显差异并不是问题的关键。值得注意的是，为什么这两个典型的图像表面上看起来形状相似，但它们属于两个不同的符号系统。[1]

古德曼认为视觉表征是符号系统的组成部分，可以从句法、语义和语用三个层面进行分析。在这个框架内，他认为前一个问题的答案是在句法层面上找到的。在这一层面上的变化会影响特定图像所表达的意义。因此，这些特征不属于图解符号系统的语法。但是，改变横坐标和纵坐标的

---

[1] Goodman Nelson, *Languages of Art: An Approach to a Theory of Symbols*. 2nd ed, Indianapolis: Hackett, 1976, p.170. 需要说明的是，本书认为图像、图片、影像是有区别的。简单来说，图像是素材，图片是成品，影像是原生材料。

单位会影响所传输的信息，就像用虚线代替实线一样。因此，从古德曼的观点来看，这种可视化信息属于图的基本语法元素。然而，就一般的图表看来，线条的颜色和粗细确实是传递各自信息的重要因素。因此，古德曼辩护道：一幅画所包含的与它的含义相关的元素要比与图表相关的多得多。这一特征他称之为"相对的丰满"。正是在这里，他认为图形符号系统与图解符号系统相比有显著的差异。

当然，古德曼的区别在哲学辩论中并非没有争议。一方面，人们可能会质疑，根据他的方法，图片必须是相当详细的，但显然有许多反例。例如，模糊富士山的轮廓形状真的会改变画面的意义吗？另外，人们也会质疑图表的表达能力是否仅仅局限于一些视觉特征。皮考克提出了一个著名的批评：他不断增加图表中所呈现的信息，并通过图表的视觉特征传递给观看者，最终展示了一个图表可以显示出古德曼所建议的与图片的相关特征相同的特征。图表不需要图片也可以显示语法密度和相对的充分性。[1]尽管有这些批判性的评论，但不可否认古德曼的建议在分析与图表有关的哲学问题时，仍然是一个有影响力的思考框架，如佩里尼采（Laura Perini）用了他的解释来讨论图表在生物学解释中的作用。

三、影像在科学中遇到的挑战

由上文可知，科学家们把影像内容视为研究对象的重要信息来源，也是与其他科学家和普罗大众进行交流沟通的重要工具之一。影像的派生物和对象之间的因果关系，似乎支持他们的假设，即视觉表征拥有足够的信息在相关的意义上对他们描绘的对象履行科学描述的目的。

第一个方面，科学的技术化手段使肉眼无法看到的实体成为可以观察的实体。科学家普遍认为，可观察性是一个程度的问题，冥王星的卫星如果没有强大的望远镜的帮助是无法观测到的。尽管希格斯粒子的图像也显

---

[1] Christopher Peacocke, "Depiction", *The Philosophical Review*, Vol.96, No.3, 1987, pp.383-410.

示了一个不可观测的实体,但它似乎是另一种形式的影像,从希格斯玻色子图像中推断出的假设只是基于指示物,而这种猜想得出的图像显然允许直接推断所描绘对象的存在和性质。

希格斯玻色子的图像说明,在科学中经常被视觉化的是理论实体,而这些理论实体基本上是人类感官无法触及的,因此需要借助仪器,如粒子加速器、显微镜、望远镜、摄影等。此外,今天的科学观察和实验通常涉及信息技术来绘制接收到的数据。这样的设备不仅可以使肉眼无法观察到的信息被利用,还可以作为处理大数据的一种启发式手段。许多科学实验产生了大量的数据,没有技术支持,任何人类观察者都无法评估这些数据。从这个意义上说,信息技术是必不可少的。

然而,所有这些技术中介都可以被视为潜在的错误来源。如果不使用这些仪器就无法获得这些实体,那又如何能证明它们揭示的属性是正确的呢?如果间接观察和测量的属性不能确定存在,那么实体本身存在的保证是什么?只有借助工具才能看得见的物体是真实的还是仅仅是人工制品的问题并不新鲜。它是科学实在论者和反实在论者争论的核心。前者这样描述他们的立场:科学现实主义者认为,成功的科学研究的主要成果是对与理论无关的现象的认识,而且这种认识是可能的,即使在有些时候相关的现象在任何非问题求证的意义上都是不可观察到的。

很明显,在这里科学实在论者和反实在论者之间的争论是由科学调查中不可观察的因素引发的,但当他们谈论"不可观察的因素"时,他们到底是什么意思呢?支持科学实在论的科学家相信他们的仪器是可靠的,也就是说,在探测实体时,尽管它们可能不能告诉我们更多关于它们的细节,但至少在一种最小的意义上是可靠的。此外,科学中可观察到的和不可观察到的之间的区别是模糊的,而且确实经常在哲学考察中受到批评。然而,这种区别尽管是模糊的,却在科学实在论者和反实在论者之间的辩论中起着至关重要的作用。关于这个问题有三个不同层次的探究,即本体论的、语义的和认识论的。在本体论上,科学实在论致力于一个独立于意识的世界或现实的存在。现实主义语义学认为,关于这一现实的理论主张具有真值,并且应该被统一地解释,无论真或假。最后,认识论的承诺是这些理论主张给我们关于世界的知识。① 这三个层次也能以不同的方式组合。例如，一个人可以在本体论层面上是一个现实主义者，但同时在认识论层面上不是。也就是说，一个合理的说法可能是存在一个外部的、独立于思维的世界，但我们不具备获得关于它的知识的认知能力。

第二方面是有关科学中的视觉表征的认知能力。正如上面讨论的那样，现代科学的语境似乎在赋予视觉影像的特殊意义方面起着重要的作用。希格斯粒子的图像证明，最初这幅图像显示的是大型强子对撞机检测到的一个事件。专家将其作为检测过程的数据输出进行评价。后来，同样的图像出现在为感兴趣的外行人撰写的各种文章中。在这里，这张照片被用于宣传而不是研究。因此，我们有时会在不同的情境中面对相同的视觉内容，服务于不同的目的。

对科学中的视觉表象做一般性的陈述，并在此过程中，混淆在那些情境中影响科学影像的要求和效果，似乎是哲学家们对科学中视觉表象的认知地位产生困惑的主要原因之一。例如，为了吸引不同人的注意力，科学家或媒体人利用一些技术来改进图像，使其吸引社会公众的注意，以增强图像的可读性，但是这种方法可能导致一种因为简化而更肤浅的描述。因此，在对科学图像的分析中，为了更精确，语境分离似乎是可行的而且是必要的，但是最原始视觉图像已然被改变，我们有理由怀疑它们是否是一种真实的存在。

第二节　影像在科学哲学中的争论

如前所述，科学研究中的视觉应用可能会因为以下原因而出现问题：图像基础处理的真实性问题、视觉化的人工影响及视觉观察的理论性问

---

① Chakravartty Anjan, *A Metaphysics for Scientific Realism: Knowing the Unobservable*, Cambridge et al.: Cambridge University Press, 2007, p.9.

题。这些困难集中于视觉表征在研究过程中的论证地位上。因此，问题的关键在于，当科学家引用他们的研究对象的图像来证明关于它的知识主张时，他们能否在认识论上被证明是正确的。前文已经证明，没有必要担心数字化技术操纵了视觉，使其缺少视觉描述的真实对象，相反，即便视觉技术可能出错，也有各种各样的理由证明视觉的科学认知实践是合理的。但是即使这样哲学问题仍然存在。哲学家很少会否认感知觉可以作为认知的来源，他们也不反对访问视觉表象中编码的信息，会在感知上让接收者至少获得一些关于本应通过他们的方式传递的信息的知识。然而，涉及这种获取信息的方式的论证语境显然不足以使基于这种信息来源的知识主张变得可信。因此，当涉及科学观察和实验时，感知似乎是一个可接受的来源，但在科学论证中提及它的合理性受到了质疑。

对于已经被感知的事物的解释似乎也在感知世界的普通事例中发挥作用。然而，有两点可以作为反驳。首先，观察者的背景知识越深厚越精确，就越能辨别，也就是说，植物学家比普通人有更多的背景知识，可以用来推断她所观察到的事物。因此，在理解的过程中，解释的必要不一定只针对视觉本身。其次，应该合理地限制科学可视化的可能解释的范围。科学家的推理不是由猜测驱动的，而是由理论和实践的限制驱动的。因此，强调对现有科学图像的解释的相关性，并不能质疑其假定的认知能力的理论基础。实际上，争论的焦点仍然是在视觉表征如何传递命题信息的问题上，与前文不同的是，此处的问题是从科学哲学的角度提出的。

一、来自科学哲学的挑战

哲学家们仍然在视觉的科学解释如何可能的问题上对视觉的认知地位提出质疑。一方面，有一种哲学传统可以追溯到柏拉图和笛卡尔，他们的支持者质疑视觉感觉影像作为认知手段的适用性。另一方面，在分析哲学中，特别是在以这种传统为基础的科学哲学中，必须特别注意（自然的和形式的）语言。

第一个方面经常被指出是视觉认识论中的一个难点。因此，应该简要总结一下相关的推理。如今，感知通常被认为是知识的来源，但情况并非总是如此。特别是所谓的理性主义者对作为认知来源的感觉的可靠性相当怀疑。正是在这里，柏拉图和笛卡尔都相信，视觉感觉或观察不能产生知识，如果我们要为自己的知识主张寻找一个可靠的基础，我们就必须依靠理性。因此，如果感知不能作为知识的来源，那么从认识论的角度来看，感知影像的效果也不会好到哪里去。柏拉图在他的《政治论》中明确地讨论了影像的情况。在这里，他指出，图画只是模仿现实世界的实体，而实体本身只是对思想的模仿。因此，影像只是表象的表象，而不是事物的本质。这就是为什么它们不适合传递知识。①

笛卡尔同样怀疑我们获取世界知识的感知能力。他讨论了感觉的不可靠性，试图为我们的知识系统寻找一个安全的基础，例如，在第二个沉思中，他分析"蜡"的本质可能是什么时，他特别清楚地表达了自己的担忧。在这里，他证明了我们不能依靠我们的感知能力来回答这个问题，因为很明显，如果蜡被加热，任何可以被观察到、品尝到或感觉到的特征都不会保持不变。笛卡尔由此推断，这些性质都不属于它的本质。换句话说，如果我们对调查这些基本事实感兴趣，感知就不是一个可靠的知识来源。然而，如果一般的感知觉不能被视为一个可靠的认知来源，那么影像知觉也不能被视为一种认知手段。显然，遵循这一理性主义传统的哲学家将不太愿意在他们的认识论分析中考虑视觉表征。

关于第二点，与本书观点相同的是，史坦布伦纳（Jakob Steinbrenner）强调了这样一个事实，即早期分析哲学家对语言的重点关注仍然影响着哲学论述。他通过比较弗雷格关于语言表达和图像特征的一些主要论点，确证由此产生的困难。显而易见的是，语言表达的主要特征，例如作为真理的承载者，或者作为逻辑运算的对象，表达推论、引申、否定，乍一看都没有在视觉内容中表现出类似的东西。史坦布伦纳补充说，尽管这些论点

---

① Platon, *Sämtliche Werke Band 2: Lysis, Symposion, Phaidon, Kleitophon, Politeia, Phaidros*, edited by Friedrich Schleiermacher, Walter F. Otto and Ursula Wolf, Reinbek/Hamburg: Rowohlt-Taschenbuch-Verlag, 2006, pp.597a-598d.

全都受到当代分析图像理论家的质疑，但可以说，这些分析哲学奠基人的遗产长期以来阻碍了对这一主题的深入研究，但究竟是什么导致了这些问题呢？①

在《思想：逻辑性的考察》一文中，弗雷格论述的主题是真理。他特别感兴趣的问题是，什么实体可以是真值的持有者。他认为只有"思想"才能完成这项任务。但他所谓的"思想"到底是什么呢？弗雷格提供了以下描述：思想是句子的意义，而不是说每个句子的意义都是思想。思想本身是非物质的，它披上了一个句子的物质外衣，因此我们是可以理解的，例如我们说一句话表达了一种思想。②

在他看来，思想就是一个抽象的对象，那篇论文的摘要已经包含了弗雷格关于科学影像的基础是什么的回答。弗雷格认为，科学家的目标应该是真理，而视觉被他认为是一种人文学科的研究工具，不能用来指导追求确定性的科学真理。那么什么样的实体是我们逻辑分析的对象，视觉内容是否在其中？在弗雷格的论述中，这个问题与两个小问题有关，一是影像的明确性，二是真值的持有者。弗雷格质疑我们的视觉影像可以承担真值的能力是否是被确证的，他特别指出，我们所说的真实影像不一定是物质对象，而是一种有意产生的表征关系。这就是为什么我们用形容词"True"来形容影像，而不是其他物质实体。简单地说，弗雷格认为，我们称影像为"真"的做法是对"真"一词范围的一种延伸，虽然这种延伸是不合法的，但却是可以理解的。他指出"被不恰当地称为真实影像的东西可以被还原为句子的真理"，所以被称为真实的不是图画，而是句子，或者更准确地说，是句子的意义。所以，总的来讲，弗雷格认为，因为视觉影像不是直接的物质对象，所以不可能是真值的持有者，因此不能对科

---

① Steinbrenner Jakob, "Bildtheorien der analytischen Tradition", in Klaus Sachs-Hombach (ed.), *Bildtheorien: Anthropologische und kulturelle Grundlagen des Visualistic Turn*, Frankfurt: Suhrkamp, 2009, pp.285-286.

② Frege Gottlob, "The Thought: A Logical Inquiry", *Mind*, Vol.65, No.259, 1956, pp.291-292.

学认知的真理目标做出贡献。美学哲学家贡布里希在他的图像理论中也认同这一观点，他说口头断言不能被称为红色或绿色，图片不能被称为真或假。因此，当视觉在认识论上反映科学对真理的追求时，就不能得到认真的考虑。①

二、已有的回应和弱点

弗雷格在认识论中对视觉表征的批判立场并不是没有争议的。而反对者依然提出了可行的方案为科学中的视觉认知进行辩护。有建议认为，为了解决视觉内容的真值问题，可以把视觉内容嵌入交流之中，这样视觉内容才可以合法地具有断言的能力，在这种方法中，视觉内容居中处在语言和事件的中间，判断者为了判断视觉内容的真假，必须去承担一个积极的角色，从而对视觉内容做出一种解释的陈述，然后再把陈述与对真理的信念连接起来。② 可见，这种方法采用了内容转换的路径，把影像的转换为语言的。在这个意义上，它试图从两个方面来回避上述的困难，即通过声称影像可以被翻译成句子；这种翻译基于影像在交际行为中的嵌入，让接受者判断她认为影像的生产者意图通过它的帮助来表达什么。该策略似乎很符合哲学解释需要的科学背景。在这里，接受者确实试图弄清楚交际行为的预期信息可能是什么。然而，正如我们前文中看到的，可转换的影像内容只是意义的一部分，转换必然面临着意义的熵值问题，也就是说影像内部存在的原始意义在转换的过程中可能存在部分被削减或被忽略的情况。此外，该方法在某种程度上与科学探索的背景下所发生的事情是不一致的，例如科学家不会对摄影师的拍照意图感兴趣，但摄影师的照片可以告诉科学家一些摄影师不知道的有用信息。

---

① Gombrich Ernst, H., *Kunst und Illusion: zur Psychologie der bildlichen Darstellung*, edited by Lisbeth Gombrich, 6th ed. Berlin: Phaidon, 2004, p.59.

② Eaton Marcia, "Truth in Pictures", *The Journal of Aesthetics and Art Criticism*, Vol.39, No.1, 1980, p.21.

第六章　感觉影像在科学中的哲学问题

　　另一种回应来自对科学中可以能存在的视觉理性的辩护尝试。这种方法尝试用经验验证来确证视觉内容的逻辑假设，因为在实践中科学家确实可以利用可视化的技术来获得科学解释和科学预测，例如在关于月球的研究中，科学家们通过月球车拍摄的照片探测月球上的物质，月球照片在这里成为一种科研工具。古丁（David C. Gooding）认为，从解释的来源到结构模型，再到过程模型，产生了满足科学解释目的的视觉理论。这种从简单到更复杂表示的转换增加了信息内容，使模型能够提供更多的领域知识。[1] 因此，科学家们能够在视觉表现的基础上得出推论，因为它们嵌入了包含其他表现形式的更复杂的过程。以类似的方式，古丁的建议把人的注意力吸引到了更广泛的语境中的影像运用，古丁认为通过调用视觉进行科学调查和解决问题是一个变化的过程，而不是一个静态的判断，这符合前文中论证的那种动态的知识结构。但对于他的提议，仍有两点需要提出怀疑。一方面，他的方法仍然留给我们一个问题，即与弗雷格的建议相对的是，视觉影像究竟是如何传递信息的，从而可以构成古丁所描述的推理过程的基础？另一方面，他在这一背景下对"模型"的讨论带来了另一个令人困惑的问题，因为它提出了这样一个问题，即图像是否能够也应该被理解为模型？"模型"一词本身在科学哲学中具有高度的争议性。[2]

　　最后一种回应与佩里尼的观点有关，她认为哲学家倾向于把视觉内容看作是"文本中信息的冗余表达的'简单的插图'，或者传达对论点无关紧要的信息"[3]。然而，如果视觉表征在论证的认知语境中是无用的，那么科学家就不太可能把重点放在视觉表征上。佩里尼不仅让我们意识到科学家和哲学家在评估图像实践时的这种紧张的张力，她还试图对科学图像的

---

[1] Gooding David, C., "Visualizing Scientific Inference", *Topics in Cognitive Science*, Vol.2, No.1, 2010, p.25.

[2] Bailer Jones and M. Daniela, *Scientific Models in Philosophy of Science*, Pittsburgh, PA: University of Pittsburgh Press, 2009.

[3] Perini Laura, "Visual Representations and Confirmation", *Philosophy of Science*, Vol.72, No.5, 2005, p.913.

感觉影像的知识本质辩护

认知能力提供一种不同的评估。佩里尼选择的辩护路径是认为视觉内容具有功能性的论证地位,佩里尼在这方面提出了两种不同的推理方式。首先,她试图证明视觉内容确实可以成为科学论证的适当部分。其次,她还分析了是否有特定的认知任务可以完全由视觉表征来完成。佩里尼的推理与视觉影像能否承载真相这一问题交织在一起。她简明扼要地陈述了难点:哲学术语以陈述集的形式定义论点,这也许可以解释为什么科学哲学家们对视觉内容的关注如此之少,因为在反对者看来,图像属于错误的表征范畴,不能充当前提或结论的角色。此外,佩里尼解释了为什么在论证的语境中,视觉和语言表征之间具有差异的重要性。而我们必须解决的第一个问题是,视觉影像的内容是真还是假。

首先,她从逻辑和数学的角度讨论了一些例子,从集合论和几何的角度证明有一些视觉内容确实可以承载真值。此外,佩里尼还指出某些数学问题,特别是欧几里得几何问题,也存在视觉证明。科梅特(Max J. Kobert)展示了在何种意义上图像可以在数学解释中发挥作用,他演示了如何用视觉影像来解释代数语句。① 也就是说,代数公式是通过把它转化成一个几何问题来解释的,这个几何问题是可以用视觉来解决的。然而,尽管有这些最初的积极结果,佩里尼却把它们放在一边,并宣称科学论证与演绎图解系统有显著不同。

从佩里尼的论证中可以总结出,首先,视觉影像如古德曼所言,是符号系统的一部分,但它与语言的符号系统具有完全不同的句法层次。其次,虽然影像因为相似关系才获得语言的意义,但语言同样可以通过相似关系从影像获得语言式的意义。再者,佩里尼与前者的论证不同在于,她认为影像在科学中发挥的论证作用不需要通过翻译来实现,这是本书所认同的,而且也应该是正确的。

---

① Kobert Max, J., "Zur Bedeutunganschaulichen Denkens", in Ulrich Nortmann and Christoph Wagner (eds.), *Bilderndenken? kognitive Potentiale von Visualisierung in Kunst und Wissenschaft*, München: Wilhelm Fink Verlag, 2010, pp.129-138.

三、新的可能

首先,要对视觉影像在科学论证中的逻辑地位做出辩护,不得不谈到肖尔茨(Oliver R. Scholz)的图像游戏理论,通过该理论可以证明视觉内容在科学论证中具有意义的合法性。具体而言,肖尔茨将影像游戏这一术语与维特根斯坦关于语言游戏的论文联系起来,后一种方法旨在解释语言表达是如何在交流中获得意义。由于肖尔茨采用了维特根斯坦的概念来讨论意义是如何与图像联系在一起的,所以我们有理由指出他对语言游戏本质的看法。肖尔茨认为:符号的使用与人类的行为紧密地交织在一起;词语和句子不仅嵌入在符号使用的语境中,而且也嵌入在文化语境中。这两种语境都有与语言表达意义相关的特定规则;正确理解语言表达需要了解符号在不同语境和文化语境中的使用规律;而且,维特根斯坦没有提出关于语言游戏本质的假设,相反,他为以下论点做出了辩护:这一标签下的各种现象仅通过家族相似性联系在一起。这就是肖尔茨将维特根斯坦的概念转移到视觉领域所依赖的语言游戏的四个特征,也是他发展图像游戏理论的垫脚石。[①]

肖尔茨声称的图像游戏有很多不同种类。然而,与维特根斯坦不同的是,他通过区分两种不同类型的图像游戏,在一定程度上实现了系统化。这两种方法的特点适用的方向不同。一方面,有些图像游戏暗示着它们的视觉例子是世界与图像的契合。例如建筑或工程科学领域的设计蓝图。另一方面,有些图像是直接指向世界的,也就是说,这些图像模拟了以前真实世界中的物体。关于图像游戏,还有两个方面是非常重要的。首先,一个特定的图像可以用于非常不同的游戏中。例如一只手的图像既可以表示欢迎也可以表示拒绝,因此为了正确地理解一个图像,我们必须知道在哪

---

① Scholz Oliver, R., "Bildspiele", *Image and Imaging in Philosophy, Science, and the Arts*, 2011, pp.365-382.

个图像游戏中使用它。其次，由于用法的目的和意义之间的这种密切联系，产生图像的环境和其随后的用法之间存在区别。这种偏差不仅意味着由于使用手头图像的目的不同而导致意义上的变化，而且还意味着完全不同的个体可能在两种情况下发生相互作用。

图像游戏理论清楚地表明，当我们试图理解一个特定的视觉内容在交流语境中的含义时，需要考虑的方面比其编码的内容更多。因此，把论证看作是一种共同的行为，就可以利用图像游戏的理论，从而正确地理解所谓的意义的分层。这样的分层是一个特定图像多次使用的结果。在这种情况下，真正的意义就被它的生产者编码到视觉影像中去了。利用图像游戏中的视觉表现形式，至少可以为真正编码到视觉格式中的内容增加第二种意义，而这第二种意义可能会因为借助这一特定图像进行的不同游戏而改变。如果要正确地理解视觉表象，就必须在图像游戏中赋予视觉表象真正应该表达的意义层次，这也是肖尔茨敦促我们重构真正的图像游戏和文化环境的原因。如果仅仅把重点放在生产环境上，意义的重要方面就会被忽视。因此，图像游戏理论允许我们通过论证来发现图像所能获得的额外意义层次。跟随着肖尔茨的路线，我们已经确认实用中的视觉内容可以具有意义，我们面对的下一个问题是具有意义的视觉内容如何在科学论证中发挥作用。

正确理解视觉交流必须考虑交流的整个行为，而不是孤立地去考察视觉影像。凯鲁普（Søren Kjørup）还以言语行为理论为相关范式明确指出，影像化的言语行为是由言外之意、言内之意和言外之意的行为等不同部分构成的。考虑到这些层次，并加入言后行为，为我们提供了一种方法来表明视觉表征在何种层次上可以为科学论证做出贡献。① 具体地讲，言内行为涉及言语的表达，或者在视觉表征方面，涉及会话语境中图像的显示。言外之意行为是指所表现的行为，例如通过展示图像来警告某人等。命题

---

① Kjørup, Søren, "Pictorial Speech Acts", *Erkenntnis*, Vol.12, No.1, 1978, pp. 57-66.

行为是关于对基本信息进行编码，例如通过画一个特定的图形或拍一张照片。言后行为是关于预期对接受者的影响，例如，唤起一种特定的情感或说服接受者接受某个命题。而这些不同的行为都可以在视觉内容的帮助下实现。当必须提出论据或以其他方式使用论据时，就会发生言内行为。论证包含了特定的信息，即说话者将以特定的方式对它们进行编码，即命题行为。他们的目的是通过提供理由来传递信息，让人们相信他们所支持的某种结论，这种结论可以被称为"言外之意行为"。此外，争论应该使接受者相信争论所传递的信息，在这种情况下，可以被视为言后行为。

凯鲁普认为，这些细分的论证在当前的语境中是相关的，因为视觉内容在科学论证中的运用难题，可以被当作视觉内容作用于论证的不同子行为的结果。科学论证中使用的视觉内容不需要必须包含当下的相关信息，即命题内容；视觉内容也可以作为方法支持论证的言后行为。很明显，在很多情况下，可视化被用来支持论点的说服力。这个功能角色可以与传输附加信息相关联。视觉表征也可能被用来以一种有组织的方式呈现，使其相关性变得突出。然而，特别是在大众科学中可视化也可能被简单地使用，因为它们具有特殊的说服力和情感力量，在这个意义上，对视觉的认知必须谨慎地评估。

那么，言内行为中是否可以具有视觉内容？也就是说，视觉影像能否直接作为一个论据而加入一场论战？即视觉内容是否可以含有并传递命题内容？这个问题本书已经在视觉感觉影像的本体论中讨论过了，答案必然是肯定。

第三节　科学大厦的感觉之基

在过去数十年的哲学文献中，基本思想、概念往往成为研究的主要问题和对象，它们形成了相对稳定的基础，使得解释它们的具体经验知识和理论得以发展。在科学的历史中，科学的根基仿佛一直被理性主义的论调所统治。以最鲜明的数学为例，罗素等人甚至直接把数学等同于逻辑，他们认为数学概念和数学推理都可以从逻辑概念和逻辑推理中演绎出来。不论是逻辑主义、形式主义还是直觉主义，都始终追求来自逻辑的推理验证，三者内部的区别仅体现在对有限事物和无限事物的不同态度，数学的合法性终究要回到心理的作用，而且不能忽略来自实践的感知。通过前文的论证，我们知道感觉不应只是被心灵加工的材料，它本身也可以具有逻辑性的内容。所以，我们可以考虑这样一种可能，即感觉活动或感觉认知，在科学知识中扮演着一种被忽略但又非常基础的框架作用。这种框架作用的生成可以追溯到恩斯特·马赫对感觉的分析中。

一、从历史的视角看

14世纪到16世纪，发生在意大利北部的文艺复兴运动对文化和知识产生的变化、对自然哲学的性质变化同样起到重要作用。古希腊和拉丁语的经典著作开始在西欧出现，他们强调数量和度量的作用，以及统一、和谐和宇宙中隐藏力量的作用。受益于大航海时代的需要，数学及其应用的研究，包括球面几何、三角和代数的应用，变得越来越重要。这一趋势一直演变到现在形成了比较稳定的科学结构，如科学的方法、规则、范围、目标，等等。

从科学的语言规则看，科学的语言或科学理论的表达形式是一种混合语言，除了含有特定的术语，可能还有一些人工语言术语，如一个数学的语言理论（代数和集合理论）或一个特定的语言逻辑系统，还包含用于日常交流的普通的自然语言。语言对于后来科学知识的传播是必不可少的。它被科学共同体视为发现问题、表达感官经验和思想的客观媒介。当然，一门科学学科的语言在使用自身术语的程度上是不同的，在其关键术语的含义的精确程度上也是不同的。理论越先进的学科往往要求该学科的语言越精确或语义越准确。所以传统的看法认为，语言或者科学语言是科学系

第六章 感觉影像在科学中的哲学问题

统框架的基础构成。

从科学的对象来看,科学研究的对象总是一种实在的对象,这些对象在本质上是经验性的或抽象的对象,或者是经验的实在部分。不论是自然科学还是社会科学,研究的对象都被认为是客观的存在,因为任何获得必要的理论和实践知识和技能的科学家都可以研究它们。因此,科学探究的对象也是主体间性的、可触及的存在。这样的问题是,宗教、常识或伪科学等认知领域的对象是否是客观的、主观间的?所以,感觉性的内容因为在它们内部被认为是主观性的、个体性的差异化存在,所以一直不被视为合法的科学对象。

从科学的结果看,科学研究的结果是由一个知识系统来代表的,这是另一个与科学方法相关的方面。科学知识是系统的,并且用语言来表达:我们可以识别出它的各个要素之间的各种关系,其中的陈述或命题是根据证据来检验的。例如,我们可以说代表知识的两个或两个以上的陈述在逻辑上是一致的,或者它们回到了同一个主题。我们可以说,一组信念归纳支持另一种信念,或者我们可以说,某一知识从另一组知识库逻辑上遵循,等等。由科学理论和代表对象的经验检验结果的陈述总是形成一种特殊的结构,其中包含大量的关系。从逻辑上讲,科学知识的系统化至少需要信念的一致性,而信念是用理论来表达的,而理论是从经验性的逻辑中推理出来的,所以这些过程中感觉并没有被赋予太多的科学价值。

从科学的研究方法看,科学方法可以进一步划分为:概念或理论方法,如概念、语言、逻辑等;经验或实际方法,如观察、数据收集调查、结构化访谈、测量;当同时使用理论方法和经验方法时,还必须使用一系列其他方法,我们称这些为复杂方法。复杂方法的例子有假设的检验和评价、描述性和推论性统计、科学解释、因果分析以及科学模型的设计和检验。方法的选择和使用在很大程度上取决于与获取知识过程相关的知识价值。这些价值包括经验理论的可测试性和选择最接近真理的理论。因此,科学活动涉及使用方法的规则和原则,这些规则和原则指定了用于获得特定认知价值的方法。

如此可知，不论是科学的对象、规则、结果还是方法，都是建基于两大根基的，即经验和逻辑。就经验而言，它是知觉的产物，而知觉也成为隶属于逻辑的子产品，所以某种程度上可以说，科学是逻辑的产物。即便是与视觉感觉最接近的观察方法，也被经过严密的科学化改造。观察可以描述为使用视觉和光学仪器作为辅助故意、计划、集中、系统地感知外部世界。科学观察不同于普通的观察，它是在更广泛的科学研究背景下对世界进行的有意的、系统的调查。它有两种基本的方法功能：它既是获得关于世界的经验资料的基本工具，也是检验关于世界的经验假设的主要工具。它使我们能够系统地收集用于制定假设的数据，或形成检验假设的经验基础，但是马赫并不认同这一观点。

二、恩斯特·马赫的批评及其合理性

本书的观点是，在证明感觉具有规范性的可能后，感觉活动有能力在科学系统中扮演一种基础性的角色，但这种基础性不是所予式的基础，而是像感觉的动态性本质特征一样，在科学知识系统不断演进的动态系统中扮演一种动态的基础。也就是说，感觉的本体论和认识论都是动态性的或连续性的，也决定了科学的动态本质。本书的这种观点与托马斯·库恩的科学革命理论属于一种殊途同归的方式，均从不同方面证明了科学的动态革命本质。但是感觉的科学框架还有一层意义，即科学理论的解释或者科学现象的本质也是与感觉的本质相对应的。所以，研究物理学或生物学或其他科学，都必须对感觉的认知地位进行进一步的、清晰的阐明，这样做的结果必然会指向一个方向：感觉是可以容纳一切可能的物理经验的和心理经验的"共同要素"。反过来，作为要素的感觉既是物理的，也是心理的。直接通过感觉去进行科学论证会更切实、更生动、更具体。总之，本书认同马赫的观点，即不是物理构成感觉，而是感觉构成物理，在物理学

第六章 感觉影像在科学中的哲学问题

中,真实的、直接的、根本的基础也是这些作为要素的感觉内容。① 具体论证如下。

马赫的兴趣和贡献的多样性使他可以被称为最后一位传统自然哲学家。在晚年,马赫回顾了自己的生活和事业,并对这种多样性进行了思考,他说自己只不过是一个没有偏见的漫游者,在不同的知识领域里有自己独到的见解。也许,使他与其他具有同样天赋的人区别开来的一件事,就是他具有更广泛的经验,以及基于这种经验,他相信科学的基本统一实际上是人类所有知识的统一。这种信念主要基于这样一个前提,即所有的知识都是建立在经验的基础上的,任何事实或真理都不可能独立地建立在经验之上。这里的重点是"独立"一词。马赫支持经验的基础地位,但是反对单一的、独立的经验基础,马赫对此非常明确。例如,他在《感觉的分析》的序言中写道:我的认识论的物理学著作和我目前处理感官生理学的尝试都基于同一种观点,即所有形而上学的元素都要被消除,因为它们是多余的,而且会破坏科学的经济性。②

毫无疑问,马赫关于认识论的反形而上学观点,在很大程度上是由他早年对分析感觉经验的兴趣所决定的,尽管那时他还只是个孩子。而且,在他漫长的职业生涯中,由于他对感官现象的持久兴趣和无数的实验,这一观点无疑是不断得到加强的。因为,尽管他对感觉生理学和心理学的贡献几乎与他对其他科学哲学的贡献一样多,但这些贡献几乎总是集中在这个基本问题:观察者和他的感官在获取和形成我们对外部世界的知识方面所起的作用。关于他对感觉分析的实验和理论贡献,集中四个具体的但是不同的例子,它们是:

(1) 运动对音调和色调的改变(多普勒效应);
(2) 内耳半规管在运动感觉中的作用;

---

① 〔德〕马赫:《感觉的分析》,洪谦、唐钺、梁志学译,北京:商务印书馆1997年版,第23页。
② 〔德〕马赫:《感觉的分析》,洪谦、唐钺、梁志学译,北京:商务印书馆1997年版,第iii页。

(3) 视网膜点之间的相互依赖关系及其对亮度和形态感知的影响;

(4) 生理空间与几何空间的关系。

在对多普勒效应的研究中,马赫证明多普勒定理和佩兹伐(Petzval)原理是互补的,而不是对立的;多普勒关注的是运动的来源和相对于观察者的另一个运动,而后者关注的是传导介质相对于静止源和静止观察者的运动。两者基本上都是正确的,他们只是从不同的角度来看待同一个问题。对于数学家和物理学家来说,这一切似乎只不过是一场关于波动物理学的实验。但实际上这是一个心理物理实验。音调的变化完全是由主观手段决定的。马赫没有测量声波频率的物理仪器,所以,听觉感觉是绝对必要的,而观察者的有利位置也是至关重要的。毫无疑问,正是通过这些实验,马赫才认识到了主体性的观察者具有不可或缺的中心作用和对物理现象研究的敏锐洞察力。①

在研究内耳半规管在运动感觉的实验中,马赫曾提出,内耳迷宫中半规管中液体含量的惯性可以充分解释他的实验发现和上述日常经验。例如,当身体从静止开始旋转时,液体会倾向于保持静止状态,因此会挤压壶腹部的感受器,从而刺激连接这些感受器和大脑的神经元。在匀速旋转时,液体会相对于管道静止,就像身体静止一段时间一样。在旋转减速或停止时,自由液体将继续运动,从而产生与旋转开始时相同的感觉,或作为相反方向的加速度。当然,我们对运动的感觉并不局限于水平面。②

马赫通过在一种特殊构造的仪器中,观察一些小型脊椎动物,如鸟类和鱼类,发现在类似的情况下的行为,证实了他对人类的研究工作。虽然在细节上不完全正确,但正如最初形成的那样,大量的解剖学、电生理学和心理物理学实验已经表明,马赫理论在其本质特征上是正确的。马赫曾

---

① Ratliff, F., "On Mach's Contributions to the Analysis of Sensations", In R.S.Cohen and R.J.Seeger (eds.), *Ernst Mach: Physicist and Philosopher*, Berlin: Springer Netherlands, 1970.

② Mach, E., *Grundlinien der Lehre von den Bewegungsempfindungen*, Leipzig: Wilhelm Engelmann, 1875.

将物理概念应用于感觉过程的研究,这在他关于半规管功能的著作中得到了最好的说明。①

在视网膜点的研究中,马赫认为在了解某个人的状态前,我们不可能提前了解某个人。同样地,在我们了解更简单的神经节细胞的心理学之前,我们是不会了解人类的心理学规律的。这种心理与整个人类的心理相似,可以作为我们的指路之星。因此,解决神经节细胞中这些简单的基本心理过程,很可能是生理心理学的主要任务,而人的心理正是在这些基本心理过程的相互作用中产生的。所以,在了解人的感觉认知功能前,我们无法知道人类的认知如何进行。

马赫关于感觉系统功能组织的有机的或整体的观点,特别是关于视觉系统功能组织的观点,预见了格式塔心理学学派提出的许多立场。在神经系统中相互作用的元素之间施加影响的"场"的概念,与复杂的物理系统的无数类比,以及整体高于部分的首要地位,都给马赫的作品增添了一种"格式塔"的味道。然而,在任何情况下,他都没有声称整体以任何神秘的方式"大于其各部分之和"。他的观点很简单,即感觉器官的各个部分协同工作,能够完成某些单独无法完成的功能。他在关于视网膜研究的文章中写道:我的观点是从这些现象和观察中产生的,最重要的是,知觉甚至感觉,都是无数个体有机力量的结果,我们必须把视网膜看作比我们过去习惯于做的更重要、更独立的东西。近代以来,物理观点经历了一种相似的变化。分子取代了气体的概念,出现了分子的活跃混乱的概念,这些分子的统一行动只来自概率定律。液体的概念似乎也在发生类似的变化,很快人们就会发现晶体不能被认为是过于简单和统一的。由于视网膜上的每一个点都能感知自己,可以说,是高于或低于邻近点的平均水平,因此就产生了一种特殊类型的感知。凡是接近周围事物的平均值的东西都被抹掉了,凡是高于或低于的东西都不恰当地突出来了。可以说,视网膜是一

---

① Ratliff, F., *Mach Bands: Quantitative Studies on Neural Networks in the Retina*, San Francisco: Holden-Day Inc. 1965, p.299.

种图像式和漫画式的模仿（caricatures）。这一过程的目的论意义是显而易见的，它是抽象和概念形成的类比。①

最后用一个比较古老的评论作为结束，该评论准确地代表了本书的观点：马赫同意科学的术语是一种抽象概念，但否认感觉一词也是，因为马赫认为他是通过感觉来理解现实和心理特征的，在马赫的观点里，感觉就是现实的另一个名称。②

本章小结

本章论述了视觉感觉影像在科学哲学中可能会引发的几个主要问题，这些哲学问题看似宏大遥远，但是与本书在第四章讨论的问题直接相关，即影像感觉的逻辑可能问题或概念性问题。如果哲学问题得到重视，那么相关的科学哲学便不再难以达成共识，反而可以迎刃而解。因为这些问题的产生本质上都来源于科学及科学对语言和分析逻辑的单一痴迷，甚至最接近感觉的知觉经验也被改造成了逻辑和语言的附属物，这种认识论的一元论无疑是非常危险和脆弱的。

---

① Mach, E., *The Analysis of Sensations and the Relation of the Physical to the Psychical*, transl. by C.M.Williams, revised by Sidney Waterlow, McLean: The Open Court Publishing Company, 1914.

② Carus., P., "Professor Ernst Mach's Term Sensation: Supplementary to His Controversy with the Editor", *Monist*, Vol.3, No.2, 1893, pp.298-299.

第七章　影像的知识论辩护二：可能的回应及反驳

　　由于主流的哲学观点多数与感觉的认识论有很大差异，所以不免会对很多问题有不一样的态度，本章选择了几个比较主要的问题，尝试对它们进行回应。首先，在实在论问题上，直接实在论的感觉解释在自身层面上不够完满，还要面对来自间接实在论的反驳和批判。在此基础上，本章论证了朴素实在论的合理性，并在其基础上解决直接实在论的弱点、回应间接实在论的批判；其次，影像知识必然会遇到来自物理主义还原论的批判，从它们的立场出发，感觉是无法还原的，所以没有知识论的价值，至少在可以被还原前是不能具有，本章从反还原论的角度对其进行回应；再次，他心知问题是传统心灵哲学的核心问题，有很多理论认为他心知是可以被获得，本章对这种观点提出了质疑与批判；最后，来自形而上学的批判是影像知识所面对的最根本批判，科学自然主义认为要论证感觉影像的知识可能，必须对其进行科学式的观测、实验和论证，为回应此批判，本章尝试提出博物学式的自然主义，从自然的、进化论的角度对反对者提出批判，为感觉影像进行辩护。

感觉影像的知识本质辩护

第一节 实在论间对感觉影像的争论

直接实在论之所以是直接的,是因为我们对物理环境的信念,是心灵对感觉输入做出反应时产生的第一个信念,而不是从低级别的感觉输入信念中推断出来的。前文已经论证过,在感觉中存在判断的内容。但是,根据直接实在论,这些信念也不是自我辩护的。他们的理由取决于是否有适当的感觉经验。但是间接实在论者并不同意这种立场。不过二者的观点都还不够完备。

一、直接实在论的可能回应及问题

在历史上,大多数认识论理论都是信念态度的理论,即认知者的信仰的正当性,只与主体所持有的信仰有关。只有信念才能成为判断正当与否的依据。当把这种假设应用于感觉时,会产生矛盾的后果。感觉信念——在感觉的基础上形成的第一个信念,就其本质而言,是不能从先前持有的信念中推断出来的。感知为我们提供了新的信息,而这些信息仅靠推理是无法获得的,因为知觉信念不是从其他信念中推断出来的,这不能成为它们存在的理由。因此,知觉信念必须是自我辩护的,只有认知者持有的事实才能证明其正确性。在没有其他信仰的推论支持的情况下,使知觉信念合理的原因是它们是感觉信念。也就是说,它们是基于感觉输入而被相信的。同样的信念可以建立在感觉输入的基础上,也可以建立在从其他信念推断的基础上。当它是基于感觉输入时,那就证明它是正确的。我的感觉经验是什么让我相信,比如,柠檬是黄色的?在我看来,柠檬在我的视觉上呈现是红色的,这一事实显然证明了这种看法是正确的,不过这需要先确定我不是在幻觉和错觉的状态。一般来说,视觉经验可以为我们提供各种各样的直接证据。

第七章　影像的知识论辩护二：可能的回应及反驳

直接实在论在某种程度上是一种关于神秘联系的理论。它告诉我们，第一，感觉信念是普通的对象信念；第二，这种神秘的联系不仅是一种因果关系，而且传达了合法的感觉信念。然而，直接实在论并没有解释这种神秘性是如何实现的。在很大程度上，它让这种神秘变得和以前一样神秘。这就产生了一种反对意见，这种反对意见通常是针对直接现实主义的。反对的理由是，感觉信念包含概念，但视觉影像是非概念性的，那么影像如何支持信念呢？如果说影像是非概念性的，但信念是概念性的是正确的，那么在所有的感性认识理论中，神秘连接左边的是非概念性的，右边的是概念性的。问题是，这种神秘的联系是如何将我们从一个连接到另一个的呢？① 基础主义者认为感觉信念是关于图像的，因为我们仍然想要解释心灵是如何把我们从影像带到信念的，无论是关于感觉影像还是关于世界上的物体。这是一个关于这种神秘联系如何运作的谜题。

直接现实主义的论据很有说服力，例如，如果 S 认为 X 是红色的，是因为它认为 X 是红色的，那么 S 这样做是完全合理的。但是这个原则是有问题的。我们需要区分红色的精确色度和一般的红色。直接实在论的原则是将红色这个概念与一种观察方式联系起来，它告诉我们，某个东西有那种明显的颜色，这为它是红色的结论提供了有力的支持。但是失败的论据不需要独立的论证就能产生。因此，如果要正确描述我们对物体是否有红色的认识论参与，它必须描述红色概念的一个基本特征。也就是说，必须有一种明显的颜色在逻辑上或本质上与红色这个概念相关。哲学家们常常认为红色这个概念具有一个基本特征，它是描述红色事物外观的一种规范。例如，要掌握红色的概念，有必要知道什么东西看起来是红色的。然而，从目前的情况来看，这似乎是错误的。②

在心灵哲学中，有很多关于"颠倒光谱论证"的讨论，也有关于它是

---

① Sosa, E., "Epistemology Today: A Perspective in Retrospect", *Philosophical Studies*, Vol.40, No.3, 1981, pp.309-332.

② Pollock, J.L. and I.Oved, "Vision, Knowledge, and the Mystery Link", *Philosophical Perspectives*, Vol.19, No.1, 2005, pp.309-351.

否合理的争论。不过这种变异不仅是可能的，而且是普遍的，这就是"滑动光谱"。在一例白内障手术中，浑浊的晶状体通过外科手术从眼睛中移除，取而代之的是一个类似于隐形眼镜的硅晶体植入物。当对右眼进行手术时，受试者惊奇地发现，通过这只眼睛看到的一切都是蓝色的，医生了解到这是正常的。每个人的视网膜所获得的物像都会随着时间的流逝而变黄。实际上，人们的眼睛里有一个棕黄色的滤光片，它会影响所有明显的颜色，把它们变成黄色。这种现象如此普遍，以至于在视觉研究中有了一个名字，即"光敏透镜的深色"①。术后的一段时间里，所有东西从右眼看都是蓝色的，相反，从左眼看则是黄色的。几周后，当左眼的白内障晶体摘除后，两只眼睛看上去都是蓝色的。但现在，随着时间的推移似乎一切都很正常。因此，在每个人身上，红色物体的外观会随着时间慢慢变化，就像眼睛组织变黄一样，但因为变化缓慢，受试者没有注意到。如此一来，我们需要思考的问题是究竟哪一种成像才是正确的？

二、间接实在论的可能回应与问题

间接实在论者相信，实在的对象不能被直接被感知。间接实在论的认识论观点认为，对一个物理对象的感知是感知者和该对象之间因果互动的结果。物理对象的属性似乎是由该对象的实际属性与感知者的感官系统相互作用的结果，该感知发生的必要条件是物质对象的附属性质。但是一个物理对象的所有属性都不一定是这个对象的固有属性，物理对象是否具有我们熟悉的属性只能通过相当复杂的论证来确定。曼德尔鲍姆（Maurice H. Mandelbaum）的批判认为，我们无权鉴定物体的任何性质，因为它们是我们直接通过物体的属性来鉴定的，因为它们独立于我们而存在于物理世界中。虽然某些特性可能比其他特性更准确地反映物理特性，但是没有一

---

① Delwin T. Lindsey and Angela M. Brown, "Color Naming and the Phototoxic Effects of Sunlight on the Eye", *Psychological Science*, Vol.13, No.6, 2002, pp.506-512.

第七章 影像的知识论辩护二：可能的回应及反驳

种特性可以被假定为与独立于感觉和知觉而存在的事物相同。① 这也是塞拉斯长期以来所捍卫的观点。事实上，这一观点是强加在每一个科学现实主义者身上的，因为科学所提供的物质世界的形象已经与独立感知所提供的形象大相径庭。作为直接感知到其他实体的结果对于感知者来说是内在的，这将使我们认为有关物理对象的内在属性的知识是间接的。

根据间接实在论，当我说这是红色时，并不清楚"这"是关于我直接感知的表征，还是关于我间接感知的独立于思维的外部事物。据笔者所知，这个问题还没有得到明确的解决。英国经验主义时期的观念论和感觉材料理论就是最直接的例子，它都是间接实在论的产物。它们都认为人类通过感觉观念获得的感觉内容是物质的第二性或感觉材料，它们不属于物质对象的本质实在，只是一种多变的、不稳定的物质属性，要想真正掌握关于物质的真正本质，必须在心灵或思维的参与下对感觉内容进行归纳或演绎才能获得。所以间接实在论不承认感觉内容可以发挥的认知功能，只赋予思想或逻辑以核心的认知能力。塞尔就认为，在我们现实生活的实际经验之中，我们无法依靠什么根据把错觉、幻觉和真实的感觉进行区分。② 在错觉论证的帮助下，很多哲学家都以此来反对直接实在论，并把自己带向了间接实在论的立场。

但是间接实在论要面临的问题是，表象和观念、物质和心灵之间被建起了一道知觉之幕，我们所感知到的世界是世界在幕布上投射出来的影子，人类永远无法透过幕布认识到世界的本来面目，世界在知觉幕布的理论下，成为了一种不可知的形而上学对象或自在之物。知觉之幕的问题最早被认为起始于笛卡尔，对于间接实在论者来说，外在世界如何被确证的问题确实成为一个让他们感觉到无力的问题。但是如果我们接触不到真实的外在世界，我们怎么又能确认有真实的世界隐藏于知觉之幕背后呢？自洛克以来，知觉之幕一直未能破解，知觉之幕的理论难题更是为解决心灵

---

① Brown, H. I., "Direct Realism, Indirect Realism, and Epistemology", *Philosophy and Phenomenological Research*, Vol.52, No.2, 1992, 341-363.

② Searle, J., *Mind, Language and Society*, New York: Basic Books, 1998, p.30.

感觉影像的知识本质辩护

与世界的二元论问题造成了困难，而心灵如何能够通过观念或表象获得符合物质世界的真实知识更成为了历史难题。普特南认为，知觉之幕引起的致命问题在于，它默认了我们的思维和外在对象本身之间始终存在一道天堑，我们的思维能力始终不能到达外在对象本身，所以我们就更加不能确证我们关于外在世界的知识是正确的。① 所以，为了拯救我们关于外在世界知识的可靠性，为了拯救我们日常经验的真实性，我们必须直面间接实在论者的挑战。

不论是非概念论者还是感觉材料论者还是其他的反对感觉认知的哲学家们，大部分都在以间接实在论的姿态对感觉进行批判，否定感觉的知识论可能。但是，间接实在论者们没有看到，赋予理智行为以内容的意思还可以是，理智行为的内在特质就在于他们与实在秩序之间的直接关系。麦克道尔认为，如果我们拒绝了所予，那么我们并没有因此就取消了实在，而是责成我们自己不要做出这一假定：对实在的觉察是经由非概念感觉的方式居间促成的。② 如果坚持感觉内容不存在逻辑性的概念和判断，那么我们无法解释世界如何被我们拥有。现代神经学科和脑科学研究也都证明，高级脑区可以绕过初级视觉皮层抓取最精细的视觉信息，这些视觉信息都可以来自最直接的视觉感觉影像。所以，概念的、判断的、非话语的视觉感觉影像不应该是间接实在论的附属物，依靠它维持心灵与世界的关系无法摆脱不可知论和休谟式的怀疑论。

相反，视觉感觉影像的身份应该以直接实在论或朴素实在论的身份出现，即视觉感觉是对外在世界的直接表征，在日常实践中非错觉和幻觉的视觉感觉所获得感知内容的就是世界本身的样子，外部实在世界可以被人们知觉到，且被知觉到的特性真实地属于实在本身。根据丹西给出的定义，朴素实在论对于解释本书所认同观点更准确些，因为它强调我们感觉

---

① Putnam, H., "The Face of Cognition", in José Medina and David Wood (eds.), *Truth: Engagements Across Philosophical Traditions*, New Jersey: Wiley-Blackwell, 2008, p.453.

② John McDowell, *Having the World in View: Essays on Kant, Hegel, and Sellars*, Massachusetts: Harvard University Press, 2009, p.45.

第七章 影像的知识论辩护二：可能的回应及反驳

到的物质特性确实被物质本身所具有。① 这符合康德直观理论中"直"字的意义，即"在一个视觉直观中，对象直接的呈现给我们"②。我们意指的或思维的东西跟与实际情况相符的东西并不存在任何本体论的隔阂。具有逻辑判断的感觉内容决定了，我们的经验把事物表象看成什么是我们不能控制的，但我们能控制的是自己拒绝还是接受这个事物的影像。借用维特根斯坦的一个观点：当我们看到事情是如此这般的时候，我们并非在事实前面的某个地方便止步不前了。我们看到的东西就是他实际所是的样子。③ 世界可以容于思想之中。只有看清了实在对象是如何在概念事件中经过概念塑造感觉意识直接呈现给思维主体的，我们才能理解让思维能够最终指向客观事物的概念。有一个大前提是，这些论述都必须是在非欺骗性的影像（显象）之下，也就是在塞拉斯所言的正常的标准的视觉环境之下的视觉感觉。反之，错觉、幻觉等欺骗性影像是另一个复杂的问题，如何界定它们和真实的感觉影像之间的本质区别不是本书主要解决的问题。

总之，传统语言哲学过分理智化了我们的认识生活，他们用语言行为的模型去解释非语言行为，用麦克道尔话讲，这包含一种教条的人类中心主义色彩。运用语言模式搭建起来的知识大厦必然有其合理性，但不能以此就忽视其他非语言内容的认知地位，人类的认知活动并不是罗蒂认为的那样全是语言的事情。虽然塞拉斯质疑了罗蒂式的观点，并接受了视觉具有独立的逻辑，但他的态度不彻底且仍具有妥协性。事实上，身体是连接思想和知觉的界面。④ 与我们的思维活动相关联的视觉感觉内容要比被接纳的经验本身更丰富、更细腻，并且这种关联可以加以推广，使其容纳听觉、触觉等其他的感知觉活动。我们的人类祖先在进化到语言能力前，正

---

① Dancy, J., *Introduction to Contemporary Epistemology*, Hoboken: Blackwell, 1991, p.49.
② 〔德〕伊曼努尔·康德：《纯粹理性批判》，邓晓芒译，北京：人民出版社 2004 年版，第 25 页。
③ Wittgenstein, L., *Philosophical Investigations*, Hoboken: Blackwell, 1999, p.44.
④ 费多益：《他心感知如何可能？》，载《哲学研究》，2015 年第 1 期，第 120—122 页。

是依赖影像式的感觉逻辑指导他们的生活行为。这种感觉的逻辑在隶属于人类最高理性的同时，也保有着与非理性动物的认识机制相同的自然意义。在因果性的自然事项中同样可以包含理性的逻辑效力，反之实践理性也具有因果效力。如此我们才可以避免自己陷入理性动物的"极端理性主义"，"任何一种认为理性动物和非理性动物之间有区分的认识论，都可以因为与我们的经验知识不相容而被放弃"。①

在感觉中，我们还能看到笛卡尔"我思维"的现代意义，即一种只有"我"能把握到的逻辑形式，它以影像的形式存在于心灵之中，这是个人层面的主体性特征，是真正的具有笛卡尔精神的主体性，而非在全人类层面强调理性至上的片面的主体性。这种来自感觉的私人影像构成了塞拉斯认为的"明显的图像"。塞拉斯的科学图像无疑是合理的，但那是因为我们的现代生活已经如榫卯般严丝合缝地嵌入在由科学技术搭建的科技社会中，我们不能因此就弱化由自然进化构成的明显图像，我们要意识到自然的明显图像与理性的科学图像不仅是相互交织的，甚至还有以自然为起点的。从微观层面的认识主体来看，这样的关系同样适用于自然的视觉能力和理性的逻辑能力之间。

三、朴素实在论的辩护：以析取论之矛

准确地说，朴素实在论（Naive Realism）与直接实在论属于同一个阵营，由普里查德（H.A.Prichard）最早提出。但是，二者的内容还是略有不同，这个前文也已经讨论过了：直接实在论感觉对象是真实的，而朴素实在论更强调不仅对象是真实的，我们通过感知获得的关于对象的感觉内容也是真实的。也就是说，朴素实在论具有双重确认的特点，即确认外界对象是真实存在的，同时也确认感觉主体对对象的感觉内容也是真实的，是符合外界对象的。

---

① 〔美〕约翰·麦克道尔：《麦克道尔哲学访谈录》，唐浩译，载《现代哲学》，2014年第3期，第59页。

第七章 影像的知识论辩护二：可能的回应及反驳

就视觉感觉而言，朴素实在论视域下的视觉感觉获得的视觉影像与物质对象的真实情况是相匹配的。我们视觉上感觉到一条红色的领带，就意味着我们有一条红色的领带真实存在着。在前文的论述中，我们已经知道，逻辑性的、概念性的感觉内容，确保了感觉内容有资格获得真实的对象本质。如约翰·坎贝尔（John Campbell）所言，只有朴素的实在论才能够提供足够的角色担当，让有意识的感知觉在发生时启动思考或思维能力。① 但是这种真实的感觉需要一个条件与之搭配，否则就不能成立，那就是感觉主体必须在意识正常、光线正常的日常环境下，否则，视觉感觉影像很有可能会因为视觉错觉或幻觉的发生而获得与实际情况相悖的、错误的感觉知识。

为了解决这一问题，我们不得不提到朴素实在论在当代的衍生理论：析取论。析取论者通常是朴素实在论的支持者，他们认为当一个人感知世界时，与思维无关的感知对象，如桌子和树，是人类经验的组成部分。在其他情况下，如幻觉，这些物体不可能是人的经验的组成。因此，以朴素实在论的观点来看，逻辑性的感知和幻觉具有不同的性质：前者有独立于思维的客体作为组成部分，而后者则没有。与之相对的是，感觉和幻觉之间就算是有所谓相同的内容，也是一种错觉上的幻觉，在幻觉中，我们感觉到的并不是真实事物，感觉的对象仅仅存在于大脑中或心灵中，而人类的感觉系统是立体型的构造，就算是视觉上出现了幻觉，我们还可以通过味觉、触觉、嗅觉、听觉等去辅助我们确认，我们正在感觉的对象究竟真实的还是幻觉，关于这点我们可以从贝克莱在《视觉新论》中对触觉的论证中得到确证。以电影《骇客帝国》中的仿"缸中之脑"情节为例，当人们坐在控制大脑的机器中时，计算机会通过控制大脑把人的所有感知带到一个未来时空。在这时，人的所有感知都被计算机控制，无法调动，但是在未来时空中，人又可以具有所有感知。根据前文论述过的内容，电影中的"缸中之脑"实验存在明显的矛盾，因为感知系统是由人的感觉器官和

---

① Campbell John, "What is it to Know What 'I' Refers to?", *Monist*, No.2, 2014, p.2.

大脑共同构成的，任何时候都不可能仅仅通过大脑就控制人的所有感觉器官。由此可知，间接实在论者的幻觉论证也不可能把人的所有器官都封闭住，例如在梦境中，我们只有视觉内容衍生物，而且还是非常抽象的、无色彩的视觉意象，如果我们要证明我们不是在做梦，只需要掐一下自己看疼不疼就知道了。所以，间接实在论的幻觉论证并不能真正驳倒直接实在论或朴素实在论。

但是，一种被称为"因果匹配"的幻觉给析取论带来了麻烦。因果匹配的幻觉是一种与真实感知相同的大脑状态，与这一类幻觉有关的论点，被认为对朴素实在论的析取主义者提出了一个特殊的问题，并导致析取论不得不接受以下三种观点：对真实感觉和幻觉的情况可能有一种常见的心理影响；这种常见的心理影响的发生足以说明在因果性幻觉病例中所涉及的那种经验。这些论点为我们提供了理由，让我们认为，一个析取论者如果同时接受前两种观点，那么也有理由接受第三种观点：这一普遍心理影响的发生足以说明真实知觉的现象性。一旦第三种观点被承认，错觉论证就会继续，朴素实在论论证真实感觉的理由就会被削弱。

本书认为，所谓的"因果匹配"本身就是伪命题。按照因果论的规则，同样的因才会有同样的果。而幻觉的因和果都不同于真实的感觉，如果结果相同，根据因果论的规则，它们怎么会没有相同的原因呢，它们既然不一样，就肯定不会有相同的原因和结果，所以它们怎么能匹配呢？

就视觉感觉而言，真实的视觉感觉内部具有丰富性、全方位的感知信息，其中包括视觉的颜色、光线、空间、形状、环境因素，更不要说还有触觉、听觉、味觉等辅助视觉的感觉内容。所以，就算是我们在生活中遇到了大脑正常状态下的"真实"幻觉，比如水中的筷子，我们还可以通过把手指放进水里试试看究竟筷子是不是折断的。这就引出了本书关于间接实在论最重要的一个反驳，那就是一个具有正常思维的人是不可能有幻觉或错觉的。

错觉论证的问题在于，把幻觉发生的条件设置得过于简单，认为幻觉随时随地可以发生。但是，如果结合日常生活来看，我们就会发现，一个具有正常思维的人发生幻觉的情况只有一种可能，那就是他生病了。要么

第七章　影像的知识论辩护二：可能的回应及反驳

是大脑有某些先天或后天的问题，要么就是还没有睡醒。如果我们的身体状况是正常的，我们怎么会出现幻觉。最大的幻觉可能也是我们第一次遇到我们未曾掌握相关知识的现象，比如正在开车的时候前挡风玻璃上出现水雾，我们可能会有视觉变差的错觉。但是，但凡有经验的司机，都会提前打开空调或窗户，防止自己出现这种"幻觉"。

所以，防止幻觉，最重要的是具有自省、自查的能力，而这些能力是一个正常的人应该具备的能力。需要指出的是，未受过教育的、原始部落的非现代人不在此讨论范围内。我们不仅要经常检查自己的身体是否出现了问题，更要对自己的知识结构和思考问题的能力进行训练，因此本书看不到"错觉论证"的任何合理性。如果科学家们也受制于这种论证，那我们的认识论必然会陷入无尽的怀疑主义，毕竟连科学家都不能保证自己不出现幻觉。

间接实在论的主张，本质上是把本应是私人层面的知识，强行符合于普遍的知识，强行用普遍的知识去解释个人层面的私人知识，这样必然会造成非常激烈的矛盾和冲突。就个人的感知认知论而言，只能在个人的内部首先生成个人的知识，然后不断通过对比、总结、归纳等科学方法逐渐演变成普遍知识，这个过程就像是赛车手比赛一样，他要不断地调校赛车、调校技术、考察外界环境因素，才能真正做到人车合一，拔得头筹。而间接实在论完全忽略了这个渐进的过程，这必然会导致其失败。

第二节　还原论对感觉逻辑的批判

现代分析哲学中所使用的科学还原的概念与原始的还原概念是不同的。根据原始的还原概念，我们可以从基本的宗教、形而上学或认识论原理中了解到在纯粹先验的基础上还原关系的实例化。在哲学史上，还原论观点与其二元论和多元论形而上学对手之间的冲突一直存在。不论是本体论层面的朴素实在论还是认识论层面的视觉感觉影像，都是唯物主义的拥护者，理应与唯物主义的还原论站在一起，但事实并不是这样。

一、还原论的主张

在20世纪，大多数哲学家认为理论的还原问题优先于实体或现象的还原问题。还原最初被认为是一种统一科学的方法。对于一门科学或理论，认识论的还原论者认为，事实上，我们能够把它还原为一门更基础的科学。这是一个关于我们能在认知上取得什么成就的论题。还原论的主张非常复杂，其中有不同的流派，属于不同的本体论，有不同的内容、不同的学科，所以本书仅选择与本书关系接近的一些观念进行简单的讨论，也就是与心理学、心灵哲学、科学认识论相关的内容。与本书讨论的论题直接对应关联的还原论流派应该是逻辑实证主义的还原论和科学实在论的还原论，前者以卡尔纳普的理论为代表。

卡尔纳普的还原理论认为，如果一个对象（或概念）的所有语句都可以转换成关于这些其他对象的语句，那么该对象（或概念）就可以简化为一个或多个对象。① 这一观点的根源来自卡尔纳普的本体论观点，在《世界的逻辑结构》一书中，卡尔纳普试图把所有的语言都归结为现象主义的语言，即直接经验的语言。不久之后，在与纽拉特（Otto Neurath）的讨论影响下，卡尔纳普改变了他的立场，他认为所有有意义的句子都应该翻译成那种语言。在他的简短的专著《科学的统一》中，他谈到将所有的陈述简化为一种物理语言，但他的官方立场是，所有陈述翻译成哪种语言并不重要，重要的是它们都被翻译成一种共同的、普遍的语言。② 他认为物理语言，更准确地说，被理解为空间和时间物体的语言，是这种普遍语言的一种可能。因为科学是一种统一体，所有的经验陈述都可以用一种语言来

---

① Rudolf Carnap and Rolf A. George, "The Logical Structure of the World: Pseudo-problems in Philosophy", *Journal of Symbolic Logic*, Vol.36, No.3, 1967, pp.551-552.

② Rudolf Carnap, "The Logical Foundations of Probability", *Journal of Philosophy*, Vol.60, No.13, 1963, pp.362-364.

第七章　影像的知识论辩护二：可能的回应及反驳

表达，所有事物的状态都是同一种，都是用同样的方法来认识的。可以看出，当时的卡尔纳普还沉浸在为哲学问题寻找确定性的根本解释的目标中，他的文字中充满了对永恒性、统一性、确定性的渴望和追求。对于卡尔纳普和纽纳特来说，对统一的共同兴趣源于对哲学和社会科学方法的失望。他们认为，这些学科太过依赖于主观的验证方法，这其中就包含感觉。实证主义者发现这些方法有问题，需要用物理科学中的方法来代替。他们认定，依赖于个别观察者主观状态的数据和陈述的方法，不能被相互主观地验证，因此不能被用来进行科学式的主观预测。

卡尔·亨佩尔（Carl Hempel）认为理论的还原包括两个任务。首先，我们要还原该理论的所有术语，包括翻译成基础语言。[①] 然后，通过推导将理论定律还原为基本理论定律。与亨佩尔不同，内格尔并不认为所有的还原需要提前对术语进行翻译。他区分了同质还原和异质还原，只有在后者中，目标科学才包括基础科学中尚未包括的术语。[②] 然而，他也承认，在他感兴趣的案例中，目标科学将包含基础学科理论中没有的术语，因此这种缩减将是不严密的。不过这并不一定意味着必须将目标科学的术语翻译成基础科学的语言。例如，一个对将心理学简化为物理学感兴趣的人会注意到，心理学理论包含诸如"信念""欲望"和"痛苦"等术语，而这些术语在基础的物理理论中是不会出现的。在这些情况下，必须在基础科学定律中加入假设，说明这些心理学术语与基础科学中已经存在的术语之间的关系。

可以看出，内格尔和卡尔纳普的理论相比，他们采取的路径和方法不同，但目标是相同的，都是要对科学理论进行简化，并在多样性的理论中寻找基础理论的基础性。但是内格尔的弱点在于，第一，跨专业的还原不能避免双方的概念无法完美兼容的问题，例如怎么在物理理论里找到生理

---

① Carl G. Hempel, *Philosophy of Natural Science*, Englewood Cliffs, N.J.: Prentice-Hall, 1966, p.103.

② Thomas Nagel and D.C. Dennett, "Content and Consciousness", *Journal of Philosophy*, Vol.69, No.8, 1972, p.220.

学理论中的 DNA 概念，物理学内部也有很多细分的理论，选择哪一种理论去适配也是一个问题。第二，就算概念兼容了，理论也很难兼容，如何在光学和电磁学之间寻找基础理论呢？这两个问题的提出借鉴了肯尼斯·沙夫纳（Kenneth Schaffner）对内格尔的批判。沙夫纳在批判内格尔的基础上也提出了修改版本，即把被还原理论视为基础理论的一种类比。本书认为这种方法让还原主义的还原目标在自己手里失败了，比较"类比"一词是一个极具社会科学意味的概念。

在这之后，后继的还原论仍然讨论了将还原视为翻译成一种共同语言的问题，但还原也可以通过另外两种方式来理解，即用一种基本理论解释所有观察结果，并从一种基本理论推导出所有理论。总之，从还原主义的立场出发，不论是卡尔纳普和纽拉特，还是他们的后来者，感觉的视觉影像一定会受到他们批判，因为它们从根本上无法满足被语言还原的科学目的，更谈不上在其中寻找统一性和确定性。所以，本书尝试的回应是，还原论不仅不能实现它们的目标，连还原论本身都是值得怀疑的。

二、整体论的反还原论辩护

笔者认为，在影像感觉展开辩护以前，来自科学实在论的内部斗争就可以拿出有说服力的辩护来反对还原论，它就是物理学的和语言哲学的整体论理论。整体论包括本体论的整体论、属性论的整体论和方法论的整体论。整体论在各个方面都反对还原论，包括物理学、心理学和其他学科都是如此。以量子力学为例，在量子力学得到全面的展开研究之后，量子现象表现出一种特征的整体性的特征，这就是量子与经典物理学的区别。量子力学的一些测量结果显示出的理论模式抵制了传统的因果解释。有些人认为可以将这些模式理解为量子整体论或不可分性的实例或结果。玻姆（David Joseph Bohm）对量子力学的思考使他采用了一种更普遍的整体论。他认为不仅是量子对象和量子装置，而且任何量子对象的集合本身都构成一个不可分割的整体。根据玻姆对量子力学的解释，一个完整的"未分割宇宙"状态的描述不仅需要列出它的所有组成粒子及其位置，还需要一个

第七章 影像的知识论辩护二：可能的回应及反驳

与引导其轨迹的波函数相关的场。所以，量子场论是物理学整体主义的一个重点体现。

语言哲学的整体论代表者非蒯因莫属，他在《经验主义的两个教条》中把还原论视为经验论的第二个教条，并在此基础上提出了他的整体论。蒯因认为，我们的知识作为一个整体出现在经验的法庭，进而接受整个知识系统的检验，而不是单独学科的知识或是单独形式的陈述；个别的陈述隶属于整体的陈述，对个别陈述的微调必然引起整个陈述的全面调整；整体中的每一种陈述都可以被经验不断地修正。在此基础上，蒯因提出了那句名言：整个科学都具有经验意义。①

但是，从本书的角度看，不论是科学的整体论还是语言哲学的整体论，他们都是在科学和语言的框架下设计的整体论，都是不彻底的整体论。因为人类的知识系统并不只是由自然科学和语言内容所构成，其中还包括社会科学或者感受质一类的私人内容，甚至私人层面的个人知识。所以，本书认为，真正的、彻底的整体论必须从感觉行为和感觉内容出发。如前文所述，感觉可以为知识的确证和外在世界的实在论确证提供合法辩护，人类与世界的接触必然是从感觉开始的，而人类的知识也必然是从原始的感觉内容提炼出来，这种提炼并不是像科学概念一样可以由科学家随时提出，而是受益于教育或教化的作用，经过长时间的积累而得。所以，真正的整体论，必须是包含感觉内容和感觉行为的。

关于还原论，本书要尝试反驳的是，在论证过视觉感觉具有认知功能或知识可能之后，影像以一种独特的风格可以在科学系统中取得立足之地。这种独特的风格来自影像的内容特征，抑或者是图像的内容特征，即不仅影像的形式是一种感受性的形式，影像的内容也是感受性的。假如我们在画廊里欣赏一幅后现代的抽象主义美术作品，每个人所看到的意义，都不会相同，这受到每个人的学历、职业、成长经历、认知水平、性格风格的直接影响，我们不可能让任何两个得到相同的感受。而生活中的视觉

---

① 〔美〕蒯因:《蒯因著作集》第四卷，涂纪亮、陈波编译，北京：中国人民大学出版社2001年版，第46—47页。

感觉实际上也是这样的情况。当我们走在马路上用视觉获取感觉内容的时候，没有人会有完全一样的感受。但是这种感受同时又可以在感觉主体内部形成判断，这就导致判断也会完全不同。所以，我们如何用还原论的理论还原这种感受性的知识种类呢？答案是否定的。视觉影像具有一种浓厚的实用主义特征，就像维特根斯坦主张的那种行动哲学或图像游戏一样，我们的影像或我们的知识是在行动中发生的，主观（关于影像的感觉和判断）和客观（感觉发生时的环境、条件等）都是随机变化的。这种随机变化的复杂性和不可预测性必然是任何还原论都无法真正还原的。所以，还原论的主张，及其背后支撑它们发生的本体论、认识论思想都必然是比较脆弱的。

第三节 他心知可能吗

他心知问题自笛卡尔以来一直是心灵哲学中的一个难题，它关心的问题是我们可不可以知道他人心里的真实想法这一普遍问题。毫无疑问，这是一个古老的问题，但是仍然不时有新的解决办法被提出，特别是在认知心理学和神经科学得到快速发展之后。但令人遗憾的是，解决问题的方法一直在变，但是问题一直没有被真正解决。所以，我们不禁要思考，这个问题真能解决吗，也就是说，他心知可以实现吗？会不会存在这一种可能：他心知问题的提出或许本身就决定了它不会得到解决。

一、他心问题的可能反驳

他心知问题经常被当作一个认识论问题，即我们能否获得关于他人思想的或感觉上的知识？笛卡尔在他的第二个沉思中提道：如果我从窗户往外看，看到人们穿过广场，就像我刚才碰巧看到的那样，我通常会说我看到的是男人他们自己，然而，我看到的难道不会是隐藏在帽子和外套之下

第七章 影像的知识论辩护二：可能的回应及反驳

的机器人吗？① 这段话是笛卡尔讨论"我"的思想如何容易犯错误时的一部分。他把我们所犯的一些错误归结为我们"被普通的谈话方式所欺骗"。我们说我们"看见"了事物，而实际上我们应该对正在发生的事情作另一种解释。

为了解决笛卡尔提出来的唯我论的他心知怀疑，一个传统的解决办法是类比法。根据洛克的观点，这种方法的内容是：既然我直接知道的是我自己心灵的存在和内容，如果我可以拥有关于他人的知识的话，那么我对他人心灵的知识，就必须是间接的和类似的，是对我自己的情况的一种推论。这就是所谓的对他心问题的"类比论证"。经验主义哲学家大都接受这是一个避免唯我论的方法。近些年一些神经科学的研究被认为支持了这一方法，相关的研究得出的结论是，对他人的认知与对自我的认知存在某种关联，因为二者发生的过程触发了相同的脑区和神经系统。他们由此认为，对第三者的知觉需要对自己的知觉，而对自己的知觉可以保证对第三方的知觉。②

但是，类比方法困难在于，如果承认笛卡尔提出的唯我论的心物二元论，那么心灵与身体之间的关系无法保证我们能通过身体获得关于心灵的知识，因为身体行为和心灵内容的关联完全是随机的。更关键的是，根据唯我论，一个人的心灵内容只有"我"才能知道，"我"既保证了主体性，也同时保证了他心问题的不可知基调。

另一种认为他心知是可能的辩护是科学推论的方法，它的核心观点是，人类的心理状态是导致他们行为的原因。因此，推断他们的想法的最佳方法是基于对他们的行为方式的比较。它之所以被称为科学推论，是因为作为科学的标准，不需要依赖于任何主观性的精神状态的证据来支持相关推论。就证据而言，这个方法仅仅需要依靠外部的观点。所以这个推论

---

① 〔法〕勒奈·笛卡尔：《第一哲学沉思集：反驳和答辩》，庞景仁译，北京：商务印书馆2009年版，第29页。
② 费多益：《他心感知如何可能？》，载《哲学研究》，2015年第1期，第120页。

也是对类比方法的一种批判性的改进。反对这种方法的人认为，关于精神状态内在内容的信念不能由这种方法而得到。这种困难在一些现象性的例子中表现得最为明显，比如酸度或疼痛的大小，这些内容只能通过自己的内在经验才能获得。

因果推论的方法也是为他心知可行性辩护的一种方法，该方法的观点是：某一种心理状态必然存在与之相对应的外在行为，如果我们可以观察到第三者的行为，就可以根据二者之间的因果关系，推论出相对应因果，从而确认第三者的心理内容。相关的支持者认为，这种因果关系是普遍存在的，有既定规则的。这种理论给人的第一印象是可行的，但是如果我们仔细考察，就可以发现其实它也是有弱点的。首先，不论是心理表征还是行为表现，它们的内容类别都非常繁多，很难做到真正的一对一符合；其次，费多益教授认为，这种方法的本质是一种循环论证，因为在我们要利用因果理论对他心问题进行确证的时候，我们的心里必须先预设具体因果关系的左边和右边究竟是什么，并且确证这套关系使用的第三者，如果做不到这一点，那么我们就不能合法地使用因果推论得到关于第三方的心理内容。但是研究因果关系是否适合该对象，其本质上就是研究他心知问题要解决的问题。

所以，总体看来，现存的关于他心知问题的辩护都是不稳固的。这种情况让我们不得不反思，他心问题的问题本身是不是有问题的？

二、他心问题的不可知辩护

大多数对他心可知的辩护都是基于语言或逻辑的可通约性和可分享性原则展开的，也就是说他心可知的辩护仍然受到了逻辑主义和语言主义的影响。人们普遍认为，自然语言是一种公共的、共享的活动，是一种公共财产。一些人坚持认为它们本质上是公开的。理解这一观点的一种方式就是把它与维特根斯坦联系起来。一种必然是私人的语言，一种原则上只能被一个人理解的语言，在逻辑上是不可能的。他心问题基于这样一种观点，即一种必然的私人语言是不可能的。为这种不可能性而作的论证直接

第七章　影像的知识论辩护二：可能的回应及反驳

威胁到了对他心问题的类比推理。相比之下，功能主义者则不会做出这样的判断。

维特根斯坦的私人语言论证反对存在所谓的私人语言，并以此反对认识论层面的唯我论倾向。而唯我论是建立在关于心灵和我们对精神事件与过程的知识的某些前提之上的。第一个前提是，我有一种接触和了解我自己心灵的特权；第二个前提是，精神和肉体之间没有概念上或逻辑上必要的联系。关于第一个前提，唯我论的观点明显有些过于极端了，本书不认同。第二个前提，本书已经在前文中批判过了。这样一来，唯我论就剩下最后一个可能的前提，那就是所有的经验必然在逻辑上是个体所私有的。这一笛卡尔式的观点受到了维特根斯坦的批判。

维特根斯坦的论证是这样的。假设某专名 X 指称某主体在某时刻的感觉内容，当这个内容再次出现的时候，主体可能会说，这是另外一个 X，可是主体怎么能够逻辑地确证自己每一次都能恰如其分地使用这个专名呢？几个不同时间的感觉可能会因为错误记忆、错误的感觉而把它们视为相同，如果专名 X 与客观现象没有因果层面的意义联系，那主体是不可能正确区分专名使用的正确与否，这种没有确定性的专名使用过程就可以证明私人语言一定不可能。① 而现象生活中，感觉主体对语言的自我施意行为并不属于私人语言，比如我面前有很多练习本，我私人性地给它们每一个都标记代码，然后我在不同的时候按照需要，用代码安排不同的排列。而维特根斯坦的私人语言，指的是描述私人感觉的语言。维特根斯坦认为私人语言不仅不可靠，而且使用主体也不知道他在哪种时候的使用是正确的。可以看出，维特根斯坦对感觉的态度是否定的，对感觉的私人认识论价值的态度也是否定的。

维特根斯坦的私人语言论证间接地支持了他心知的可能性，他把个人的心理语言的意义可能性，建立在感觉主体与外显行为之间的特殊联系。马尔科姆（Norman Malcolm）由此提出，感觉与行为之间的关系不是偶然

---

① 唐热风：《私人语言论证与她心问题》，载《自然辩证法通讯》，1998 年第 3 期，第 19 页。

的，二者间必然存在着概念的联系，根据这一点，不需要类比论证也可以知道他人的心理内容。

　　对此，本书尝试借助对维特根斯坦观点的反驳，反对支持他心知可能的观点。首先，从维特根斯坦对私人语言的态度开始。维氏认为，我们关于自己的感觉是不可靠的，不仅没有私人语言，也没有任何可以表达感觉的语言。维特根斯坦的论点明显与我们的常识是相悖的。但是更重要的是，这样的话，如果我们追溯到公共语言最开始出现的时候，是什么帮助语言成为公共性的呢？如果不通过私人语言或私人知识，公共语言似乎就变成了空中楼阁。难道公共语言真的天生就是公共的吗？显然是不可能的，根据前文论述过的观点，公共语言来自对私人感觉的提炼和归纳，而完成这些工作的，是极少数的远古哲人，他们从发明影像性的象形文字开始，渐渐地衍生出了语言和文字。关于感觉不可靠的问题前文也有谈到，即如果我们是一个清醒的人、没有生病的人，那么我们就不会出现错觉，因为感觉一种多线程、连续性的认知活动。不同线程（途径）和不同时间的感觉活动会互相确证感觉自身的可靠性。

　　第二，维特根斯坦认为私人语言是不可能的，本书认为，这句话只说对了一半，因为从表达上说，公共的语言确实是不能存在于私人感觉的指称之中，但是语言所象征的意义或语义，是完全可以的。也就是说，维特根斯坦的那句话改动一下就可以是正确的，即私人意义是可能的。这样说的依据来自本书前面讨论过的内容，即感觉影像如果是认知的，逻辑的，那么它就可以在私人语境中承担私人的感觉意义。所以，维特根斯坦的私人语言论证是不成功的，因为他否定了感觉影像或视觉感觉可以承认认知和语义功能的可能，而这种否定是片面的。

　　至此，我们关于他心可知的态度可能也已经清晰了，即他心是不可知的，或者准确地说，是不能绝对可知或完全可知的。通过类比也好，推理也好，它们能实现的只是表面上的他心知识，这些知识的信念确证是极不稳固的。在怀疑主义中，他心知识一定属于最被怀疑的那种知识。例如类比法，假如我每天都喜欢去跑步，每天跑步都能看到老王也在，那我根据类比法，老王一定跟我一样，是一个热爱锻炼身体的人，但是如果老王不去亲口跟我说他的真实意图，那我可能永远也不会知道，老王每天跑步都是被他老婆强迫来的，他真正想做的是坐在家里看电视。

所以，我们永远不会知道别人内心深处的真实想法，即使对方使用语言告知你，你也有可能不能真正明白。本书认为，私人知识或私人感觉虽然是有意义的、有内容的，但这种意义完全可以是影像式的感觉内容，而影像的私人感受特征又决定了这些意义只能被他自己知道。就算是把它转化成语言，语言的交流也不能完全体会到他者的绝对真实的想法，因为转变本身也会丢失意义，且语言中肯定不能包含影像中的环境、情绪等感受性的、现象性的信息。

综上，他心的问题，应该如费多益教授所言，我们只可以一定程度地知道关于他人的知识，而肯定做不到完全知道。① 他心知识本质上和科学知识一样，是关于外在于自己的客观对象，我们不应该去追求绝对的、确定的、普遍的知识。我们只能在不确定的知识中不断向确定性靠近，而且只有这种追求的精神是完全确定的，因为它来自我们自己的内心判断，是为数不多我们可以确定的东西。

第四节　由感觉而起的形而上学论战

本书尝试解决的问题，即视觉感觉的认识论问题，最后必然会指向一个终极问题，即形而上学问题或本体论问题。这个问题主要集中在我们如何看待世界，如何看待心灵与世界的关系。对这个问题的态度决定了我们如何认识感觉、经验，甚至如何认识知识、世界，等等。不认同感觉的认识论地位的学者们，一般也都不会接受它背后的本体论。所以，要为感觉做出辩护，就绕不开本体论的问题。在感觉认识论反对者的背后，大部分

---

① 费多益：《他心感知如何可能？》，载《哲学研究》，2015年第1期，第126页。

都在二元论和一元论之间摇摆，要么是一元论的物理主义或身心同一论，要么是二元论的反物理主义或自然主义，以及各种现代的演化版本。所以，作为本书尝试回应的最后一个问题，本书选择形而上学的问题，从支持自由自然主义的立场上，为从本体论的立场上对视觉感觉认识论做最后的辩护。

一、博物学自然主义及其心物关系

自由自然主义的对手有很多，但最直接、最对抗的两个对手是物理主义和科学自然主义，因为它们都更注重逻辑性的经验而忽视逻辑性的感觉，后者一直被视为一种非概念性的直观存在，并且被哲学家的直观反例所驳倒，在直观感觉的逻辑可能被论证前，概念性的分析才是科学和哲学所认为的讨论重点。自然主义的方法论在这种态度的基础上，拒绝直观或感觉内容，除非它们能被观察和实验所验证，而这正是自然主义甚至物理主义一直没有做到的。但是没有做到并不代表它不是合理的存在。不过，自然主义对直观或感觉的态度只是不重视，但并不排斥，例如有的科学家承认直观内容可以包含比知觉和内省更多的世界信息，也允许在哲学和科学中使用直观式的思想实验，例如牛顿的水桶实验，在这些实验里，科学家也会利用想象或直观做出一些判断。但即使这样，科学的自然主义也无法为感觉直观赋予权威地位，它们的理由是直觉会出现错误，因为思想实验并不是总能成功。但是，这里我们要谨慎对待的是，观察和实验不会错误吗？在复杂的、多变的世界里，没有什么是永远正确的。

在这种背景下，自然主义的心物关系态度，跟它的本体论、认识论、方法论一样，仍然是建立在心灵和语言的关系问题上。自然主义的代表人物塞尔，就用自然主义的心物关系反驳了传统的唯物主义和心物二元论。塞尔认为，意识的本质是生物学式的生物现象，所以只有从生物学的路径出发，才能真正解决传统心物关系问题中存在的弱点，即主观的、观念的

第七章　影像的知识论辩护二：可能的回应及反驳

意识现象无法自洽于客观的物质世界。① 我们可以看出，虽然塞尔被视为一个自然与心灵之间的中立者，塞尔的心物关系也是一元论式的关系，他与唯物主义一元论没有本质的不同，二者的差异仅仅在于出发点不同。唯物主义从物质出发，科学自然主义从科学的自然观出发，这样的心物关系仍然是一种被改造的关系，我们无法确认生物学的理论永远不会被推翻，但是心物的关系的确永远都在那里。

物理主义是感觉影像认知论的另一个形而上学对手。在物理学中，持还原论态度的人们可能要多于功能主义的非还原论支持者，因为在相关的哲学论战中，前者占据了上风，但即使是这样，物理主义还原论的倡导者金在权面对感觉直观的还原问题时依然有些无奈和无力，以至于在后期，金在权也从激进的物理主义转向了温和的物理主义。但是即便如此，也不能阻止物理主义者对物理的信仰，就像金在权最后还是选择了物质一元论一样。物质一元论是没有错误的，错就错在从哪个立场来解释物质。物理主义的物理方法显然不能容纳世界中实际存在的非还原性内容，例如感觉影像内容。所以物理主义仍然是一个不完备的路径，这就决定了它对心物关系问题的解决方法存在漏洞。②

基于上述困难，本书尝试提出一种博物学式的自然主义，在这个形而上学理论中，可以给心灵与世界的关系问题提供一种可能的新的解决方案。自由自然主义是一种被放宽的自然主义，其代表人物是斯特罗森（Peter F. Strawson）和麦克道尔，他们反对超自然的哲学概念，同时批判科学自然主义的规范性现象。自由自然主义跟科学自然主义相比，前者更能容纳比如感觉、抽象事实、价值等不能被还原的现象，也避免了为了坚持科学自然主义而把现实中存在的东西设置在自然主义之外的勉强行为。③

---

① 陈世锋：《生物学的自然主义——塞尔论心身关系》，载《新疆社会科学（汉文版）》，2005年第5期，第9—12页。

② 陈晓平：《感受性问题与物理主义——评金在权"接近充足的物理主义"》，载《哲学分析》，2015年第4期，第109—120页。

③ 何华：《自由自然主义：一种当代自然主义的批判与辩护》，载《科学技术哲学研究》，2018年第6期，第24—29页。

麦克道尔则把人的心灵活动，如思考、感知，都包含在了自然的属性之中，也就是说，这些心理活动也都是自然的现象，具有自然的属性。虽然这些内容被麦克道尔设置成了第二自然，即一种来自教化的自然能力，但这并不影响感觉活动的自然属性。

博物学，简单地说，就是研究人类如何跟自然打交道的学科，它也会用到自然科学的研究方法，如数学、观察、实验等。本书尝试把博物学同自由自然主义结合在一起，提出一个名为"博物学自然主义"的分类。这样做的原因在于麦克道尔对感觉直观的态度，他认为，属于理由逻辑空间的人类感觉直观，在自然主义的层面上，与动物共享着一种属性，即来自自然理性的能力。但是在已经被放宽的自由自然主义中，并没有被明确规定人类与动物共享自然属性。所以，本书在麦克道尔的启发下，计划完成麦克道尔可能想做但没有做的事情，那就是把已经被放宽的自然主义再次放宽，使其自然主义的认识论和方法论可以包含所有的自然生物，这样一来，不仅可以解释动物之间的交流行为，也可以为人类解决心灵的属性问题，或心灵与世界的关系问题，提供一个坚实的理论支撑。当然，为了证明这不是一个随意的发明创造，本书必须拿出具有说服力的理论论证，而本书采用的论据就是博物学中有关动物行为学的研究成果。

《所罗门王的戒指》是奥地利诺贝尔奖获得者劳伦兹（Konrad Lorenz）的著作，他被誉为现代动物行为学的开山鼻祖，该著作获得了纽约图书馆评选的20世纪最佳自然科学著作奖，而所罗门王在传说中就是可以跟动物交流的人物。在书中，劳伦兹认为，虽然动物没有真正的语言，但是动物具有比人类更古老，而且更好用的意义交流能力，即一种基于信号或感应的感觉能力。相比而言，人虽然具有被人类自己认为很高级的语言能力，但人类的这种能力在交流的效率或准确性上还远比不上动物，例如，动物的意义交流可以不受地域、文化等外界因素的影响，就算两只横跨亚欧大陆的天鹅汇聚在一起，也可以很好地互相交流，而不像人类还需要学习外语才能实现这种跨区域的交流。劳伦兹甚至认为，语言能力对人类来说，限制了人类获得更高级交流能力的可能。相较于动物的交流能力，人类语言的交流能力甚至是比较落后的。因为动物比人更会察言观色，更懂得在

第七章 影像的知识论辩护二：可能的回应及反驳

环境中捕捉信息，而这些能力都是基于动物对环境的感觉能力。① 在我们的日常生活中也经常能遇到，例如我的邻居每天出去遛狗的时候，狗在穿过一个九十度的拐角时，会自觉地在弯道中走"外内外"的路线，而这是赛车比赛中公认的通过弯道最快的路线，俗称"赛车线"，而狗不需要任何人引导自己就会在环境中发现这种路线，从而可以用最快的速度去外面撒欢。可见劳伦兹和麦克道尔的观点应该都是正确的，动物的确能够与人类共享一些自然能力，而本书认为，视觉的感觉影像就是这种能力的体现，因为不论是感觉还是视觉，都是人类通过长久的历史进化而来的，是最符合自然属性的自然能力。

如此一来，心灵与世界的关系应该怎样的？本书认为，从博物学的自然主义出发，心灵与世界的关系应该是一种一元论的关系，这种一元论不是物理主义的一元论，也不是科学自然主义的一元论，而是大自然的自然一元论，这种自然是人类与动物共同拥有的自然，它来自物竞天择的生物进化论，心灵和世界的自然属性可以自行为这种关系进行辩护，人类不需要拿任何后天创造的人造理论去干涉它。博物学自然主义中的自然，就像是斯宾诺莎的自然上帝一样，本身有自己的"法则"，我们需要做的只是去发现它、承认它，并尊重它、遵守它。之所以心物关系问题一直争论不休，是因为哲学和科学家们总是喜欢用非自然的东西去解释自然的东西，这样必然会造成激烈的对抗和冲突。所以，我们现在应该做的，就是放低物理主义和科学自然主义的姿态，不要再一味地追求违反自然规律的等级次序和永恒真理，这只是人类为了消灭自己对未知事物的恐惧而进行的理性的滥用。但是本书绝不否认自然科学的价值，只是想防止人类从一个极端再进入到另一个极端。多元的、平等的、连续的博物学自然主义才是我们在进行科学活动时应该秉持的精神追求。

---

① 〔奥地利〕劳伦兹：《所罗门王的指环》，游复熙、季光容译，北京：中国和平出版社1998年版，第146页。

二、对等级秩序哲学观的批判

威廉·利康（William G. Lycan）在《意识》一书中有一章名为《自然层次的连续性》，在这章的开头，利康讨论了心灵哲学和科学中的等级次序问题。利康认为，在当代心灵哲学的研究中，同一理论或功能主义者喜欢把人类的心灵进行硬件、软件的区分，或者程序和材料的区分。问题在于，哲学家们或科学家们通常认为程序或软件要比硬件和材料更重要，在本书的相关问题中，这类的论点会认为思想比感觉更重要。利康认为，这种区分是有害的或错误的，因为这是与事实相反的，大自然是一个由不同层级构成的等级系统，而等级次序的每一层都像自然规律一样，具有普遍意义的法则。①

本书认为，利康对功能主义的批判是正确的，但是利康做得并不彻底，也就是说他是有妥协性的，因为他依然同意大自然具有等级次序，与众不同的是，他为每一层赋予了普遍的、平等的理论地位。但是利康的观点仍然值得批判，因为这种默认的等级次序观念来自哲学传统中人类中心主义式的刻板认识，大自然的实际情况并非总是如人所判断的那样。那个哲学传统，准确地说，就是人类对理性和逻辑的过度崇拜，认为只有人可以为自然立法，而在这种法的内部，人类的逻辑和理性居于最高的地位。近现代哲学史基本上都尊于这样一种等级秩序。按照这种秩序，哲学家们不会同意视觉感觉可能具有的知识论地位，因为只有人类的逻辑式语言，及在其指导下的经验和知觉内容，才是真正可用的科学和哲学素材。

所以，本书认为，我们应该取消掉对等级秩序的默认，在大自然的所有物种之间这样做可能会引起质疑，但至少在个体层面或在哲学的思辨层面，应该勇于做出这种尝试。为了证明这点，本书尝试引出多感官的感知理论。根据定义，多感官的感知是指多感觉的相互作用发生在两个或多个

---

① 高新民：《现代西方心灵哲学》，武汉：华中师范大学出版社1994年版，第31页。

第七章 影像的知识论辩护二：可能的回应及反驳

感觉官能之间。除了传统的亚里士多德式的视觉、听觉、触觉、味觉和嗅觉，大多数理论家认为人类的感知远远不止这五种形式的感觉知觉。然而，对于应该识别多少额外的感官，人们存在分歧。例如，虽然常识倾向于认为触摸构成一个单一的感觉形态，但一些理论家将被动触摸和主动触摸区分为不同种类的感觉。与此同时，另一些人则认为，温度、压力和振动的检测也涉及不同的感觉模式。严格地说，各种形式的身体和内感受知觉是否属于知觉形式，或者我们是否应该在知觉和身体知觉之间划一条清晰的界线。① 最重要的是，该理论支持的观点是，多感官交互作用是人类以及许多其他物种的成员的感觉特征。这样的理论观点为心灵哲学的感知内容和意识结构问题带来了重要冲击。

不过，多感官理论在这里的论证作用是间接性的，因为本书反驳等级次序的观点是：不论是宏观的人类知识系统还是微观的个人认识论结构，都不应该是等级分化的，而应该如本书在第三章论述的那样，是一个平等、互补的动态系统。不论是知识生成的程序还是材料，都是这样的状态。以视觉为例，没有具有认知意义的视觉感觉影像，我们将失去对世界的直接接触；但是，视觉感觉的影像失去了教化的作用，也不能准确地理解影像中的意义内容，这种教化不论是潜移默化的还是专门学习过的，都是语言和逻辑的产物。所以，本书并不主张一味地拔高感觉或一味地批判语言和逻辑，而是主张双方应该互相尊重，认识到各自都有独特的认知价值。综上，一个健康、持续的科学观或知识观，应该抛弃传统哲学和科学内部潜藏的那种等级次序。

三、进化论、连续性和实用主义

在"问题的提出"那一章中，本书提出了选择视觉感觉为研究对象的原因之一是进化论理论可以为视觉感官的认知价值提供一种理论辩护。不

---

① Leslie Forster Stevenson, *Ten Theories of Human Nature*, Oxford: Oxford University Press, 2009.

过,进化论发挥的功能还有一层隐藏价值,那就是对连续性的一种证明,后者是实用主义的两个重要特征之一,这为感觉影像的哲学价值增加了论证砝码。

在马赫关于感官的著作中,他经常提到各种感官过程的适应或进化意义。这方面的例子甚至可以在他 19 世纪 60 年代发表的论文中找到。马赫曾欣然接受达尔文理论的基本观点,例如,他认为科学中相互冲突的概念之间的竞争具有适应性价值,是科学根据时代的变化、新思想和新信息而逐步发展和调整自身的手段之一。在他关于生理空间和几何空间的关系的著作中,马赫一再提到生物适应的感觉及其进化意义。例如,单纯的几何空间关系是无法满足生物需求的。"右边""左边""上边""下边""近处""远处",必须以一种感觉的性质加以区分。要使动物从这种知识中获益,就必须知道物体的位置,而不仅仅是它与其他地方的关系。视觉对象的感觉指示所具有的优势,是在进化中迅速累进的(sharply graduated);然而,在遥远和不太重要的对象的情况下,经济是通过手头有限的指数来实现的。感觉,包括空间的感觉,不是一种孤立的现象,如果从它的生物学功能和生物学关系来考虑,那么这样一整个主体就会变得更容易理解。既然我们不承认肉体与精神之间有真正的差别,那么在对感觉器官的研究中,一般的生理观察和特殊的生物学观察当然是可以采用的。在我们看来,当我们把感觉器官和身体器官作比较时,许多难以理解的东西根据进化论就变得相当通俗易懂,只要我们所关心的是一个有特定记忆、特定习惯和行为的活的有机体,那这些记忆、习惯和行为的起源可追溯到一段漫长而多事的种族历史。[①]

可见,马赫借用达尔文的生物进化论论证了他提出的感觉基础理论,但是我们需要谨慎的是,进化论本身是有争议的,特别是关于进化过程究竟是连续进化还是跳跃进化的问题。但是这个问题不是本书讨论的重点,与本书相关的是,我们可以借助进化论中的连续性特征更好地理解感觉影

[①] Mach, E. and T.J.McCormack, *Space and Geometry*, Chicago: The Open Court Publishing Company, 1906, pp.11-71.

第七章 影像的知识论辩护二：可能的回应及反驳

像的知识论问题。本书认为，感觉影像的本体论和它在科学哲学中的应用都符合这种连续性的特征，从本体论的角度看，影像感觉的意义、功能，以及视觉感觉的认知能力，都处在不断改进的连续性过程中。而影像的这种本体论特征，也会影响科学系统的运作，即科学系统或科学理论从被提出开始，就步入了连续性的改进和修正之中，用连续性的原则可以认为，科学始终处于不断进步的过程中，这决定了我们的科学系统对确定性的追求，也是一种连续性的任务，我们永远无法获得只有确定性而没有连续性的客观知识，关于世界和自然的知识就是在连续性的积累之中不断进化、发展的。

但是以对语言的信仰和坚持而展开认识论哲学或本体论哲学，并不接受这种所谓的连续性，在匹兹堡学派的塞拉斯和布兰顿看来，语言的能力不是通过连续的进化而得到的，因为动物式的原始行为与人类的话语能力知觉并不保有连续性的历史阶段，所以他们认为话语能力的正确位置应该在生物进化论的约束之外。这种观点显然是前文提到的那种人类中心主义观点，他们还没有从对理性的狂热中冷静下来。这样的思路决定了匹兹堡学派依然从语言的视角去讨论心灵与世界的本体论自然观，如匹兹堡学派中对理性崇拜最小的麦克道尔依然在感觉能力的教化中，把教化作用视为一种独立于自然的语言行为过程①，这与本书的论证相左。

然而，对连续性的支持和反对同样在实用主义的内部造成了分裂，例如维特根斯坦的实用主义、匹兹堡的推论实用主义和杜威的古典实用主义。前两者都是反对连续性的实用主义，布兰顿也承认其观点是基于维特根斯坦后期的实用主义。② 所以，匹兹堡学派在解决表征主义或规范问题等哲学问题时，利用了大量的实用主义遗产，并在其理论中体现了实用主义风格的信念，即实践的和理论的哲学考察属于不同的研究范畴，但它们都必须在规范性的实践活动中达成一致；而且概念的或逻辑的必须是且应

---

① 孙宁：《匹兹堡学派研究》，上海：复旦大学出版社2018年版，第5页。
② Robert Brandom, *Perspectives on Pragmatism: Classical, Recent, and Contemporary*, Massachusatts: Harvard University Press, 2011, p.5.

该是实践活动的一部分,对它们的哲学考察必须包含相关实践行为的态度和意图。

有趣的是,虽然这些与古典实用主义不同的其他实用主义分支都来自对古典实用主义的批判性继承,但是它们都没有继承古典实用主义对进化论连续性的认可。据布兰顿的考察,进化论和基于概率的统计学思路是古典实用主义的科学基底,而古典实用主义尝试调和形而上学的自然主义和知识论的经验主义,因为二者之间的分歧一直从机械论时代延续到了逻辑经验主义,在后者的内部形成了以纽拉特和石里克为主的论战,他们分别坚持自然主义和经验主义的形而上学立场。

本书认为,根据前文的论战,可以对古典实用主义的目标进行一些微调,以适应影像感觉的认识论结论,即用古典实用主义的理论内核来调节本体论的博物学自然主义和认识论的科学自然主义之间的冲突,物理主义包含在科学的自然主义之中。采取这种方法的原因在于,关于视觉感觉影像的认识论考察符合实用主义对实践和行动的重视,因为本书对感觉影像的考察一直坚持以我们在实践中的日常经验作为凭据。更关键的是,支持连续性的古典实用主义的一个重要贡献就是提出了从前语言状态到语言状态的连续性,这与本书论证的感觉影像认识论相互符合,即本书认为在人类没有获得语言能力前,人类对意义和逻辑的使用是通过概念化的、命题化的视觉感觉影像,后者就是在准语言状态发挥语言功能的一种认知内容。另外,实用主义在语义和语用的层面之间,更强调后者,因为实用主义认为,最基本的意向性就是感觉动物在有技巧地处理世界时,与对象形成的实践性牵连,所以语用跟语义相比具有优先性。① 根据这个观点可以看出实用主义对感觉活动的某种认同,这与本书的论证是互相自洽的。而且,本书对视觉感觉的认识论考察,也是基于视觉感觉活动在实践中的行动而进行的。所以,纵而观之,视觉感觉影像的认识论问题,在实用主义的加持下,更加确认了它具有可观的认识论价值和知识论价值。

---

① 孙宁:《匹兹堡学派研究》,上海:复旦大学出版社2018年版,第5页。

第七章　影像的知识论辩护二：可能的回应及反驳

第五节　科学确定性危机的影像解释

启蒙运动之后，科学与理性对确定性的追求已经达到了普遍一致，但是没过多久，卢梭、叔本华、尼采等人就从哲学的思辨中发现了确定性的危机，随着科学的发展，这种危机从数学、逻辑和自然科学等不同方面被逐渐证明。与本书相关的是，影像作为一种私人性的、感受性的、易变的认知内容，如果它可以生成知识并如上节所论证的那样可以在科学系统中扮演一种框架性的基础角色，那么对科学所要追求的确定性必然是一记重击。但毋庸置疑的是，科学有它的合理性，我们要做的不应该是某种取舍，而是如何对这一问题进行适应性的微调，从而使人类、自然、科学三者达到协调的状态，这也更符合影像认识论背后的价值观态度，即用影像式的态度去思考影像式的问题。所以，本节要解决的问题就是这种影像是如何发生的，以及发生之后我们需要用怎样的态度去面对科学与逻辑。

一、确定性的立场：从牛顿到维特根斯坦

人类用大自然赋予的高级智慧追求确定性的历史久远，最早可能会追溯到古希腊时期，为了直接又不失真实地弄清确定性的历史观点，我们需要挖掘几位关键的人物，首当其冲的就是自然科学史中的重要人物——牛顿。牛顿在关于光学的研究中表达了他对确定性的坚定态度，他认为："因此，虽然颜色可能属于物理学，但它们的科学必须被认为是数学的，因为它们是通过数学推理来处理的。事实上，既然关于它们的一门精确的科学似乎是哲学所需要的最困难的科学之一，我希望通过例子来说明数学在自然哲学中是多么有价值。因此，我强烈要求几何学家更严格地研究自然，而那些致力于自然科学的人首先要学习几何。因此，前者不应把时间完全花在对人类生活毫无价值的思考上，后者也不应在孜孜不倦地用荒谬

的方法工作时永远达不到其目的。在哲学几何学家和几何哲学家的帮助下，我们将最终获得一门有最高证据支持的自然科学，而不是到处宣扬的各种猜想和可能性。"① 艾伦·夏皮罗（Alan Shapiro）强调了在牛顿思想中对确定性的追求所起的普遍作用，并证明了牛顿在其学术生涯的早期就承认，即使从数学的角度来研究自然哲学，也无法得出几何学的绝对确定性。但是牛顿清楚地表明，实践自然哲学的几何学家能够在很大程度上超越实验自然主义者的适度目标，即猜想和概率。夏皮罗写道，在他生命的最后几年，牛顿改变了他对哲学几何学家和几何哲学家能够接近绝对确定性的可能性的看法：虽然牛顿很快修正了他的主张，并更仔细地从某些不确定的实验结论中提取数学证明，但他继续把数学理论视若珍宝，并继续追求"真理"和"确定性"，这些词经常出现在他的著作中。只是在他生命的最后几十年，他才接受了同时代人所坚持的或然性。②

我们很难去评估牛顿年轻时所支持的那种相当极端的方法论立场背后的原因和影响。巴罗也许已经给年轻的牛顿灌输了这样一种信念：数学不仅具有确定性，而且可以把确定性转移到应用其他的领域。但牛顿的立场是热情而独特的，超越了巴罗所能想象的一切。牛顿关于数学确定性的主张被大多数同时代人视为异类。为了捍卫他有点孤立的立场，牛顿必须澄清两个问题：一是为什么数学可以被认为是确定性的来源；二是数学如何将其确定性转化为自然哲学。但是在此，我们不讨论牛顿处理这些问题的方法。在牛顿早期的著作中，很难找到为他准备下来的辩护理由。

在生命的最后两年，维特根斯坦最关心的问题就是知识和确定性。在《论确定性》一书中，维特根斯坦在揭示人类基本信念的本质的内容中，用了许多不同的方式来描述它们：他认为它们是命题，是规则，是构成影像，是行为方式。作为命题，它们将是一种特殊的类型，即介于逻辑命题

----

① Isaac Newton, *The Optical Papers of Isaac Newton: Volume 1, The Optical Lectures*, 1670-1672, Cambridge: Cambridge University Press, 1984, p.87, 89, 437, 439.

② Alan E. Shapiro, *Fits, Passions, and Paroxysms: Physics, Method, and Chemistry and Newton's Theories of Colored Bodies and Fits of Easy Reflection*, New York: Cambridge University Press, 1993, p.14.

第七章 影像的知识论辩护二：可能的回应及反驳

和经验命题之间的混合命题。这些是关于确定性的所谓"铰链命题"。我们看到维特根斯坦反对命题选择；对他来说，"结局并不是某些'命题'立即给我们以真实的印象"①。把这些信念看作是形成一幅影像，一幅世界的影像，或者是一幅图画，是朝着正确的（非命题的）方向迈出的一步，但不是最终的一步。维特根斯坦对我们的基本信念的最终和关键的描述是关于知识的。但他得出这一观点的方式并不明确。

维特根斯坦在描述我们的基本确定性时所使用的概念和形象，很可能会引起人们对它们相互兼容的怀疑。当然，命题选项被拒绝时其他选项不被拒绝。这让我们感到困惑：确定性怎么可能既是一种行为方式，又是一种语法规则。当我们意识到这里有一种行为和对象的模糊性时，困惑就部分消失了。维特根斯坦虽然没有明确区分两者，但他在《论确定性》中描述了两件事——主体的客观确定性和客体的客观确定性：

（1）一种确定性，其本质是基础性的，维特根斯坦称之为客观确定性；

（2）这种确定性的"对象"，维特根斯坦称之为客观确定性或铰链。

但模棱两可还不止于此。因为维特根斯坦对（1）的说明，即对客观确定性的说明，其本身就有两个不同的角度，或者更确切地说，有两个不同的哲学目的。我们可以称其中一个目标为现象学。这里，维特根斯坦努力描述客观确定是什么样子的：有一种客观确定的态度。另一个目标可能被称为范畴。维特根斯坦在这里试图找出什么是客观的确定性，它符合我们的认知和认知的范畴。

维特根斯坦在《论确定性》中呼应了歌德的观点，由此我们开始把握无中介的行动，而不是无中介的思维。他的动机就是把人类的动物放回语言中，然后再放回哲学中。为了避免我们的印象和我们的感知之间容易出现错误的差距，麦克道尔将我们的理解的概念特征归因于我们的直觉。维特根斯坦的做法恰恰相反：他认为信仰始于本能和行动的非知性、非概念

---

① Ludwig Wittgenstein, G. Anscombe, G. H. Von Wright, A. C. Danto and M. Bochner, "On Certainty", *Philosophical Quarterly*, Vol.42, No.167, 1992, p.204.

性领域。这与本书的观点相悖，首先，维特根斯坦把无中介的接触寄托在语言上，本身就与无中介是矛盾的，语言本身就是派生的，它的意义必然来自某种逻辑性的转换；其次，我们不能否认感觉的知性和概念性，也不能证明非概念性如何在逻辑空间里经过神秘的转换而变成概念性，如果我们把基础建立在非概念性的直觉上，那么就再次与维特根斯坦所说的无中介的接触越来越远了；最后，非概念的基础必然还有把人类支持推向怀疑主义和所予神话的危险。综而观之，维特根斯坦的解决办法并不成功。

二、视觉影像：基础性的私人知识

众所周知，与语言相比，视觉影像或者图像，是一种形式非线性的、感受性的、主观性或私人性的存在。根据前文的论证，通过视觉感觉影像可以得到知识，但是影像的问题在于它不可以被准确的表征，也就是说，即使影像可以是知识，也必然是个人性的知识，或私人性的知识。但是本书认为，这种私人的知识是普遍知识根源，或是作为普遍规律的知识的原始形态。因为所有的普遍知识，都是从私人知识提炼而来的，普遍知识的建立者都是一个个有主体性的个人，他们要通过归纳、演绎得到知识，必须先从个人对知识获得开始。所以，所有的普遍知识都来源于私人的知识。这就决定了普遍知识在根基上必然会经历私人知识的状态，如此一来普遍知识的确定性目标就可以被放弃了。但是在做最后的结论之前，我们必须论证私人知识的合理性。

如果把私人知识比作一辆汽车，那么为了证明它是可行的，就必须确保它像汽车一样拥有发动机、汽油作为心脏和燃料，而且必须是可用的。汽油就是材料，而私人知识的材料就是私人性的感觉内容，它的合法性在本书的第三章已经论证过了，在此不再赘述。而私人知识的发动机，非大脑或者心灵莫属。所以我们现在需要证明心灵及其产生的思想也可以是私人的，并且是可用的。此外，为了证明心灵可用于视觉感觉内容协同运行产生知识，我们还要预设心灵的运作是非语言的，进而再证明它。为此，我们应该从没有语言参与的思维活动开始论证。所以，本书选择的论据是婴儿和动物的非语言思维运行的合理性。

无语言能力的儿童和动物的学习途径可以分为三种，前两种分别是主动性的、感觉性的方式，第三种是以前两种的特征进行私人性的思想运作，为解决生存问题而学习的行为知识，又可以被分为窍门学习、符号学习和对特定目的的学习。第一种窍门学习可以是这样一种演示，给猫放置一个喂食器，需要它触碰开关才会有猫粮释放出来，在开始阶段，由猫主人在猫饥饿的时候在猫面前演示如何触碰开关，在猫看到并吃到猫粮后，猫主人反复对此进行演示，直至猫学会在想吃饭的时候跳上喂食器，按下释放猫粮的开关。类似的学习行为在动物身上随处可见。[1]

第二种符号学习是这样的演示，在屏幕上给猫模仿不一样颜色的画面，每当看到某一个颜色时，就喂给猫一个美味的零食，时间一长，当预示有零食可以吃的颜色再次在屏幕上出现时，猫就会主动跑到主人身边等待主人投喂零食。

这些证据表明，无语言能力的动物在做出行为时，并不是一种漫无目的的随机行为，而是坚持它的大脑所掌握的某种知识或者规则。这表现出动物对场景、环境具有判断能力和行为能力，并且这种能力随时处于它的控制之下。所以，无语言能力的思维也可以生成知识、做出判断。

第三种行为属于一种潜移默化的学习行为，无语言能力的动物可以在感觉中构建一种可用且有用的连贯性认知，它比前两者更加原创、多样且富有创新性，这种学习能力构成了它们的逻辑操作。而这种非语言行为的更高级形式就是向语言式的转换过程，但是由于动物并不具备这种能力，所以这一过程主要表现在儿童的成熟化过程中。

皮亚杰在儿童的认知研究中发现，在婴儿时期，他们的逻辑能力甚至比动物还要原始，但随着婴儿智力的逐步发育成熟，原始的窍门学习和符号学习演变成了第三种学习，并最终过渡到了语言性的学习，这种从非语言到语言的转变过程最终构成了人类的逻辑体系，实现了归纳、演绎的逻

---

[1] 〔英〕迈克尔·波兰尼：《个人知识》，徐陶译，上海：上海人民出版社2017年版，第83页。

辑能力。在这之后，非语言的能力并没有丢失，只是被语言逻辑盖住了它的光芒。由此可知，无语言的心灵或大脑可以承担创造知识的能力，对于知识这辆"汽车"而言，无语言的心灵无疑是一台合格的"发动机"。①

三、知识多样性反驳和答辩

虽然哲学家们主要关心的是命题性知识，即认识，但是仍然有许多其他的认知概念引起了他们的注意。格伦德曼（Grundmann Thomas）在其《认识论导论》中提到了以下四种知识：

1. 会知（knowing how）；
2. 亲知（knowledge by acquaintance）；
3. 现象知识（knowledge about qualia）；
4. 所知（knowing that）②。

虽然有各种不同种类的知识，格伦德曼指出，认识论哲学家主要关心的是会知。有哲学家解释了支持这种优先级的原因，作为对认识论学者错误地关注命题知识的反驳，其中提出了两个不同的论点。首先，哲学家们声称"会知"和"所知"的本质是不同的。而且，由于认识论只涉及命题性知识，所以，认识并不属于它的分析范围。其次，所知可以被还原为会知，因此，前者不应被视为一种独立的知识。③ 格伦德曼声称，即使这样的减少是不可能的，有两个很好的理由支持在认识论中优先考虑会知，也就是命题知识：第一，只有命题知识可以交流，从而在一个群体中共享；第二，只有命题知识才能通过有效的推论得到进一步的认知加工，也只有命题知识才符合认识论中追求真理的目的。所以，最后知识的分类只剩下

---

① 〔英〕迈克尔·波兰尼：《个人知识》，徐陶译，上海：上海人民出版社 2017 年版，第 86 页。

② Grundmann, T., *Analytical Introduction to Epistemology*, Berlin: de Gruyter, 2008, p.86.

③ Jung Eva-Maria, *Gewusstwie? eine Analysepraktischen Wissens*, Berlin et al.: de Gruyter, 2012, p.13.

第七章 影像的知识论辩护二：可能的回应及反驳

命题知识和现象知识两种，而在传统知识论的认知中，现象知识与上文中的私人知识属于同一种知识，因为它们都被证明是非语言或非命题的。

但是感觉现象的非命题问题前文已经反驳过了，所以不存在根据是否是命题的内容就对知识进行不同分类，而应该根据语言或非语言的标准分类，知识由此可以分类为主体间的知识和私人性的知识。但是关于私人性的知识存在以下两种反对的声音。

首先，在科学中存在着各种各样的视觉表征，为了能够被正确地解释，这些视觉表征比其他的视觉表征假设了更多的背景知识。例如，破译图表信息的能力通常需要一定的训练。以类似的方式，弗莱克（Ludwik Fleck）强调，依赖于使用仪器的科学观察技能必须被学习，也就是说，必须训练学生如何正确地"看"。在这种情况下，我们的感知能力不足以收集所有的相关信息，因为无论是名称还是它的表现形式都不属于我们进化中熟悉的观察对象。[①] 在这里，证词和知觉对于收集这些视觉手段所提供的资料同样重要。

其次，所指出的第二个反对与认知源的这种合作结果密切相关。如果我们事先学习了相关的概念，我们的感觉器官似乎就会产生命题知识。因此，虽然我们的感觉器官经常让我们在世界中毫无困难地导航，但是我们经常需要额外的解释来正确地对现象进行分类，也就是说，我们需要相关的概念，这些概念通常是通过展示和讲述的结合，通过感知和见证来传递的。同样地，对某些影像的正确解释可能预先假定了对相关概念的习得。

关于第一个质疑，本书的反驳是，弗莱克的观点在某种程度是对的，这种程度仅仅局限在主体间性的知识中，也就是说普遍性的科学知识。因为科学知识是私人知识经过归纳、演绎而得出的，这种知识要晚于私人知识的生成。而且，在科学知识中，私人的感觉知识只是承担一种框架作用，甚至是方法论的作用。科学知识的获得随着知识的进步，已经不再拘

---

① Fleck Ludwik, "Problems of the Science of Science", in Robert S. Cohen and Thomas Schnelle(eds.), *Boston Studies in the Philosophy of Science*, Vol.87, Dordrecht: Spring, 1986, p.118.

泥于单纯的直接的感觉对象，而是扩展到了人类自然能力所触及不到的微观世界和宏观世界，例如分子生物学和宇宙天文学，科学的发展决定了感觉系统的认知能力已经无法直接触及现代的科学的对象和目标，所以才需要学习如何掌握科学工具，但这并不意味着感觉的认知在科学工具中不发挥作用。简单地说，弗莱克的观点只是考虑到感觉和科学对象之间的新的需要，但这并不会威胁感觉式的认知价值。

关于第二个质疑，前文已经提到过，关于影像的认识论，本书主张的是一种动态的、互补的知识系统，虽然影像感觉在扮演着某种基础角色，但是这种基础是相对的，它需要教育、实践等层面的共同作用。在这种过程中，没有谁先谁后，外来的概念内容也没有任何优先性，概念和影像是共同发生的。影像感觉的基础地位只是针对语言而说的，它与概念并无冲突。

所以，知识的多样性，即普遍知识和私人知识，是可以同时成立的，也可以互相转换。这样不仅有助于私人知识得到应有的知识论地位，也对普遍知识的确定性幻象提供了一种限制和约束，因为随机性才是自然世界的本质。

四、对随机性的辩护：不确定的影像知识论

从我们每天早上起床睁开眼睛的那一刻起，我们的视觉行为看似是在无意识地执行，然而，对人类视觉机制的进一步研究向我们揭示，视觉的行为是高度有意识的，绝不是我们可能认为的那种简单的模仿。这就好像我们不断地伸出手去触摸世界，用我们的眼睛去观察它的形状和纹理。更重要的是，我们所看到的很多东西都来自我们所期望看到的。换句话说，用心灵看和用眼睛看之间没有真正的区别，这两者是密不可分的。

眼睛一直在寻找确定性，而大脑却在处理疑问。这就是视觉的意向性发挥作用的地方。大脑每时每刻都在从它接收到的信息中寻找相关的信息。它不断地对周围的世界做出假设，它需要更多的信息来拒绝这些假设，同时暂时接受其他的假设。要做到这一点，大脑必须指导眼睛看哪

第七章 影像的知识论辩护二：可能的回应及反驳

里，去找什么。因此，信号不断被发送到眼睛周围的肌肉，以指导它探索视觉场景的各个区域，并收集更多的信息。不仅信息不断地从视神经流向大脑，而且同样重要的是，一系列的问题和信息也从大脑流向眼睛。这两束光在视神经上交汇。来自大脑的信号会询问即将到来的原始数据，并确保只有重要的信息到达视觉皮层，换句话说，这些答案会帮助大脑拒绝某些视觉假设，并暂时确认其他假设。[①]

因此，视觉在产生和解决疑问之间不断运动。这意味着，我们"看到"的很多东西已经以假设的形式存在于我们的大脑中，假设是基于我们对世界及其运作方式的认知。事实上，我们看到的并不是我们面前的东西，而是由记忆和大脑的视觉意识创造出来的东西。如果我们开始在背景上辨认一个人的脸，那么我们马上就会看到两只眼睛、一个鼻子和一张嘴。如果一个人戴着面具，我们就会感知到一种视觉上的震惊，这说明有什么地方出了大问题。当我们早上走出家门时，我们会无意识地注意到太阳在天空中的位置，我们的大脑就会警觉起来，分辨出落下的阴影，并将它们与路上的油渍或黑土区分开来。简而言之，我们看到的很大一部分是我们期望看到的。

视觉感觉的影像，是人类在与世界相互交流时的一种绝对可用的有意识的方式，而我们表达世界的方式，从语言到艺术和科学，深刻地影响着我们构建世界和理解自己的方式。在20世纪，许多表现方式经历了从确定到不确定的变化，今天我们的世界更加具有试探性，对怀疑和不确定的态度更加开放。缺少固定的模式意味着有更多的方式探索这个世界，因此我们必须行使与这种自由相伴而生的一种更深层次的责任感。

在人类文明的辉煌历史中，视觉的表达图像主要出现在艺术层面，比如绘画、设计、书法、标志等。它们不是单纯地关注事物的表面，而是指向事物的内在结构，指向世界的潜在秩序，指向表象之外的现实。例如在很多宗教式的视觉表达中，人类的意识被转变成对无限存在的纯粹沉思工

[①] Peat, F.D., *From Certainty to Uncertainty*, *from Certainty to Uncertainty*, Washington, D.C.: Joseph Henry Press, 2002, p.115.

具。从这个意义上说，这种艺术与科学理论有共同之处。理论不是直接与现实有关，而是与现实的模型有关。反过来，模型本身也不是事物，因为它总是指向自身之外。同样，一个科学理论是一个真实世界的模型，例如，在这个模型中，没有摩擦，没有空气阻力，所有的表面都是完全光滑的，所有的运动都是完全统一的。

由此可知，感觉理应如上节所述可以在科学中发挥某种框架式的基础作用，科学的研究方法和研究内容都可以来自视觉式的认知模型。而影像的内部本质就有理由给传统的科学观念带来巨大的冲击，即影像内容作为一种易变的、连续的、私人的认知方式和认知内容，它决定了科学也具有根源于影像的那种随机性、不确定性和连续性。知识系统中的视觉影像就像微观物理学中的量子力学。由于二者不属于同一个语境，所以不能同日而语，但是它们双方在各自领域发挥的功能是相似的，因此我们借之做以类比。量子的不可测原理到目前还没有解决，这也决定了量子的不可测原理给科学哲学带来的革命性影响依然合法，即我们唯一可以确定的是科学的随机性和不确定性，且科学的历程必然是处在不断革命和被革命的过程中，我们无法达到永恒的确定性，只能在不确定性中不断探寻更加确定的科学理论。应该谨慎的是，这并不是一种怀疑主义，而是真正符合世界本质的科学主义立场，即追求相对的确定性，否认存在绝对的确定性。毕竟已有的文明，包括语言和科学，最初都来自影像感觉或者影像感觉的转换物，如马赫所言，世界的本质就是感觉的本质，感觉影像的感受性本质就决定了科学无法永远获得绝对的确定性。它应该像托马斯·库恩认为的那样，把科学视为一种不断积累、不断革命的动态范式。①

---

① 〔美〕托马斯·库恩：《科学革命的结构》，金吾伦、胡新和译，北京：北京大学出版社2003年版，第209页。

第七章　影像的知识论辩护二：可能的回应及反驳

本章小结

本章讨论了视觉感觉影像的知识论可能会遇到的反驳和问题，并在此基础上做了一些尝试性的回应和答辩。通过论证这些问题可以看出，传统哲学理论在语言哲学和物理主义的影响下，不可避免地构成了对感觉认识论的本体论、方法论的威胁。但是这些威胁并不能完全证伪影像感觉的认识论价值和地位，反而使得这些问题变得更加牢靠。在影像感觉认识论的帮助下，我们可以说服自己，用一个更包容、开放的心态去解决传统语言哲学和科学哲学未能解决的哲学难题。同时，我们也可以放心地利用相关的论证结果，去指导我们与世界打交道的方式，并在此基础上让人类的科学系统、生活实践更加的清晰。

结　语

根据本书的论证，可以得出结论如下：

影像，不同于意象、表象、图像、图式。影像是人类的视觉感官与外在世界发生联系时，生成的一种在场的、现象性的、感受性的感觉内容。影像不是对外在对象的模仿、摹画，因为这种说法暗含了影像与对象具有本质差异。在正常的情况下，一个具有正常思维能力的人所获得的影像，就是来自对象本身的一种真实内容，所见即所是。而意象、表象、图像、图式等内容，都是视觉感觉影像的派生物，不能具有外在对象真实的信息，其可靠性和真实性都弱于视觉感觉影像。

视觉感觉影像，不是感觉材料，也不是心理表象，更不是被语言改造过的内容。根据康德的直观理论和当代概念论，影像作为感觉内容，既是一种感觉的产物，也是理性的产物，它是概念性的感觉内容。影像的获得，是感觉能力和逻辑能力共同的产物，它在真实反映外在对象的同时，也是命题性的、判断性的概念内容。这一论证比传统哲学对影像的非概念论立场更有优势，从概念性的影像出发可以解决传统理论遇到的认识论困难，同时也符合我们的日常生活经验。在传统哲学或语言哲学中，视觉影像单纯被当作思维的材料或逻辑的引导者，从而保证逻辑知识的客观性。但这些理论暴露了它们对逻辑和语言的理想化依赖，从而导致它们构建了世界的、等级严格的、单向依赖的人类知识结构。事实上，影像比语言、逻辑内容更具有先天的自然优势，来自自然进化的视觉感觉能力，保证了影像感觉知识论的合理性，该知识论认为，影像既是思维的形式，也是思维的对象。影像才是思维的直接对象和形式，而语言只是思维的附属物或衍生物。本书通过论证得出结论认为，从感觉影像出发，我们可以构建一套拥有世界的、多元的、双向的人类动态知识结构，这一结构保证了人类的知识体系不会落入人类中心主义的窠臼。

在此基础上，影像内容在科学范畴内也具有不可替代的重要价值。在技术层面，现代科学中的物理学、生物学、天文学都离不开视觉内容提供的论据。在理论层面，影像感觉的认识论为科学的研究方法和研究价值提供了一套基于视觉感觉的基础框架。在这个框架中，感觉影像的发生机制与科学研究的过程是一种同质的关系，而且，感觉影像打破了语言和逻辑为科学目标设定的确定性追求。所以，影像感觉的知识论研究从认识论层面，佐证微观物理学或现代数学理论对确定性或完满性的怀疑，这也导致视觉感觉影像的哲学观，必然会遇到来自各种理论的反驳。

通过面对直接实在论存在的弱点和间接实在论可能提出的反对意见，本书采纳了朴素实在论的观点，认为视觉感觉影像中的内容，就是世界本身，且影像中的性质就是外在对象本身所具有的性质。面对物理主义还原论的可能反驳，本书对非还原论进行了辩护，并认为，感觉影像作为一种感受性的和主观性的思维内容，任何还原理论都不能像还原语言和数字那样实现影像的还原。所以，主观的、感受性的影像感觉也决定我们无法实现绝对的他心知，我们只能获得一定程度的他心知，而且这种知识是不确定的、不稳定的。综合这些观点，本书提出并论证了一种形而上学观念，即博物学的自然主义，它与科学自然主义之间具有本质不同，比自由自然主义更包容更宽泛，认为人与动物之间共享着来自自然进化的自然能力，这种自然能力各具特征，不分好坏，保证了动物与自然之间的真实联系。而博物学的自然主义也为影像感觉理论的古典实用主义立场提供了本体论辩护。

总之，来自视觉感觉的影像内容，就像微观世界中的量子一样，它虽然微小，但具有不可忽视的重要意义，小到人类对自我的认知，大到国家和人类的共同追求，视觉的感觉影像都在其中承担着独特且不可替代的作用。关于这个论题，本书尝试性地论证其中很小的一部分问题，在未来，还有很多相关的哲学和科学问题亟待厘清。

感觉影像的知识论或认识论价值得到哲学论证，为传统的语言哲学和科学哲学提供了新的理论方案，但是从实用主义的价值观出发，哲学问题的研究终究是来自生活和实践，并且还要回到生活和实践。如果不能回到生活，那这样的哲学就是书斋哲学，这不是哲学思考的真实价值。所以，本书尝试考察与现实生活和影像感觉都密切相关的问题，例如教育的问题和文化的问题。通过思考这些问题，一方面可以发现影像感觉的实用价值，另一方面也可以为相关领域的策略研究提供一种理论参考。

参考文献

一、中文文献

[1]〔英〕爱德华·乔纳森·洛:《洛克》,管月飞译,北京:华夏出版社 2013 年版。

[2]〔英〕奥斯汀:《感觉与可感物》,陈嘉映译,北京:商务印书馆 2010 年版。

[3]〔古希腊〕柏拉图:《蒂迈欧篇》,谢文郁译,上海:上海人民出版社 2005 年版。

[4]〔英〕伯特兰·罗素:《哲学问题》,何兆武译,北京:商务印书馆年 2007 年版。

[5]陈世锋:《生物学的自然主义——塞尔论心身关系》,载《新疆社会科学（汉文版）》,2005 年第 5 期。

[6]陈晓平:《感受性问题与物理主义——评金在权"接近充足的物理主义"》,载《哲学分析》,2015 年第 4 期。

[7]〔美〕大卫-马尔:《视觉计算理论》,姚国正、刘磊、汪九云译,北京:科学出版社 1988 年版。

[8]费多益:《他心感知如何可能?》,载《哲学研究》,2015 年第 1 期。

[9]费多益:《高阶意识理论探析》,载《哲学动态》,2016 年第

12 期。

[10] 冯俊：《开启理性之门：笛卡尔哲学研究》，北京：中国人民大学出版社 2005 年版。

[11] 高秉江：《idea 与"象"：论直观和超越的兼容》，载《哲学研究》，2007 年第 11 期。

[12] 高秉江：《现象学视域下的视觉中心主义》，武汉：华中师范大学出版社 2013 年版。

[13] 高新民：《现代西方心灵哲学》，武汉：华中师范大学出版社 1994 年版。

[14] 何华：《自由自然主义：一种当代自然主义的批判与辩护》，载《科学技术哲学研究》，2018 年第 6 期。

[15] 洪谦：《逻辑经验主义》（上卷），北京：商务印书馆年 1982 年版。

[16] 〔德〕胡塞尔：《纯粹现象学通论：纯粹现象学和现象学哲学的观念》（第一卷），李幼蒸译，北京：商务印书馆 2009 年版。

[17] 贾可春：《乔治-摩尔的感觉材料理论》，北京：知识产权出版社 2009 年版。

[18] 金岳霖：《驳罗素的感觉材料论》，载《西南大学学报（社会科学版）》，1989 年第 2 期。

[19] 〔美〕蒯因：《蒯因著作集》第四卷，涂纪亮、陈波编译，北京：中国人民大学出版社 2001 年版。

[20] 黄益民：《从语言到心灵》，南京：江苏人民出版社 2014 年版。

[21] 〔奥地利〕劳伦兹：《所罗门王的指环》，游复熙、季光容译，北京：中国和平出版社 1998 年版。

[22] 〔法〕勒奈·笛卡尔：《第一哲学沉思集：反驳和答辩》，庞景仁译，北京：商务印书馆 2009 年版。

[23] 〔法〕罗兰·巴特：《影像的修辞学》，邵一平、肖熹译，载《电影艺术》，2012 年第 2 期。

[24] 〔英〕洛克：《人类理解论》，关文运译，北京：商务印书馆

2011 年版。

［25］〔英〕迈克尔·波兰尼：《个人知识》，上海：上海人民出版社 2017 年版。

［26］〔德〕马赫：《感觉的分析》，洪谦、唐钺、梁志学译，北京：商务印书馆 1997 年版。

［27］潘卫红：《康德的先验想象力研究》，北京：中国社会科学出版社 2007 年版。

［28］〔英〕乔治·贝克莱：《人类知识原理》，关文运译，北京：商务印书馆 2010 年版。

［29］〔法〕让·保罗·萨特：《想象》，杜小真译，上海：上海译文出版社 2008 年版。

［30］〔美〕史蒂芬·平克：《语言本能》，欧阳明亮译，杭州：浙江人民出版社 2015 年版。

［31］孙宁：《匹兹堡学派研究》，上海：复旦大学出版社 2018 年版。

［32］〔英〕泰勒：《从开端到柏拉图——劳特利奇哲学史》，冯俊编，北京：中国人民大学出版社 2004 年版。

［33］唐热风：《私人语言论证与她心问题》，载《自然辩证法通讯》，1998 年第 3 期。

［34］涂纪亮：《分析哲学及其在美国的发展》，武汉：武汉大学出版社 2007 年版。

［35］〔美〕托马斯·库恩：《科学革命的结构》，金吾伦、胡新和译，北京：北京大学出版社 2003 年版。

［36］〔英〕休谟：《人性论》，关文运译，北京：商务印书馆 2017 年版。

［37］〔德〕伊曼努尔·康德：《纯粹理性批判》，邓晓芒译，北京：人民出版社 2004 年版。

［38］〔美〕约翰·麦克道尔：《心灵与世界》，韩林合译，北京：中国人民大学出版社 2014 年版。

［39］〔美〕约翰·麦克道尔：《麦克道尔哲学访谈录》，唐浩译，载

《现代哲学》，2014年第3期。

二、外文文献

[1] Alan E. Shapiro, *Fits, Passions, and Paroxysms: Physics, Method, and Chemistry and Newton's Theories of Colored Bodies and Fits of Easy Reflection*, New York: Cambridge University Press, 1993.

[2] Anscombe, G. E. M., *The Intentionality of Sensation: A Grammatical Approach*, London: Blackwell, 1981.

[3] Arthur Melnick, *Space, Time, and Thought in Kant*, Amsterdam: Kluwer Academic Publishers, 1989.

[4] Austin, J. L., *Sense and Sensibilia*, Oxford: Oxford University Press, 1962.

[5] Ayer, A. J., *Foundations of Empirical Knowledge*, London: Macmillan, 1940.

[6] Ayer, A. J., "The Terminology of Sense Data", *Philosophical Essays*, 1954.

[7] Bar, M., *Predictions in the Brain*, Oxford: Oxford University Press, 2011.

[8] Baron Reed, "A New Argument for Skepticism", *Philosophical Studies*, Vol.142, No.1, 2009.

[9] Berkeley, G., *Treatise Concerning the Principles of Human Knowledge*, Oxford: Oxford University Press, 1998.

[10] Blair, J.A., "The Possibility and Actuality of Visual", *Argumentation & Advocacy*, Vol.33, No.1, 1996.

[11] Bailer Jones and M. Daniela, *Scientific Models in Philosophy of Science*, Pittsburgh, PA: University of Pittsburgh Press, 2009.

[12] Borst, G. and S.M.Kosslyn, "Visual Mental Imagery and Visual Perception: Structural Equivalence Revealed by Scanning Processes", *Memory &*

Cognition, Vol.36, No.4, 2008.

[13] Bourlon, C., B.Oliviero, and N. Wattiez, et al., "Visual Mental Imagery: What the Head's Eye Tells the Mind's Eye", *Brain Research*, Vol.1367, No.7, 2011.

[14] Brentano, F., *The Analysis of Mind*, New York: Humanities Press Inc, 1921.

[15] Brown, H.I., "Direct Realism, Indirect Realism, and Epistemology", *Philosophy and Phenomenological Research*, Vol.52, No.2, 1992.

[16] Brown and James Robert, "Proofs and Pictures", *The British Journal for the Philosophy of Science*, Vol.48, No.2, 1997.

[17] Campbell John, *Reference and Consciousness*, Oxford: Oxford University Press, 2002.

[18] Campbell John, "What is it to Know What 'I' Refers to?", *Monist*, No.2, 2014.

[19] Carl G.Hempel, *Philosophy of Natural Science*, Englewood Cliffs, N.J.: Prentice-Hall, 1966.

[20] Carus., P., "Professor Ernst Mach's Term Sensation: Supplementary to His Controversy with the Editor", *Monist*, Vol.3, No.2, 1893.

[21] Chakravartty Anjan, *A Metaphysics for Scientific Realism: Knowing the Unobservable*, Cambridge et al.: Cambridge University Press, 2007.

[22] Christopher Peacocke, "Objectivity, Simulation and the Unity of Consciousness: Current Issues in The Philosophy of Mind", *Philosophy*, Vol.70, No.273, 1995.

[23] Christopher Peacocke, "Depiction", *The Philosophical Review*, Vol.96, No.3, 1987.

[24] D'Aloisiomontilla, N., "Imagery and Overflow: We See More than We Report", *Philosophical Psychology*, Vol.30, No.5, 2017.

[25] Dancy, J., *Introduction to Contemporary Epistemology*, Hoboken: Blackwell, 1991.

[26] Daniel C. Dennett, *Content and Consciousness*, Oxford: Taylor and Francis, 2002.

[27] David Hume and Peter Millican, *An Enquiry Concerning Human Understanding*, Oxford: Oxford University Press, 2007.

[28] Delwin T. Lindsey and Angela M. Brown, "Color Naming and the Phototoxic Effects of Sunlight on the Eye", *Psychological Science*, Vol. 13, No. 6, 2002.

[29] Eaton Marcia, "Truth in Pictures", *The Journal of Aesthetics and Art Criticism*, Vol. 39, No. 1, 1980.

[30] Eva-Maria Jung and Albert Newen, "Knowledge and abilities: The Need for A New Understanding of Knowing-How", *Phenomenology & the Cognitive Sciences*, Vol. 9, No. 1.

[31] Frege Gottlob, "The Thought: A Logical Inquiry", *Mind*, Vol. 65, No. 259, 1956.

[32] Finke, R. A., "Principles of Mental Imagery", *American Journal of Psychology*, Vol. 104, No. 3, 1989.

[33] Fleck, Ludwik, "Problems of the Science of Science", in Robert S. Cohen and Thomas Schnelle(eds.), *Boston Studies in the Philosophy of Science*, Vol. 87, Dordrecht: Spring, 1986.

[34] Grundmann, T., *Analytical Introduction to Epistemology*, Berlin: de Gruyter, 2008.

[35] Gombrich Ernst, H., *Kunst und Illusion: zur Psychologie der bildlichen Darstellung*, edited by Lisbeth Gombrich, 6th ed. Berlin: Phaidon, 2004.

[36] Gooding David, C., "Visualizing Scientific Inference", *Topics in Cognitive Science*, Vol. 2, No. 1, 2010.

[37] Goodman Nelson, *Languages of Art: An Approach to a Theory of Symbols. 2nd ed*, Indianapolis: Hackett, 1976.

[38] Harre, Rom, "Equipment for an Experiment", *Spontaneous Genera-*

tions: A Journal for the History and Philosophy of Science, Vol.4, No.1, 2010.

[39] Harrold, S., E. A. Holmes, and M. Stokes, et al., "Vivid Visual Mental Imagery in The Absence of The Primary Visual Cortex", Journal of Neurology, Vol.259, 2012.

[40] Hentschel, K., Visual Cultures in Science and Technology: A Comparative History, Oxford et al.: Oxford University Press, 2014.

[41] Hentschel, Kand Wittmann A.D., The Role of Visual Representations in Astronomy: History and Research Practice, Thun: Verlag Harri Deutsch, 2000.

[42] Hinton, J. M., "Visual Experience: A Reply to I. C. Hinckfuss", Mind, Vol.326, 1973.

[43] Irving, Z. C., "Style, but Substance: An Epistemology of Visual versus Numerical Representation in Scientific Practice", Philosophy of Science, 2011.

[44] Isaac Newton, The Optical Papers of Isaac Newton, Volume 1, The Optical Lectures, 1670-1672, Cambridge: Cambridge University Press, 1984.

[45] Jackson, F., "Symposium: The Adverbial Theory of Perception: On the Adverbial Analysis of Visual Experience", Metaphilosophy, Vol. 6, No. 2, 1975.

[46] John McDowell, Having the World in View: Essays on Kant, Hegel, and Sellars, Massachusetts: Harvard University Press, 2009.

[47] John McDowell, Mind and World, Cambridge: Harvard University Press, 1996.

[48] John McDowell, "Singular Thought and the Extent of Inner Space", in McDowell and Pettit (eds.), Subject, Thought, and Context, London: Clarendon Press, 1986.

[49] Jonathan Vogel, "Reliablism Leveled", Journal of Philosophy, Vol. 97, No.11, 2000.

[50] John V. Kulvicki, Images, London: Routledge, 2014.

[51] Joyce, Kelly Ann, Magnetic Appeal: MRI and the Myth of Transparen-

cy, Ithaca: Cornell University Press, 2008.

[52] Jung Eva-Maria, *Gewusstwie? eine Analysepraktischen Wissens*, Berlin et al.: de Gruyter, 2012.

[53] Kim, J., "The American Origins of Philosophical Naturalism", *Journal of Philosophical Research*, APA Centennial Volume, 2003.

[54] Kobert Max, J., "Zur Bedeutunganschaulichen Denkens", in Ulrich Nortmann and Christoph Wagner (eds.), *Bilderndenken? kognitive Potentiale von Visualisierung in Kunst und Wissenschaft*, München: Wilhelm Fink Verlag, 2010.

[55] Kossyln Stephen Michael, *Image and Mind*, Massachusetts: Harvard University Press, 1980.

[56] Kjørup, Søren, "Pictorial Speech Acts", *Erkenntnis*, Vol.12, No.1, 1978.

[57] Leslie Forster Stevenson, *Ten Theories of Human Nature*, Oxford: Oxford University Press, 2009.

[58] Lima De Faria A., *Molecular Origins of Brain and Body Geometry*, New York: Springer International Publishing, 2014.

[59] Lindgaard, J., *John McDowell: Experience, Norm, and Nature*, Hoboken: Blackwell, 2008.

[60] Ludwig Wittgenstein, G.Anscombe, G.H.Von Wright, A. C. Danto and M. Bochner, "On Certainty", *Philosophical Quarterly*, Vol. 42, No. 167, 1992.

[61] Mach, E., *Grundlinien der Lehre von den Bewegungsempfindungen*, Leipzig: Wilhelm Engelmann, 1875.

[62] Mach, E., *The Analysis of Sensations and the Relation of the Physical to the Psychical*, transl. by C.M.Williams, revised by Sidney Waterlow, McLean: The Open Court Publishing Company, 1914.

[63] Mach, E., T.J. McCormack, *Space and Geometry*, Chicago: The Open Court Publishing Company, 1906.

[64] Martin, M.G.F., "The Limits of Self-Awareness", *Philosophical*

Studies, Vol.120, 2004.

[65] Michael Dummett, *Truth and Other Enigmas*, Massachusetts: Harvard University Press, 1978.

[66] Michael Tye, *Consciousness, Color and Content*, Massachusetts: MIT Press, 2000.

[67] Nicola Mößner, "Review of: Michael Newall: What Is a Picture? Depiction, Realism, Abstraction", *Zeitschrift Fur Philosophische Forschung*, Vol. 67, Vo.3, 2013.

[68] Nicola Mößner, *Visual Representations in Science: Concept and Epistemology*, London: Routledge, 2018.

[69] Nussbaum, M.C., *Aristotle's De Motu Animalium*, Princeton: Princeton University Press, 1978.

[70] Pearson, J. and S.M.Kosslyn, "The Heterogeneity of Mental Representation: Ending the Imagery Debate", *Proc Natl Acad Sci USA*, 2015.

[71] Perini Laura, "Visual Representations and Confirmation", *Philosophy of Science*, Vol.72, No.5, 2005.

[72] Peat, F.D., *From Certainty to Uncertainty, from Certainty to Uncertainty*, Washington, D.C.: Joseph Henry Press, 2002.

[73] Peirce, C.S.(ed.), *"Studies in Logic" by Members of the Johns Hopkins University(1883)*, Amsterdam: John Benjamins Publishing Company, 1983.

[74] Platon, *Sämtliche Werke Band 2: Lysis, Symposion, Phaidon, Kleitophon, Politeia, Phaidros*, edited by Friedrich Schleiermacher, Walter F. Otto and Ursula Wolf, Reinbek/Hamburg: Rowohlt-Taschenbuch-Verlag, 2006.

[75] Pollock, J.L. and I.Oved, "Vision, Knowledge, and the Mystery Link", *Philosophical Perspectives*, Vol.19, No.1, 2005.

[76] Putnam, H., "The Face of Cognition", in José Medina and David Wood(eds.), *Truth: Engagements Across Philosophical Traditions*, New Jersey: Wiley-Blackwell, 2008.

[77] Quine, W.V.O., "From a Logical Point of View", *Mathematical*

Gazette, 1963.

[78] Quine, W.V.O., *Word and Object*, Massachusetts: The MIT Press, 2013.

[79] Ratliff, F., *Mach Bands*: "*Quantitative Studies on Neural Networks in the Retina*", San Francisco: Holden-Day Inc. 1965.

[80] Ratliff, F., *On Mach's Contributions to the Analysis of Sensations*, Ernst Mach: Physicist and Philosopher, Berlin: Springer Netherlands, 1970.

[81] René Descartes and Stephen Gaukroger, *Descartes: The World and Other Writings*, Cambridge: Cambridge Press, 1998.

[82] Richard E. Aquila, *Matter in Mind: A Study of Kant's Transcendental Deduction*, Bloomington: Indiana University Press, 1989.

[83] Richard Rorty, *Philosophy and the Mirror of Nature*, Princeton: Princeton University Press, 1979.

[84] Robert Brandom, *Perspectives on Pragmatism: Classical, Recent, and Contemporary*, Massachusatts: Harvard University Press, 2011.

[85] Robinson Howard, "The General Form of the Argument for Berkeleian Idealism", in John Foster and Howard Robinson (eds.), *Essays on Berkeley: A Tercentennial Celebration*, Oxford: Clarendon Press, 1985.

[86] Roderick M. Chisholm, *Person and Object: A Metaphysical Study*, London: Allen and Unwin Ltd, 1976.

[87] Roque, G., "Should Visual Arguments Be Propositional in Order to be Arguments?", *Argumentation*, Vol.29, 2015.

[88] Rose G., *Visual Methodologies: An Introduction to Researching with Visual Materials* (4th ed.), Washington D.C.: SAGE Publications Ltd, 2016.

[89] Rudolf Carnap and Rolf A. George, "The Logical Structure of the World: Pseudoproblems in Philosophy", *Journal of Symbolic Logic*, Vol.36, No.3, 1967.

[90] Rudolf Carnap, "The Logical Foundations of Probability", *Journal of Philosophy*, Vol.60, No.13, 1963.

［91］Scheiter, K.M., "Images, Appearances, and Phantasia in Aristotle", *Phronesis: A Journal for Ancient Philosophy*, No.1, 2012.

［92］Scholz Oliver, R., "Bildspiele", *Image and Imaging in Philosophy, Science, and the Arts*, 2011.

［93］Searle, J., *Mind, Language and Society*, New York: Basic Books, 1998.

［94］Searle, J.R., "The Future of Philosophy", *Philosophical Transactions of the Royal Society B: Biological Sciences*, 1999.

［95］Simpson, E.A., etc, "The Mirror Neuron System as Revealed through Neonatal Imitation: Presence from Birth, Predictive Power and Evidence of Plasticity", *Philosophical Transactions of The Royal Society B*, Vol. 369, No. 1644, 2014.

［96］Snowdon, P.G.E., "Moore on Sense–data and Perception", in Susana Nuccetelli and Gary Seay (eds.), *Themes from G.E.Moore: New Essay in Epistemology and Ethics*, Oxford: Oxford University Press, 2007.

［97］Sober, E., "Perception I: Mental Representations", *Synthese*, Vol. 33, 1976.

［98］Sosa, E., "Epistemology Today: A Perspective in Retrospect", *Philosophical Studies*, Vol.40, No.3, 1981.

［99］Steinbrenner Jakob, "Bildtheorien der analytischen Tradition", in Klaus Sachs–Hombach (ed.), *Bildtheorien: Anthropologische und kulturelle Grundlagen des Visualistic Turn*, Frankfurt: Suhrkamp, 2009.

［100］Sturgeon Scott, "Visual Experience", *Proceedings of the Aristotelian Society*, Vol.98, 1998.

［101］Thomas Nagel and D.C. Dennett, "Content and Consciousness", *Journal of Philosophy*, Vol.69, No.8, 1972.

［102］Thomas Nagel, "Conceiving the Impossible and the Mind–Body Problem", *Philosophy*, Vol.73, No.285, 1998.

［103］Tim Crane, "Introspection, Intentionality, and the Transparency of Experience", *Philosophical Topics*, Vol.28, No.2, 2000.

[104] Tyler Burge, "Belief De Re", *Journal of Philosophy*, Vol.74, No.6, 1977.

[105] Vecchi, T., "Image/Imagery/Imagination in Psychology", *Proceedings*, Vol.1, No.9, 2017.

[106] Wilfrid Sellars, *Empiricism and the Philosophy of Mind*, Massachusetts: Harvard University Press, 1997.

[107] Wilfrid sellars, *Science, Perception and Reality*, Atascadero, CA.: Ridgeview Publishing Co., 1991.

[108] Wilfrid Sellars and Richard Rorty (Introduction), *Empiricism and the Philosophy of Mind*, Massachusetts: Harvard University Press, 1997.

[109] Wilfrid Sellars, *Science and Metaphysics: Variations on Kantian Themes*, California: Ridgeview Publication Company, 1993.

[110] Wittgenstein, L., *Philosophical Investigations*, Hoboken: Blackwell, 1999.

三、网络信息

[1] Liddell and Scott's Greek-English Lexicon, http://perseus.uchicago.edu/cgibin/philologic/getobject.pl? c.20:5:76.LSJ.

[2] Siegel, S., "The Contents of Perception", *The Stanford Encyclopedia of Philosophy*, https://plato.stanford.edu/archives/spr2015/entries/perception-contents.